CETTE ANNÉE À JÉRUSALEM

JACQUES ET JEAN POTIN

CETTE ANNÉE À JÉRUSALEM

GUIDE DU VOYAGE EN TERRE SAINTE

BAYARD ÉDITIONS / CENTURION

ISBN 2-227-350-09-1

3, rue Bayard, 75008 Paris

Centurion est une marque
du département Livre de Bayard Presse

AVANT-PROPOS

Jérusalem, la Ville sainte, symbolise le désir d'accomplir le voyage à la source par excellence, la Terre sainte...

« Quelle joie quand on m'a dit :

Nous allons à la maison du Seigneur !

Nos pas s'arrêtent enfin chez toi, Jérusalem... » (Ps 122, 1-2).

Cette année à Jérusalem reprend l'antique aspiration juive, en y ajoutant une note d'urgence.

Voici que le rêve devient réalité.

On va partir sans tarder, cette année même.

Mais, pour cela, une préparation s'impose : celle du cœur, certes, mais aussi celle de l'esprit. Or, on se sent un peu perdu devant un voyage, à la fois familier et déroutant, car il brasse tant de données, historiques, géographiques, culturelles. Que sais-je encore ! D'où la nécessité de préparer à loisir son départ — et d'enrichir son retour — grâce à un compagnon qui aide à clarifier tout cela.

Pendant plus de vingt ans, *Cette année à Jérusalem* a été en ce sens un fidèle ami de route pour des dizaines de milliers de pèlerins. Au fil des éditions, un certain nombre d'ajouts ou de précisions y ont été apportés, en fonction notamment des nouvelles découvertes archéologiques. Mais le besoin se faisait sentir depuis un certain temps de le remanier de fond en comble, dans le but d'assurer un service encore plus complet et mieux adapté à une nouvelle génération de voyageurs, tout en ne retenant que l'essentiel dans la masse des détails historiques et archéologiques.

S'il fallait caractériser le présent guide, on pourrait sans doute souligner son constant souci d'être avant tout biblique. Partant de *la Terre* (les sites, villes ou régions, où se sont déroulés les événements majeurs de l'« histoire sainte »), il s'efforce de faciliter l'accession à la lecture même de *la Parole*, autrement dit des Livres saints. C'est la raison pour laquelle les références bibliques ont été multipliées. L'apport archéologique, par ailleurs, a été mis en relief chaque fois que cela était nécessaire, sans pourtant accentuer démesurément les aspects par trop techniques. De ce point de vue, le présent guide s'inscrit dans le droit fil de la revue *Le Monde de la Bible*, qui illustre parfaitement le va-et-vient complémentaire entre la Terre et la Parole.

Tous les sites n'ont pas été retenus, tant s'en faut. Volontairement nous nous en sommes tenus à ceux qui offraient le plus d'intérêt du point de vue biblique, et aussi, plus prosaïquement, à ceux qui figurent habituellement sur les circuits désormais bien rodés des pèlerinages. Toutefois nous n'avons eu garde d'oublier des lieux majeurs comme Samarie ou Hébron, que la situation politique ne permet guère de visiter actuellement. Un voyage en Terre sainte est aussi acte d'espérance...

Un deuxième souci de *Cette année à Jérusalem* est de prendre en compte la dimension proprement spirituelle d'un voyage en Terre sainte. Les sites qui y sont décrits, qu'il s'agisse de l'Ancien et du Nouveau Testament, sont en réalité les lieux d'une histoire, d'une aventure de chercheurs de Dieu. Le voyageur d'aujourd'hui, nous l'avons bien souvent expérimenté, est très sensible à cette quête spirituelle, qui va des patriarches et aboutit, pour le chrétien, à Jésus de Nazareth, en passant par les prophètes.

Enfin, nous avons cherché à ne pas présenter la Terre sainte comme un pays où l'on se promènerait de musée en musée, en humant les effluves d'un passé à jamais révolu. Les soubresauts politiques du Proche-Orient ne cessent de nous rappeler à quel point cette région continue d'être une poudrière. Des hommes et des femmes y vivent, souffrent, espèrent et parfois désespèrent. C'est pourquoi nous nous sommes efforcés d'évoquer, ne serait-ce que brièvement, les trois religions monothéistes qui, toutes trois, se rejoignent dans le Dieu unique et qui, toutes trois, aiment et se disputent l'unique Terre. Et dans ce contexte, nous n'avons eu garde d'omettre de signaler la présence des différentes communautés chrétiennes, ces grandes oubliées, en particulier celles qui sont d'origine arabe.

Nous voudrions, en terminant cet avant-propos, évoquer les noms de deux religieux qui ont été à l'origine de la première édition de *Cette année à Jérusalem*, le P. Joël Le Bras et le P. Amédée Brunot († 1981) : ce guide doit beaucoup à leur admirable connaissance de la Terre sainte.

Jacques et Jean Potin

Israël aujourd'hui

INTRODUCTION GÉNÉRALE

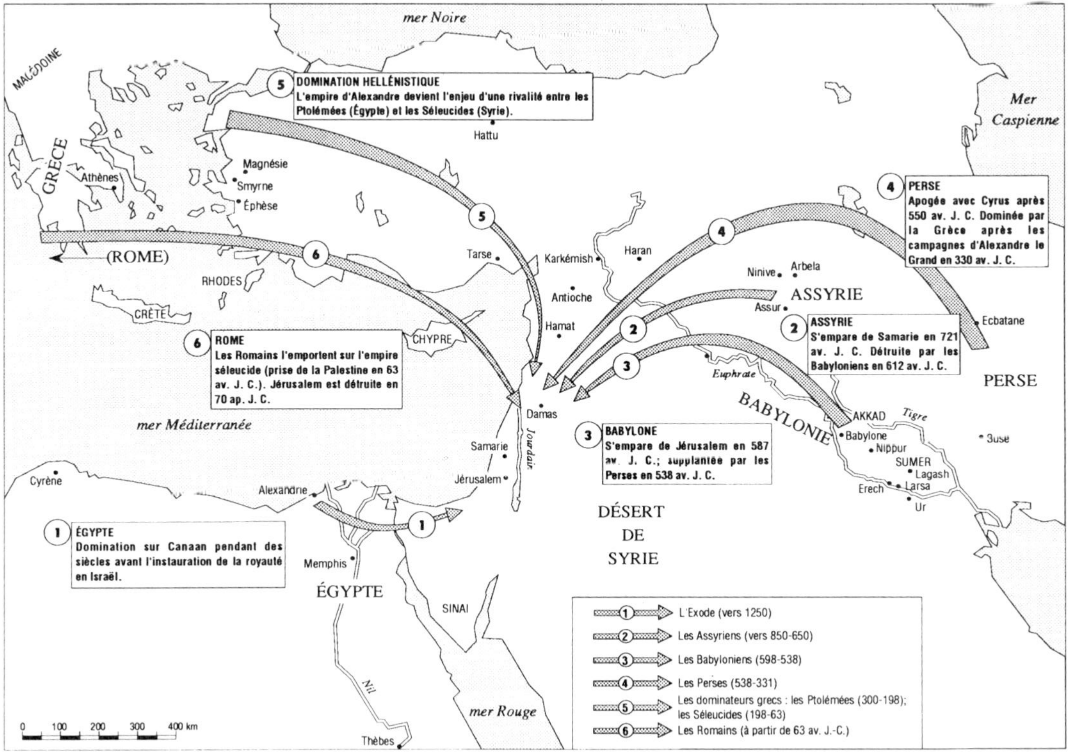

Proche-Orient

PREMIER REGARD SUR LA TERRE SAINTE

Les principaux lieux saints que nous allons visiter se trouvent dans la région délimitée par la Méditerranée à l'ouest, le Jourdain à l'est, le Liban au nord et le désert du Néguev au sud. Au cours de l'histoire biblique, le territoire d'Israël a parfois dépassé ces frontières, mais dans l'ensemble elles correspondent au pays que, selon le livre de la Genèse (Gn 15, 18), Dieu avait promis à son peuple. C'est le pays de Canaan, que la Bible va appeler désormais la terre d'Israël. À l'époque moderne, pendant le mandat britannique, de 1919 à 1948, sa dénomination officielle était la Palestine, qui avait déjà été employée par les Romains, *Syria Palestina*. Mais cette désignation est artificielle, car elle dérive du mot hébreu *peleshet*, qui, dans la Bible, indique le pays des Philistins.

Les régions naturelles

La beauté de la terre d'Israël provient de la diversité de ses régions naturelles. Elles seront étudiées plus en détail au cours du guide. Nous en donnons ici une présentation d'ensemble.

La Galilée. La Galilée est un ensemble montagneux qui s'élève graduellement, jusqu'à atteindre 1 200 m dans le nord du pays. Ouverte aux vents de la mer, elle reçoit la pluie avec abondance. C'était autrefois une région très boisée ; quelques restes de forêts ont survécu à l'occupation ottomane.

À la Galilée, on doit rattacher deux plaines. Au sud, la plaine d'Esdrelon, ou de Yisréel, qui a la forme d'un triangle de 25 kilomètres de côté : terre des marécages où sévissait la malaria, elle est devenue, grâce au travail des colonies juives, extrêmement fertile. À l'ouest, la plaine de Saint-Jean-d'Acre, longue de 35 kilomètres, large de 5 à 10 kilomètres, borde la mer depuis le nord du pays jusqu'au mont Carmel.

La chaîne centrale. Le centre du pays est occupé par une arête montagneuse qui a constitué dans l'histoire biblique le cœur de la terre d'Israël. À partir de Haïfa, le Carmel (528 m) se prolonge vers le sud-est pour rejoindre la montagne de Samarie qui culmine au mont Ébal (930 m) et au Garizim (870 m). Entre les collines, des plaines assez étendues permettent la culture des céréales. Un peu plus au sud, on trouve un sommet de 1 011 m (Tell El-Asour). Le paysage se fait plus aride sur le plateau où est située Jérusalem (818 m au mont des Oliviers). La partie méridionale de la chaîne est encore élevée (1 020 m, près d'Hébron), puis elle descend doucement vers la plaine de Beershéva. À la hauteur de la mer Morte, la partie orientale de la chaîne, protégée des vents de la mer, constitue une région désertique, le désert de Juda.

La plaine côtière. Cette plaine s'étend depuis la pointe du mont Carmel jusqu'au delta du Nil. Très étroite dans le Nord, elle atteint 20 kilomètres à la hauteur de Jaffa. Depuis qu'elle a été drainée, elle a retrouvé sa prospérité ancienne. Déjà la Bible attribuait une fertilité proverbiale à la région qu'elle appelle la plaine de Saron. La côte bordée de récifs ne présente pas de ports naturels, sauf celui de Jaffa. Le port ancien de Césarée, et ceux tout récents d'Ascalon et d'Ashdod, sont des ports artificiels. À l'est de la plaine, les collines montent doucement vers les sommets de la chaîne centrale, constituant une région que son exposition aux pluies venant de la mer rend également fertile.

La dépression du Jourdain et de la mer Morte. Le Jourdain prend sa source au pied de l'Hermon qui surplombe la Galilée à 2 814 mètres. Il traverse d'abord le lac Houleh, actuellement entièrement asséché, puis le lac de Tibériade à moins 210 m, pour se perdre dans la mer Morte à moins 395 m. Cette dépression géologique se prolonge d'ailleurs de la mer Rouge jusqu'aux lacs de l'Afrique centrale. D'autres particularités de cette région unique au monde seront exposées dans le guide. La vallée, contrairement à la plupart des vallées dans le monde, ne constitue pas un lieu de passage ; elle forme même une barrière naturelle séparant la Terre sainte des pays d'au-delà du Jourdain.

Le Néguev. Dans sa partie septentrionale, le Néguev est une région semi-désertique à laquelle seules les méthodes modernes d'irrigation ont pu donner la fertilité. La partie la plus méridionale présente un aspect tourmenté et désolé.

Le climat

Le climat de la Terre sainte est subtropical, avec des particularités qu'explique le relief du pays. On distingue deux saisons, un hiver humide et un été sec. Les premières pluies tombent en octobre-novembre, elles sont surtout abondantes en janvier-février. Mais elles se répartissent inégalement sur le pays : 1 000 mm en Haute-Galilée, 700 dans la chaîne centrale, 630 à Jérusalem ; la région de la mer Morte n'en reçoit que 100. Au courant du mois de mai, le khamsin, vent chaud soufflant du désert, dessèche toute la végétation et amène rapidement les moissons à maturité.

La température est également différente d'une région à l'autre. Sur la côte, en été, la moyenne est de 28 degrés, de 11 en hiver. Il peut geler à Jérusalem, et aussi neiger pendant deux ou trois jours consécutifs ; la moyenne de la température y est en hiver de 12 degrés pour le jour, de 6 pour la nuit ; en été, le thermomètre monte rarement jusqu'à 40, mais les nuits sont fraîches. Par contre autour de la mer Morte, en été, la chaleur est suffocante et dépasse souvent les 40 degrés.

La végétation

La Bible décrit la Terre sainte comme un pays où coulent le lait et le miel. Un déboisement excessif, surtout pendant l'occupation ottomane, a certainement raviné la terre végétale, mais la fertilité miraculeuse de la Palestine relève d'exagérations orientales. Les réalisations actuelles sont le fruit de l'effort d'hommes entreprenants et des techniques modernes.

La flore de la Palestine est celle des pays méditerranéens. On y cultive l'olivier et la vigne, particulièrement sur les collines. La plaine côtière est célèbre pour ses citronniers et les oranges de Jaffa ; on y cultive également du coton. Les progrès de l'agriculture permettent d'ailleurs d'adapter au pays des cultures qui n'y sont pas traditionnelles. Il ne faut pas oublier non plus que le climat tropical de Jéricho amène les dattes à maturité.

QUATRE MILLE ANS D'HISTOIRE EN TERRE SAINTE

L'HISTOIRE DU PEUPLE D'ISRAËL

La Bible s'ouvre sur les deux récits de la création. Le premier raconte la création du monde en sept jours, le deuxième narre l'histoire d'Adam et d'Ève, la faute, l'expulsion d'Éden, le meurtre d'Abel par son frère Caïn, puis la multiplication des hommes, jusqu'à Noé et le déluge, cataclysme qui réduit l'humanité à une seule famille. Après le déluge, la Bible s'intéresse de nouveau à la multiplication des peuples sur la face de la terre jusqu'à la construction de la tour de Babel. Pour châtier les hommes, Dieu les disperse, diversifie leurs langues. L'humanité supposée unifiée jusqu'alors éclate à ce moment. Parmi ces peuples, tribus, clans, la Bible va désormais concentrer son attention sur une région de la terre, celle qui va du golfe Persique jusqu'à l'Égypte, et qu'on a appelée le Croissant fertile, et sur un clan, celui de Terah, le père d'Abraham, qui vivait en Mésopotamie (l'Irak actuel). Alors commence, à proprement parler, l'histoire biblique ou histoire sainte.

Abraham et les patriarches (1800-1550 av. J.C.)

L'histoire d'Abraham et de ses descendants se situe au cours des siècles qui virent se sédentariser peu à peu des tribus nomades qui conduisaient leurs troupeaux le long du Croissant fertile. Le clan d'Abraham est polythéiste, comme tous les clans voisins. Abraham se convertit à la foi à un Dieu unique, et, répondant à un appel, vient s'installer à Canaan, la Palestine actuelle, avec sa famille et ses troupeaux. Le livre de la Genèse raconte longuement la croissance du clan d'Abraham. Il eut deux fils, l'un Isaac, de son épouse légitime Sara, l'autre Ismaël de sa servante Agar, qui devint le père du peuple arabe. Isaac, à son tour, eut deux fils, Esaü et Jacob. Jacob eut douze fils qui, au cours des générations suivantes, se multiplièrent pour donner naissance aux douze tribus d'Israël. Esaü devint le père du peuple d'Édom.

Palestine de l'Ancien Testament

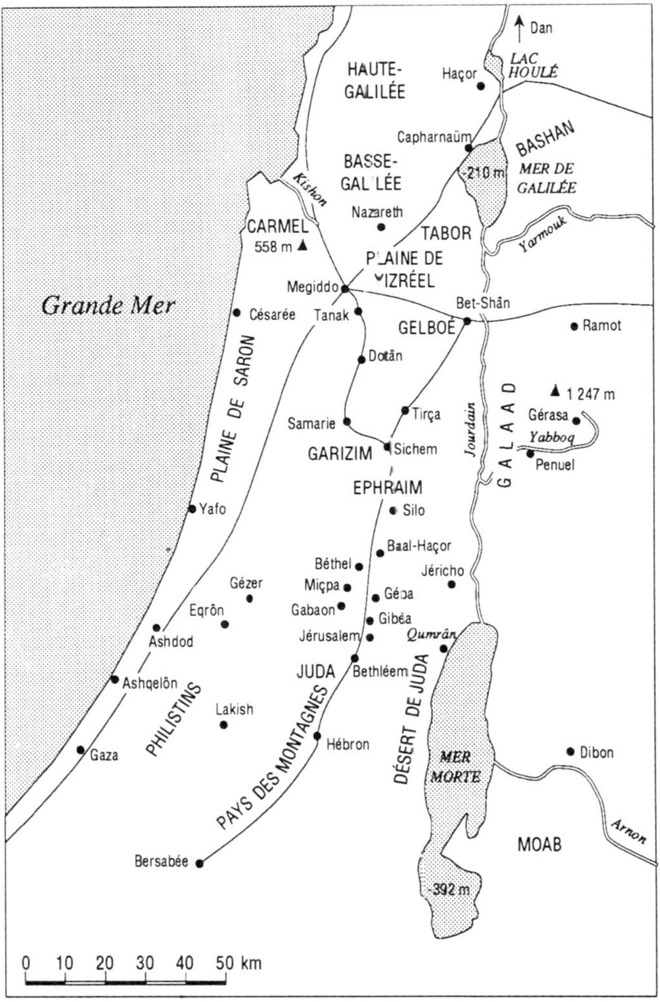

Le livre de l'Exode s'ouvre sur l'esclavage des tribus en Égypte. Sous ce récit schématisé, l'histoire découvre en réalité le long processus de la naissance d'un peuple à travers des alliances entre clans, des guerres fratricides, des changements d'implantation sous la contrainte de la politique des empires ou des royaumes, mais aussi en fonction des périodes de sécheresse et des famines qui obligent ces tribus nomades à quitter le Néguev et à traverser la péninsule du Sinaï, vers la vallée du Nil. En Égypte, ces tribus, entrées plus ou moins clandestinement et à des époques différentes, sont réquisitionnées par le pharaon pour la construction d'une nouvelle capitale dans le delta du Nil. Elles y resteront jusqu'en 1250, environ.

L'exode et l'installation en Canaan
(1250-1100)

Selon la Bible, Dieu écouta la souffrance de son peuple et suscita un homme à qui il donna mission de conduire les tribus d'Israël vers la terre que Dieu avait promise autrefois à leur ancêtre commun, Abraham. Moïse sera considéré comme le véritable fondateur du peuple d'Israël. C'est lui qui fédérera les tribus par une alliance conclue, dans les montagnes du Sinaï, avec le Dieu qui vient de les délivrer de l'esclavage. Ce Dieu, celui qui désormais sera Dieu pour Israël à l'exclusion de tout autre, se fait appeler d'un nom mystérieux, Yahvé. Yahvé, au Sinaï, révèle sa loi, les Dix Paroles et le Code de l'Alliance (Ex 19-24), promet protection à son peuple, moyennant obéissance et fidélité ; les tribus s'engagent de leur côté sur ce contrat. Telle est l'alliance indissoluble sur laquelle Israël, tout au long des siècles jusqu'à aujourd'hui, entretiendra sa conscience d'être le peuple élu.

Mais pour le moment, cette conscience n'est vive que chez Moïse. Les tribus n'ont guère le sentiment de constituer un seul peuple, et encore moins un peuple appelé à un destin aux dimensions de l'humanité. Il leur faudra l'épreuve de quarante ans dans le désert, les difficultés de la conquête de Canaan et de l'implantation au milieu de populations hostiles et plus évoluées. Les liens à peine ébauchés par l'alliance du Sinaï entre les tribus se distendent, le peuple se laisse fasciner par le culte que les populations cananéennes adressent à leurs divinités. C'est miracle s'il ne se dilue pas dans cette atmosphère pernicieuse.

Heureusement, de temps en temps, des personnages charismatiques, les Juges, se lèvent ici ou là pour entraîner l'une ou l'autre tribu à un sursaut militaire et religieux. Ce réveil sera bientôt absolument nécessaire pour faire face à un danger terrible, l'arrivée des Philistins qui s'installent au bord de la mer et envahissent les territoires occupés par Israël. Samson livre contre eux des escarmouches, mais il faudra l'énergie spirituelle du prophète Samuel pour galvaniser l'ensemble des tribus. Pourtant les liens de la fédération des tribus ne seront pas assez forts pour présenter un front uni devant le danger. Malgré leur répugnance, les Israéliens sont acculés à se donner un roi.

David et les rois

Commencé par quelques succès sur les Philistins, le règne de Saül, le premier roi, se termine dans un désastre où le roi est tué. Mais Dieu n'abandonne pas son peuple, il suscite un nouveau roi, David. Nous sommes *aux environs de l'an 1000*. David non seulement écrase les Philistins, mais étend sa royauté sur les pays voisins. Il fait de Jérusalem la capitale du royaume : il y bâtit son palais. Le prophète Natân lui annonce que sa descendance subsistera toujours sur le trône de Jérusalem : déjà apparaît ainsi, d'une manière voilée, l'espérance du Messie, celui qui, descendant de David, régnera pour toujours sur le peuple de Dieu.

Salomon succède à David son père. Son règne est marqué par la grandeur : il bâtit le Temple à Jérusalem, il fait du commerce avec les pays voisins, sa cour est brillante et attire les étrangers. On y décèle aussi des faiblesses inquiétantes : le luxe de la cour appauvrit et révolte le peuple, les religions païennes envahissent Jérusalem. La catastrophe ne se fait pas attendre : à l'avènement de Roboam, fils de Salomon, les tribus du Nord se séparent de Jérusalem et constituent un nouveau royaume, le royaume du Nord ou d'Israël, face au royaume de Juda.

De 931 av. J.C., date de la mort de Salomon, à la prise de Jérusalem en 587, l'histoire biblique est marquée très souvent par des conflits entre les deux royaumes frères. Celui de Juda ne comprend que quelques pauvres cantons autour de Jérusalem. Celui d'Israël, qui prendra bientôt Samarie pour capitale, est plus riche, mais c'est aussi celui qui sera le plus contaminé par les cultes païens. Les deux royaumes sont sans cesse menacés par leurs puissants voisins, l'Égypte, Damas, l'Assyrie, Babylone. Samarie sera détruite la première par l'Assyrie *en 721*. Jérusalem sera épargnée plus longtemps, mais *en 587* elle succombera à son tour sous l'invasion de Nabuchodonosor, roi de Babylone. Le roi Sédécias est conduit en exil ainsi que l'élite du peuple. Apparemment la royauté se termine par un échec ; elle ne semble pas avoir réalisé les espérances que la foi d'Israël avait mises en elle.

Mais derrière ces péripéties politiques assez banales, la Bible nous fait découvrir une autre histoire, religieuse celle-ci, qui donne aux événements une autre dimension. Les rois conduisent leur politique à courte vue humaine, mais Dieu conduit son dessein qui est révélé à Israël par les prophètes. Quelques-uns ont exercé leur ministère dans le royaume du Nord : Élie, Élisée, Amos, Osée. La plupart de ceux dont la Bible a conservé les écrits ont vécu à Jérusalem : Isaïe, Jérémie, Ézéchiel. Tous voient dans l'épreuve qui frappe le peuple de Dieu le châtiment de ses fautes, mais surtout ils révélent à Israël le Dieu vivant, fidèle à l'alliance conclue autrefois au Sinaï et aux promesses faites à David. L'exil ne peut être qu'une épreuve, le peuple ne périra pas.

Le retour de l'exil

En 539, Cyrus, roi des Perses, après avoir soumis les Mèdes, s'empare de Babylone. Son empire s'étendra bientôt jusqu'à l'Égypte. Cyrus mène une politique tolérante à l'égard des religions pratiquées dans les pays qu'il a conquis. En 538, il signe un décret permettant aux Juifs exilés de rentrer en Israël et d'y rebâtir le Temple. Le peuple élu ne retrouvera pas sa liberté nationale, mais il pourra vivre pleinement sa vie religieuse.

Le roi disparu, c'est le grand prêtre qui devient le chef de la communauté. Le Temple est rebâti *en 515* et devient le centre de la vie spirituelle et nationale. De nouveaux groupes d'exilés reviennent en Palestine sous la direction de Néhémie et d'Esdras, mais beaucoup de Juifs préfèrent demeurer à Babylone où ils se sont établis : c'est le début de la Diaspora.

En 332, la Palestine change de maître à nouveau. Alexandre le Grand s'empare de toute la région. À sa mort, la Judée sera attribuée aux Lagides d'Égypte, mais les nouveaux dominateurs respectent les traditions religieuses d'Israël.

En 197, la Palestine tombe aux mains des Séleucides de Syrie qui, eux, vont essayer d'imposer à Israël la religion et la culture hellénistiques. Le Temple est profané, des théâtres et des gymnases sont bâtis à Jérusalem. Mais *en 167* le peuple se révolte pour la défense de sa foi sous la direction d'une famille sacerdotale, les Maccabées. Après de rudes combats, Israël retrouve sa liberté religieuse et son indépendance politique. Les descendants des Maccabées, les Asmonéens, cumulent le pouvoir politique et le sacerdoce. Malheureusement, les rivalités entre les membres de la famille entraînent des dissensions au sein du peuple. Rome profite de ces querelles pour s'introduire dans cette région : *en 63 av. J.C.*, Pompée s'empare de Jérusalem.

Malgré tous ces bouleversements, la période qui suit le retour de l'exil est pour Israël une période de vie religieuse intense à l'ombre du Temple de Jérusalem. Les traditions anciennes de la naissance du peuple reçoivent leur forme définitive dans les livres du Pentateuque, les recueils des oracles des prophètes sont constitués ainsi que les livres de sagesse. Les troubles qui déclenchent la révolte des Maccabées font naître un nouveau courant d'idées : on commence à croire à la résurrection des morts ; on n'attend plus le salut de la part des hommes, mais d'une intervention directe de Dieu conduite par cette mystérieuse figure du Fils de l'homme, dont le livre de Daniel annonce la venue imminente. La religion juive est aussi très vivante dans la Diaspora où les Juifs sont même plus nombreux qu'en Palestine. À Alexandrie, on traduit la Bible en grec : cette traduction, appelée la Septante, deviendra la Bible usuelle des chrétiens.

Les grandes périodes archéologiques

100000	PALÉOLITHIQUE MOYEN. Climat assez chaud et humide : la mer Morte et le lac de Tibériade ne forment qu'un seul lac. Présence de « l'homme de Galilée ».
50000	LEVALLOISO-MOUSTÉRIEN. Présence de « l'homme du Carmel », entre l'homme de Néanderthal et l'*Homo sapiens*.
35000	PALÉOLITHIQUE SUPÉRIEUR (35000-15000).
25000	Climat plus froid et pluvieux. Peu de restes humains.
15000	MÉSOLITHIQUE (15000-8000). Pluies en diminution et chaleur croissante. Apparition des microlithes, mortiers et pilons. Sépulture intentionnelle (Ein Gev).
9000	Apparition des maisons construites.
8000	NÉOLITHIQUE (8000-3500). Sécheresse avec maximum vers 6000.
	NÉOLITHIQUE PRÉCÉRAMIQUE. Encore essentiellement cueillette et chasse. À Jéricho, les maisons rondes et la tour ronde.
7000	À Jéricho, les maisons rectangulaires. Début d'élevage et peut-être de la culture du blé.
6000	NÉOLITHIQUE À CÉRAMIQUE. Période de grande sécheresse en Palestine et en Égypte. Peu de sites habités.
4500	La sécheresse diminue. Civilisation appauvrie.
3500	CHALCOLITHIQUE (3500-3100). Climat progressivement semblable au nôtre. Arrivée d'une population semi-nomade. Agriculture et élevage intensifs (quelques instruments en cuivre). Sites en Palestine : Teleilat Ghassul (peintures murales) ; Beershéva (habitations souterraines) ; Azor (ossuaires de terre cuite en forme de maisons) ; grottes de la mer Morte (Nahal Mishmar, 400 objets en cuivre).
3100	BRONZE ANCIEN (3100-2200). BRONZE ANCIEN I (3100-2900). BRONZE ANCIEN II (2900-2650). BRONZE ANCIEN III (2650-2350). BRONZE ANCIEN IV (2350-2200). Au début du IVe millénaire, l'urbanisation apparaît discrètement en Palestine. À partir de 3000 jusque vers 2300, on assiste au développement de grands ensembles fortifiés (Arad, Megiddo, Hatsor) : c'est la naissance de la ville.
2200	BRONZE MOYEN (2200-1550). BRONZE MOYEN I (période intermédiaire : 2200-2000/1950). BRONZE MOYEN II A (2000/1950-1730).

	BRONZE MOYEN II B-C (1730-1550). L'Égypte contrôle la côte palestinienne. Vers 1850, arrivée d'Abraham en Canaan.
1550	BRONZE RÉCENT (1550-1200). BRONZE RÉCENT I (1550-1400). BRONZE RÉCENT A-B (1400-1200). Stèles de pharaons égyptiens (Séti Ier et Ramsès II) à Beth Shân ; sortie des Hébreux d'Égypte (vers 1250). Entre 1250 et 1200, invasion de la Palestine sous la direction de Josué.
1200	FER (1200-550). FER I (1200-1000). FER II A (1000-900). FER II B-C (900-550). L'usage du fer se répand progressivement en Palestine (Philistins, Cananéens). À leur arrivée dans la Terre promise, les Hébreux ne savent pas forger ce métal. C'est pour mieux se défendre contre des peuples plus avancés qu'eux-mêmes dans le domaine de la métallurgie qu'ils voulurent une monarchie centralisée, avec Saül, puis avec David.

LES GRANDS EMPIRES DU PROCHE-ORIENT

Égypte

Ancien Empire
Grandes pyramides
(capitale Memphis).

Moyen Empire (2070 à 1730 env.)
Les Hyksos, 1720-1560 env.
(capitale Tanis).

Nouvel Empire (1560-715)
Grandes figures :
Aménophis IV (Akhénaton 1364-1347) ; Ramsès II (1304-1238).
Campagne contre les Hittites puis alliance avec eux.
XXe dynastie (1200-1085).
Ramsès III : défaite des peuples de la Mer (Philistins).

Mésopotamie

Asie Mineure

Sumériens.
Akkadiens.
Renaissance sumérienne (civilisation d'Ur).
Ire dynastie babylonienne (Code d'Hammurapi).
Temps des Patriarches (1800-1550).

Assyrie

Nouvel empire hittite (1450-1090).
Prépondérance assyrienne avec Téglat-Phalasar Ier.
Arrivée des Araméens à Damas.
Salmanasar III (858-824) : emprise de plus en plus grande sur Damas et Israël-Juda.
Téglat-Phalasar III (745-727) : prise de Damas.
Sargon II (721-705) : prise de Samarie.
Sennakérib (704-681) : campagne jusqu'à Jérusalem

Dynastie babylonienne
(625-539)

Destruction de Ninive : 612.
Nabuchodonosor II (604-562) en 587 prend Jérusalem.

GRANDES DATES DE L'HISTOIRE BIBLIQUE

— 1250	Exode.
— 1200	Entrée en Canaan.
	Temps des Juges — Saül.
— 1000	David (1010-970).
	Salomon (970-931).
— 900	Schisme et division en royaumes de Juda et d'Israël.
— 721	Chute de Samarie et fin du royaume d'Israël.
— 587	Prise de Jérusalem et exil à Babylone.
— 539	Retour et reconstruction du Temple.
	Esdras et Néhémie.
— 332	Conquête d'Alexandre.
	Domination des Lagides d'Égypte.
	Domination des Séleucides de Syrie.
— 167	Révolte des Maccabées contre l'hellénisation.
	Royaume des Asmonéens.
— 63	Conquête de la Palestine par Pompée.
— 37 — 4	Règne d'Hérode.
— 6	Naissance de Jésus.
30	Mort de Jésus.

JÉSUS ET LES DÉBUTS DE L'ÉGLISE

Jésus va naître dans la période troublée qui suit l'arrivée des Romains (63 av. J.C.). Un intrigant habile, Hérode, qui n'est juif que par sa mère, et nullement religieux, réussit à se faire octroyer par Rome la royauté sur la Palestine. Sanguinaire, machiavélique, il embellit pourtant le pays de villes et de monuments somptueux. Il rebâtit le Temple de Jérusalem avec une splendeur plus grande que celle de Salomon.

Le peuple, lui, vit dans le désarroi, ballotté entre les multiples courants politiques et religieux que nous retrouvons dans les Évangiles. D'un côté, les sadducéens, gens établis, conservateurs en politique et en religion. De l'autre, les pharisiens, dont l'idéal est de pratiquer scrupuleusement la Loi divine. Les zélotes, eux, ne rêvent qu'à la révolte qui redonnera à Israël sa liberté nationale. À Qumrân, dans le désert de Juda, vivent les Esséniens, secte qui s'est retranchée du monde en attendant que Dieu donne à ses élus une revanche éclatante sur tous les impies. Quant au peuple, exploité par les puissants, méprisé ou ignoré par ceux qui devraient le guider, il est bien, comme le dira Jésus, « las et prostré comme des brebis qui n'ont pas de bergers » (Mt 9, 36).

Jésus naît deux ans avant la mort d'Hérode[1], à Bethléem, au moment d'un recensement ordonné par les Romains. Le royaume était alors divisé entre les fils d'Hérode, mais sous le contrôle de Rome. La Judée deviendra même province procuratorienne en l'an 6, avec Césarée comme capitale.

Jésus vit en Galilée, alors gouvernée par Hérode Antipas, fils d'Hérode. C'est une région cosmopolite, peuplée de juifs et de païens. Les Galiléens sont méprisés par les gens de Judée. Le ministère public de Jésus, deux ans et demi, se déroule dans les villes du bord du lac de Tibériade, entrecoupé de pèlerinages à Jérusalem à l'occasion des fêtes. Ses disciples sont originaires des villages voisins du lac, plusieurs d'entre eux sont des pêcheurs ; son

1. C'est par erreur que le moine Denis le Petit (VIe s.) a placé la mort d'Hérode en 754 de la fondation de Rome au lieu de 750. Cette date ayant servi à déterminer celle de la naissance de Jésus, il s'en est suivi que Jésus est né six ans avant l'ère qui porte son nom.

Palestine du Nouveau Testament

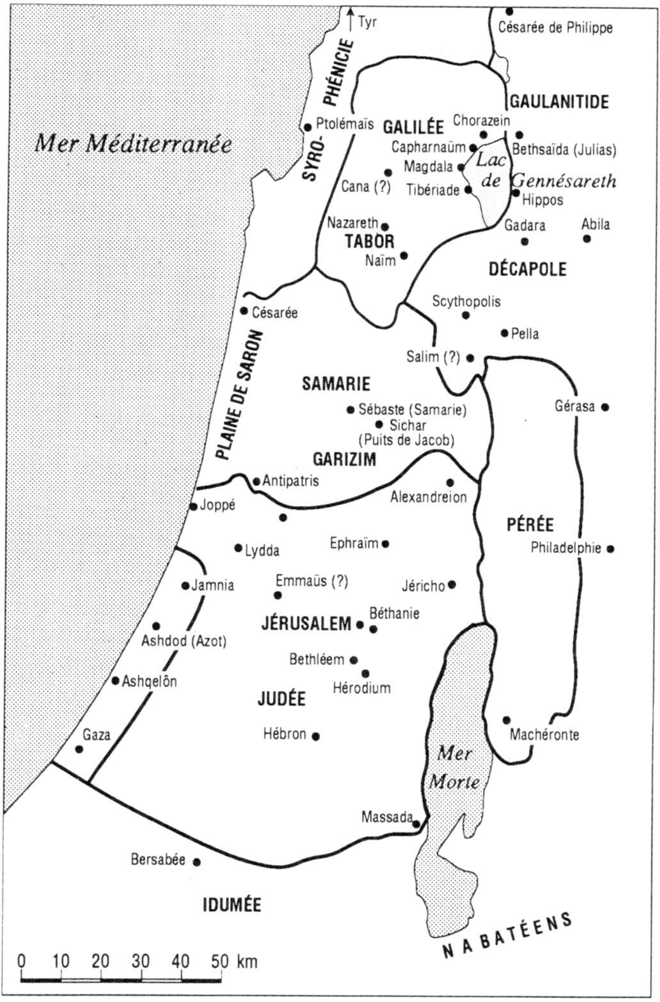

auditoire est composé de petites gens des environs fascinées par cette prédication nouvelle qui répond à certaines de leurs espérances.

Le drame de la mort de Jésus se situe à la Pâque de l'an 30. Mais la foi en la Résurrection fondée sur les apparitions de Jésus rassemble de nouveau les disciples désemparés par la crucifixion et donne naissance à l'Église. Celle-ci sera composée d'abord des disciples eux-mêmes, puis aussi des juifs que la prédication des Douze avait convertis. Parmi ces nouveaux disciples, certains sont des juifs de langue araméenne, comme Jésus lui-même, d'autres de langue et de culture hellénistiques, nés pour la plupart dans la Diaspora. Ils se réunissent pour l'Eucharistie et la prière, mettent leurs biens en commun, mais continuent à fréquenter le Temple et à suivre les prescriptions de la loi juive.

Des tensions vont naître entre les deux groupes de la communauté au sujet de la distribution des aumônes ; la coexistence entre eux deviendra de plus en plus difficile. Les « hellénistes » avec Étienne seront, les premiers, victimes de persécutions des autorités, et Étienne sera même lapidé. Certains quitteront Jérusalem pour la Samarie, Césarée, et iront même plus loin, en Phénicie et à Antioche, où ils annonceront le Christ. Pierre ira visiter ces nouvelles communautés et autorisera le centurion Corneille à s'intégrer au groupe des disciples. Paul, après sa conversion, fera partie de la communauté d'Antioche : c'est là que, pour la première fois, les disciples de Jésus seront appelés chrétiens. Elle sera aussi la première communauté qui baptisera des païens sans leur demander de se faire circoncire au préalable. Paul et Barnabé partiront d'Antioche pour évangéliser l'Asie Mineure.

Pendant ce temps, la communauté des « Hébreux » continue à vivre à Jérusalem. Mais sa tranquillité sera troublée par les succès de Paul auprès des païens. La circoncision, les règles alimentaires semblent à plusieurs de ces « Hébreux » une condition nécessaire au salut. Le « concile de Jérusalem », vers l'an 48, réunit d'une part Paul et ses collaborateurs, de l'autre les tenants de la pratique judaïsante. Un compromis sera trouvé par Pierre et Jacques, « le frère du Seigneur », pour permettre la coexistence, dans la même communauté, de chrétiens d'origine juive et païenne, mais la circoncision ne sera pas imposée aux païens.

Paul repart alors pour un autre voyage missionnaire. La communauté des « Hébreux » va, quant à elle, poursuivre son existence à Jérusalem sous la houlette de Jacques « le frère du Seigneur », cette mission lui valant d'être appelé plus tard « premier évêque de Jérusalem ». Mais les difficultés ne manquent pas à cette communauté. Déjà en 44, Jacques, le frère de Jean, avait été décapité. En 62, son « évêque » Jacques, qui avait bénéficié d'une apparition personnelle du Christ ressuscité, d'après Paul (1 Co 15, 7), est lapidé. Cependant, l'heure de la grande épreuve s'approche pour l'Église de Jérusalem. En 66, les Juifs se sont révoltés contre les Romains, il faudra quatre ans aux légions pour reconquérir le pays. Se désolidarisant de leurs coreligionnaires, des chrétiens se réfugient à Pella, de l'autre côté du Jourdain. En 70, Titus s'empare de Jérusalem et détruit le Temple. Massada résistera jusqu'en 73. Des milliers de Juifs sont réduits en esclavage et déportés.

Mais le judaïsme subsiste en Palestine à la destruction du Temple. Deux grands centres religieux s'ouvrent, à Yavné (Jamnia) près de Jaffa, et à Tibériade.

Le judaïsme va y repenser sa doctrine et se préparer à vivre sans Temple et sans sacerdoce. Les pharisiens, désormais, imposent leur théologie et leur interprétation de la Loi. Mais en 132, éclate une seconde révolte, dont le chef fut le célèbre Bar-Kokhéba, qui chasse encore une fois les Romains. Hadrien reprendra Jérusalem en 134. La ville ancienne est rasée et sur ses ruines s'élève une cité de conception grecque qui s'appelle *Aelia Capitolina*. Un édit impérial interdit aux Juifs de demeurer à Jérusalem et dans les environs immédiats.

La Palestine jusqu'à la création de l'État d'Israël

La Palestine chrétienne

À partir de 135, pendant deux siècles, le pays du peuple élu perd apparemment son caractère de Terre sainte. Ce n'est qu'une petite partie de la province romaine de Syrie. *Aelia Capitolina* est ville de garnison pour la 10e légion. Elle possède des thermes, des stades, un forum. Le forum est établi dans la région du Golgotha. Au milieu de l'esplanade du Temple qui a été complètement rasé se dresse la statue de l'empereur Hadrien. La *Pax romana* apporte au pays la prospérité. D'anciens soldats s'installent dans les cités ou comme colons dans les campagnes.

Bien qu'il soit interdit aux Juifs de s'approcher de leur ancienne capitale, ceux-ci restent encore nombreux dans leur patrie, malgré les massacres et les déportations qui ont suivi les deux révoltes. Des écoles florissantes, à Lydda et à Tibériade, rassemblent dans la Mishna les interprétations de la Torah données par les grands docteurs. La Mishna, augmentée de nouveaux commentaires, constituera le Talmud, dont une des deux éditions sera rédigée en Palestine au cours du IVe s. Le Talmud régit encore la vie religieuse du judaïsme.

L'Église chrétienne, après la tourmente, s'installe de nouveau en Terre sainte. Elle est d'abord constituée par des Juifs convertis, restés encore très attachés au judaïsme et aux traditions de leur peuple. Malheureusement, cette communauté disparaîtra bientôt dans des doctrines hérétiques. C'est une église d'origine païenne qui assurera la présence chrétienne dans les régions où a vécu Jésus et la conservation des souvenirs. Césarée est le siège épiscopal, dont dépend Jérusalem, et deviendra aussi un centre théologique important avec une bibliothèque renommée. Origène y enseignera. Saint Justin, autre Père de l'Église, est né en Samarie d'une famille païenne de langue grecque. Sous les empereurs Valérien et Dioclétien, l'Église de Palestine subit la persécution et compte de nombreux martyrs.

À partir de 313, avec la politique de paix envers les chrétiens instaurée par Constantin, la Palestine va connaître un nouveau rayonnement religieux. C'est surtout Jérusalem qui profite du triomphe du christianisme. À l'instigation de sa mère sainte

Hélène, qui vient en Palestine en 326, Constantin bâtit une grande basilique sur l'emplacement du Golgotha et du Saint-Sépulcre : sa dédicace est célébrée en 335 au milieu d'un grand concours d'évêques et de pèlerins. Une seconde basilique s'élève au sommet du mont des Oliviers, l'Eleona, une troisième à Bethléem. Peu à peu, c'est toute la Terre sainte qui se couvre d'églises consacrées au souvenir des événements de la vie du Christ. Une mosaïque découverte à Madaba au nord-est de la mer Morte nous permet de nous rendre compte de l'état de Jérusalem au VIe s., avec la multitude de ses églises, de ses monastères, de ses hôtelleries.

Des pèlerins de plus en plus nombreux viennent prier dans les Lieux saints : certains nous ont laissé des récits de leur voyage, comme le Pèlerin de Bordeaux (333) ou Éthérie (393). Des monastères s'établissent dans toute la région, à Jérusalem sur le mont des Oliviers, dans le désert de Juda, autour de saint Euthyme, saint Sabbas, saint Théodose. Quelques-uns subsistent encore aujourd'hui. Saint Jérôme quitte Rome pour s'installer à Bethléem ; il y poursuit sa traduction et ses commentaires de la Bible. Saint Cyrille, évêque de Jérusalem, prononce ses célèbres catéchèses sur les mystères de la foi.

Mais l'Église dans ce pays n'est pas non plus à l'abri des difficultés. Julien l'Apostat (363) veut rebâtir le Temple des juifs. Les grandes querelles théologiques qui suivent le concile d'Éphèse en 451 se répercutent dans la région, mais les évêques restent fidèles à l'orthodoxie représentée par saint Cyrille d'Alexandrie. Cependant malgré un certain éclat dû aux largesses de l'empereur Justinien et de riches familles venues en pèlerinage de l'Empire byzantin et de l'Occident, la chrétienté de Terre Sainte est fragile. Elle aura à subir une lourde épreuve.

La domination perse et arabe

Le premier coup contre la Palestine chrétienne est porté en 614 par les Perses alors dirigés par la famille des Sassanides. Leurs rois avaient tenu tête aux Romains, et les empereurs de Byzance avaient dû composer avec eux. Profitant des troubles qui marquent l'avènement de Phocas comme empereur de Byzance, Chosroès II envahit la Syrie ; Damas est prise en 613. L'année suivante, ses armées sont devant Jérusalem qu'elles dévastent et pillent. Toutes les grandes églises sont détruites, y compris le Saint-Sépulcre. Seule la basilique de Bethléem sera épargnée. Des milliers de chrétiens sont tués. Le patriarche de Jérusalem, Zacharie, est envoyé en exil, et la relique de la vraie Croix volée. Ce n'est que treize ans plus tard qu'Héraclius Ier pourra libérer la Terre sainte et obtenir la restitution de la Croix.

Les travaux de restauration des monuments religieux ne sont pas encore terminés lorsqu'en 637 Jérusalem tombe de nouveau, cette fois, aux mains des Arabes. La marche foudroyante des armées musulmanes surprend un Empire byzantin affaibli par ses divisions internes et ses luttes avec les Perses. Devant leur incapacité à protéger la Terre sainte, le patriarche Sophrone se résout à négocier la capitulation de Jérusalem avec le calife Omar. L'occupation, au début, n'est pas brutale. D'ailleurs, elle est parfois accueillie avec soulagement par une population divisée, lasse de la domination byzantine. L'islam ne prescrit pas d'imposer la conversion aux « gens du livre », c'est-à-dire aux juifs et aux chrétiens. Ceux-ci peuvent continuer à pratiquer leur foi, et les monuments religieux sont respectés. Seulement, à Jérusalem, sur l'esplanade du Temple, s'élèvent les deux mosquées d'Omar et d'el Aqsa.

Au cours du VIIIe s., la situation des chrétiens commence à s'aggraver. L'occupation musulmane se fait plus lourde. Coupés du reste de l'Église, des chrétiens passent à l'islam. Mais Pépin le Bref, puis Charlemagne établissent des contacts avec les califes et obtiennent une sorte de protectorat sur la Ville sainte. Des secours parviennent aux chrétiens, des moines latins s'installent à Jérusalem, les édifices religieux sont restaurés. Pendant deux siècles, avec des hauts et des bas, la paix religieuse règne en Terre sainte ; des pèlerins en très grand nombre y viennent, même de l'Occident.

Malheureusement cet état de choses ne dure pas. Des persécutions sporadiques éclatent contre les chrétiens. En 1009, le calife Hakim, sorte de fou qui se prend pour Dieu, fait démolir le Saint-Sépulcre. Avec la division du monde musulman, la Palestine devient l'enjeu de combats violents entre les Fatimides d'Égypte et les Turcs seldjoukides qui, en 1070, prennent Jérusalem.

Les croisades et le royaume latin de Jérusalem

La rumeur parvenant en Occident des troubles qui bouleversent la Terre sainte sera la cause du déclenchement du mouvement des croisades. Autrefois célébrées comme une des manifestations les plus pures de la foi chrétienne, les croisades sont parfois aujourd'hui considérées comme la première expression du colonialisme occidental désireux de s'implanter dans la Méditerranée orientale. Si cela est exact pour les croisades suivantes qui ont cherché à exploiter la situation acquise par la première, les chevaliers qui en 1095 répondent à l'appel lancé par le pape Urbain II à Clermont s'inscrivent plutôt dans le mouvement constant qui a entraîné des chrétiens en pèlerinage vers la Terre sainte. Leur désir est de libérer le tombeau du Christ et d'obtenir le pardon de leurs péchés. Les conquêtes d'Antioche et d'Édesse suffiront à quelques-uns d'entre eux, mais les meilleurs n'oublient pas le but de la croisade. Le 15 juillet 1099, Jérusalem est prise, malheureusement après un massacre de la population musulmane. Elle va rester entre les mains des latins jusqu'en 1187.

Les vainqueurs constituent alors le royaume latin de Jérusalem. Il est d'abord dirigé par Godefroy de Bouillon qui refuse le titre de roi, puis par son frère Baudouin qui est sacré à Bethléem en 1100. Le royaume est composé de quatre États : la principauté d'Antioche, le comté d'Édesse, le comté de Tripoli, le royaume de Jérusalem. Mais le roi, élu par une Haute-Cour, ne dispose que d'une autorité limitée. Des fiefs, de plus en plus autonomes, se constituent, auxquels s'ajoutent les puissants ordres de chevalerie, surtout les templiers et les hospitaliers. Les difficultés rencontrées pour défendre les terres conquises n'arrivent pas à faire oublier les intérêts particuliers. La situation du royaume est précaire car il ne comprend qu'une étroite bande de terre le long de la côte.

En 1144, Édesse est reprise par les Arabes, et la deuxième croisade prêchée par saint Bernard n'arrive pas à redresser la situation. Le royaume de Jérusalem ne se maintient qu'en jouant sur les divisions entre les Seldjoukides d'Alep, les Arabes de Damas et les Fatimides du Caire. Mais, en Égypte, Saladin s'impose, puis se rend maître de la Syrie. Le 4 juillet

1187, l'armée franque conduite par Guy de Lusignan est écrasée à Hattin près de Tibériade. Le 2 octobre, Jérusalem est prise.

Pendant près d'un siècle encore, de nouvelles croisades entretiennent l'espoir de la restauration du royaume. Mais les Mameluks d'Égypte, conduits par le féroce Baïbars (1260-1277), prennent une à une toutes les forteresses restées encore aux mains des Francs. Saint-Jean-d'Acre, dernier bastion, tombe en 1291. Du royaume latin, il ne subsiste plus que l'île de Chypre.

Ainsi se termine l'épopée des croisades. De cette époque en Terre sainte, il reste encore des monuments, des forteresses comme celles de Césarée et Saint-Jean-d'Acre, des églises comme celles du Saint-Sépulcre et de Sainte-Anne à Jérusalem. Il est plus difficile de dresser le bilan spirituel de cette installation latine en Orient : elle a peut-être retardé la chute de Constantinople, mais elle a aussi accentué le divorce entre latins et Byzantins. Elle a peut-être stoppé la progression de l'islam, mais elle a aussi dressé musulmans et chrétiens les uns contre les autres. Comme toute œuvre humaine, les croisades restent une opération ambiguë.

L'époque moderne

Après la disparition du royaume latin, la Terre sainte vit sous la domination des Mameluks, puis sous celle des Turcs de 1515 à 1918. Soliman le Magnifique (1520-1566) construit les murailles actuelles de Jérusalem, mais c'est là le seul apport de cette longue époque. Venant d'Égypte, Bonaparte traverse la Palestine pour aller mettre le siège devant Saint-Jean-d'Acre (1799), mais son armée doit battre en retraite. En 1847, Rome rétablit le patriarcat latin. Jérusalem est alors une petite ville assoupie dans un Empire ottoman en décadence depuis déjà longtemps. Le mouvement des pèlerinages était pratiquement stoppé, mais, en 1882, le premier pèlerinage de pénitence guidé par les pères assomptionnistes conduit plus de 1 000 personnes en Terre sainte.

En 1914, l'Empire ottoman dont la Palestine fait partie se range du côté de l'Allemagne, ce qui va entraîner son démantèlement à la fin de la guerre. En 1917-1918, le général anglais Allenby s'est emparé de la Palestine, libérant ainsi le monde arabe du joug ottoman. En 1922, l'Angleterre reçoit de la Société des Nations le mandat sur la Palestine et la Transjordanie, tandis que la France reçoit celui sur le Liban et la Syrie. Mais, en 1917, le gouvernement anglais a formulé la « promesse Balfour », ensuite ratifiée par d'autres puissances, décidant « l'établissement en Palestine d'un Foyer national pour le peuple juif ». Les éléments du conflit actuel se trouvent déjà dans cette déclaration imprécise sur la présence d'une communauté juive au sein du monde arabe.

Dès 1880, souvent chassés par les pogroms d'Europe centrale, les Juifs ont commencé à venir s'installer en Palestine, la terre de leurs ancêtres. En 1896, dans son livre *L'État juif. Essai d'une solution de la question juive*, Théodore Herzl, journaliste viennois venu à Paris suivre le procès de Dreyfus, lance les bases du mouvement sioniste qui va encourager et organiser le retour des Juifs. Déjà très forte avant la Première Guerre mondiale, l'immigration va s'accélérer ensuite. Grâce aux fonds recueillis parmi les Juifs du monde entier, les arrivants achètent des terres où s'implantent des communautés de type socialiste, les kibboutzim. D'autres s'installent dans les villes : Jérusalem, Haïfa. Tel-Aviv est fondée en 1909 auprès de Jaffa.

Cette immigration, tantôt tolérée, tantôt freinée par les Anglais, ne manque pas à la longue d'indisposer les Arabes. Des troubles sanglants marquent l'entre-deux-guerres, tandis que l'Angleterre n'arrive pas à trouver une solution. La Deuxième Guerre mondiale marque un arrêt dans les luttes entre les deux communautés, mais les escarmouches reprennent aussitôt après. En 1947, l'Angleterre s'en remet à l'ONU du soin de régler le problème palestinien. L'Assemblée arrête un plan de partage qui est refusé par les États arabes. Le 14 mai 1948, l'État d'Israël est proclamé à Tel-Aviv, la veille du jour où la Grande-Bretagne abandonne le mandat et retire ses troupes de Palestine. La guerre éclate aussitôt entre Israël et les Arabes. Après l'armistice signé en 1949, Israël est reconnu par l'ONU comme État souverain.

La Palestine
Des débuts de l'Église à la fin de l'Empire ottoman

36	Martyre d'Étienne.
43-44	Décapitation de Jacques, frère de Jean.
48-49	Assemblée de Jérusalem.
58	Jacques, « frère du Seigneur », chef de la communauté judéo-chrétienne. Arrestation de Paul au Temple.
58-59	Paul captif à Césarée.
62	Lapidation de Jacques, le « frère du Seigneur ».
66	Début du soulèvement juif.
29 août 70	Prise de Jérusalem par Titus.
73	Prise de Massada. Fondation de l'académie juive de Jamnia.
132	Seconde révolte juive avec Bar Kokhéba.
134	Prise de Jérusalem et construction d'Aelia Capitolina.
II-IIIe s.	Développement de l'Église et persécutions.
313	Édit de Milan autorisant le culte chrétien.
333-335	Construction des basiliques du Saint-Sépulcre, Ascension, Bethléem. Saint Cyrille, évêque de Jérusalem. Début des pèlerinages.
431	Concile d'Éphèse. L'épiscopat palestinien soutient Cyrille d'Alexandrie contre Nestorius qui sera suivi par plusieurs épiscopats orientaux (Syrie, Arménie, Égypte, Éthiopie).
451	Jérusalem érigée en patriarcat. Développement du monachisme.
527-565	L'empereur Justinien bâtit de nouvelles églises ou les embellit.
614	Prise de Jérusalem par les Perses, massacre de chrétiens, destruction de sanctuaires (sauf Bethléem).
632	Mort de Mahomet. Invasion des Arabes en Orient.
637	Reddition de Jérusalem aux musulmans. Les évêques palestiniens restent fidèles au patriarche de Constantinople et au concile d'Éphèse.
661-750	Dynastie ommeyade : capitale Damas.
750-1258	Dynastie abbasside : capitale Bagdad.
1086	Les Turcs seldjoukides maîtres de la Syrie et de Jérusalem.
1099	Prise de Jérusalem par les croisés.
1187	Prise de Jérusalem par Saladin. Le royaume franc se réduit peu à peu à Saint-Jean d'Acre et à Chypre.
1291	Fin du royaume franc de Terre sainte.

1457	Prise de Constantinople par Mehmet II.
1515-1922	La Palestine sous la domination de l'Empire ottoman.
1922	La Société des Nations donne à la Grande-Bretagne mandat sur la Palestine et la Transjordanie (et à la France sur le Liban et la Syrie).

Les croisades

Quelques repères

1095	Appel d'Urbain II à Clermont.
1096	Prédication de Pierre l'Ermite. Départ de la première croisade.
1098	Les croisés prennent Antioche.
1099	Prise de Jérusalem.
1100	Baudouin Ier, roi de Jérusalem.
1118	Sacre de Baudouin II.
1131	Sacre de Foulques d'Anjou.
1144	Mort de Foulques. Chute d'Édesse.
1146	Appel de saint Bernard à Vézelay. Deuxième croisade.
1148	Échec devant Damas. Offensive de Nûr al-Dîn.
1152	Sacre de Baudouin III.
1163	Sacre d'Amaury.
1169	Saladin, maître de l'Égypte.
1174	Sacre de Baudouin IV.
1186	Guy de Lusignan, roi de Jérusalem.
1187	Défaite de Hattin.
1188	Formation de la troisième croisade.
1190	Mort de Frédéric Barberousse.
1191	Chute d'Acre ; victoire à Arsouf.
1192	Trêve avec Saladin.
1193	Mort de Saladin.
1202	Quatrième croisade.
1204	Prise de Constantinople. L'Empire byzantin passe aux latins.
1217	Cinquième croisade. Échec au Thabor.
1219	Prise de Damiette en Égypte.
1221	Échec de la croisade.
1228	Sixième croisade (Frédéric II seul).
1229	Le sultan cède Jérusalem à Frédéric.
1241	Les Barons obtiennent la restitution d'une partie du royaume latin.
1244	Les Francs battus à La Forbie. Perte de Jérusalem.

1248	Septième croisade (Saint Louis).
1250	Damiette est prise puis restituée.
	Saint Louis doit payer rançon.
1254	L'Égypte aux mains des Mamelouks.
1265	Offensive de Baïbars.
1268	Fin de la principauté d'Antioche.
1270	Huitième croisade.
	Saint Louis meurt à Tunis.
1289	Qalawun, maître de Tripoli.
1291	Fin des États francs d'Orient.

L'État d'Israël

Depuis sa fondation en 1948, Israël est une démocratie parlementaire. L'autorité suprême est détenue par la *Knesset* (Assemblée), parlement unique de 120 membres, élue pour quatre ans au suffrage universel au scrutin de liste proportionnel. Le Gouvernement, présidé par le Premier ministre, est collectivement responsable devant la Knesset.

Le président de l'État est élu par la Knesset pour une période de cinq ans.

Jusqu'à présent, tous les cabinets ont été des cabinets de coalition, aucun parti n'ayant pu s'assurer une majorité absolue. *Trois grands blocs politiques* se partagent les suffrages à la suite des élections de juin 1992 :

— L'Extrême-droite avec trois petits partis, dont Tehia, Tsomet, Moledet ;

— Le Likoud et plusieurs petits partis religieux, dont le Parti national religieux et Shas ;

— Le Parti travailliste avec le groupe Meretz ;

— À ces trois blocs, il convient d'ajouter les *partis arabes*.

Depuis la constitution de l'État d'Israël, les partis religieux, en s'alliant soit à la gauche soit à la droite, ont pu ainsi exercer une force de pression pour l'imposition des traditions religieuses juives.

L'armée (Tsahal) est constituée par un noyau d'officiers et de sous-officiers de carrière, par les classes appelées au service (trois ans pour les hommes, 20 mois pour les femmes), par les réservistes (avec des périodes d'un mois par an jusqu'à 40 ans pour les hommes, de deux semaines ensuite).

Les syndicats : en Israël, 50 % de la main-d'œuvre est employée par le secteur public, institutions et entreprises d'État ou coopératives. La force ouvrière est presque entièrement organisée à l'intérieur de syndicats dont le principal est la Histadrout qui gère des services sociaux, des activités culturelles, des entreprises économiques (la majorité des kibboutzim et des moshavim sont affiliés à la Histadrout), et même des sociétés de construction et de travaux publics.

Le kibboutz fascine les uns parce qu'il réalise l'utopie de la communauté socialiste et horrifie les autres parce qu'il sacrifie à la collectivité la liberté individuelle et l'autonomie du foyer familial. Mais Israël ne s'identifie pas au kibboutz : il ne représente que 5 % de l'économie et 3 % de la population. En réalité, le kibboutz s'explique à la fois par la volonté de libération des contraintes des ghettos d'Europe centrale, le retour à la terre des ancêtres et au travail des champs, le rêve de réaliser en Terre d'Israël l'utopie socialiste du XXe siècle, sans oublier la nécessité de se défendre contre les Arabes du voisinage.

Le kibboutz a été à l'origine du démarrage de l'agriculture dans un pays laissé à l'abandon par les féodaux arabes sous la domination ottomane. Mais il continue à agir comme le rêve d'une société où l'argent n'est pas l'essentiel, où la fraternité du travail l'emporte sur le profit, même si l'évolution de l'institution a cherché d'autres moyens de subsistance que le travail des champs : industrie, hôtellerie, et même concerts... avec la nécessité parfois de faire appel à la main-d'œuvre arabe. La prise en charge de la formation des enfants par la communauté permet aux parents de bénéficier d'un plus grand temps de liberté après le travail pour la culture personnelle et l'éducation des enfants.

C'est toute la société israélienne qui n'arrête pas d'évoluer depuis 1949 et on ne peut la juger d'après les critères qui servaient à analyser son apparition au lendemain de la Deuxième Guerre mondiale. Nation de pionniers qui faisaient refleurir le désert et qui avaient tenu tête en 1948 à cinq armées arabes, havre d'accueil pour les rescapés des camps de concentration, et pour les expulsés des pays arabes, le jeune État d'Israël a bénéficié au début presque partout, y compris de la part de l'ex-URSS, d'un préjugé favorable. Le sommet de cette ère faste a été la victoire écrasante de Tsahal en 1967 sur l'Égypte, la Syrie et la Jordanie.

À partir de 1967, cette euphorie s'est assombrie. Des causes externes ont joué : les critiques portées même par les alliés les plus fidèles contre la prolongation de l'occupation des territoires conquis en 1967, l'intervention de l'ex-URSS dans le Proche-Orient, le développement du nationalisme populaire dans le monde arabe et surtout du nationalisme palestinien avec la multiplication d'attentats terroristes, tout cela dans le cadre de la crise économique internationale. À l'intérieur, les causes d'un certain désenchantement n'ont pas manqué non plus : le coût en hommes et en argent de la guerre du Liban, la crise morale qu'elle a engendrée dans la nation et même au sein de l'armée, la menace permanente des commandos palestiniens avec la spirale de répression contre les attentats terroristes et contre l'Intifada « soulèvement » de la population palestinienne à partir de 1987. Plus sourdement agissait la distorsion entre la fécondité des familles arabes et la diminution du taux de natalité des familles juives, le tarissement de l'émigration vers Israël et le départ des milliers d'Israéliens vers l'étranger. La crise politique quasi permanente qu'a connue le pays pendant ces années a été le reflet de toutes ces difficultés internes et externes. Heureusement l'appui des États-Unis est resté indéfectible à l'égard de celui qu'on a appelé le 51e État de l'Union. Mais il ne faut pas oublier non plus le courage et la détermination d'un peuple qui sous les pires menaces n'a pas renié son idéal démocratique.

La détente Est-Ouest n'a pas manqué d'avoir des répercussions au Proche-Orient ; l'afflux de plus de 400 000 émigrants de l'ancienne URSS, sans oublier les 20 000 Falashas éthiopiens, la reprise économique sont autant d'éléments qui contribuent peu à peu à modifier d'une manière positive les perspectives d'avenir d'Israël.

En juillet 1991, les efforts répétés de la diplomatie américaine, soutenus par l'ex-URSS, ont enclenché un processus de paix entre Israël et les pays arabes voisins (Syrie, Jordanie), pour amorcer un dialogue sur les problèmes de la région, au cœur duquel se trouvent l'épineuse question palestinienne et le statut de Jérusalem. La victoire des travaillistes, le 23 juin 1992, laisse espérer un rapprochement entre pays arabes et Israël, à la suite de l'assouplissement de ce dernier sur la Cisjordanie. Si le gouvernement travailliste reste intraitable sur Jérusalem, proclamée « capitale éternelle » d'Israël, en septembre 1992, un protocole d'accord sur l'autonomie de la Bande de Gaza et de Jéricho a été signé à Washington le 13 septembre 1993 entre Israéliens et Palestiniens.

L'ÉTAT D'ISRAËL

14 mai 1948	Proclamation de l'État d'Israël par Ben Gourion.
Juillet 1948	Première guerre israélo-arabe.
Octobre 1956	Attaque d'Israël (appuyée par la France et la Grande-Bretagne) contre le canal de Suez que Nasser vient de nationaliser.
Juin 1967	Guerre des Six Jours déclenchée par l'interdiction de Nasser aux navires israéliens d'entrer dans le golfe d'Aqaba.
6 octobre 1973	Guerre du Kippour : l'armée égyptienne franchit le canal de Suez, la Syrie attaque dans le Golan. Mais rapidement Israël redresse la situation.
Mai 1977	Victoire électorale de Menahem Begin et du Likoud sur le Parti travailliste jusque-là majoritaire.
19-21 novembre 1977	Le président égyptien Anouar el-Sadate à Jérusalem.
Octobre 1978	Accords de Camp David. Traîté de paix avec l'Égypte (1979), restitution du Sinaï à l'Égypte en 1982.
Septembre 1978	Offensive d'Israël contre le Liban jusqu'au Litani.
Juin 1982	Offensive d'Israël contre le Liban pour protéger sa frontière nord contre les commandos palestiniens. Prise de Tyr et de Saïda, occupation d'une partie de Beyrouth. Crise au sein de l'armée israélienne, manifestation de la population contre cette guerre.
Sept.-oct. 1983	Démission de Begin et installation du gouvernement Yitzhak Shamir.
1984	Coalition gouvernementale du Likoud d'Yitzhak Shamir et du Parti travailliste de Shimon Peres.
1987	Début de l'Intifada ou guerre des pierres dans les territoires occupés (Cisjordanie et Gaza).
1991	Pourparlers de paix entre Israël et les pays arabes voisins (Syrie, Jordanie).

1992	Victoire du parti travailliste aux législatives.
1993	Début d'un protocole d'accord sur la Bande de Gaza et Jéricho, signé à Washington par Yitzhak Rabin et Yasser Arafat.

LA POPULATION D'ISRAËL

Jusqu'à la guerre des Six Jours, en 1967, les frontières de l'État d'Israël sont fixées par la ligne de cessez-le-feu de l'armistice de 1949. En 1991, Israël comprenait une population d'environ 5 000 000 d'habitants (en 1990, 4 710 000) dont 4 100 000 juifs , 685 000 musulmans, 120 000 chrétiens , 85 000 Druzes (Bureau central des statistiques d'Israël, sept. 1991).
Depuis la guerre des Six Jours : les territoires occupés, sous administration israélienne, comprennent environ 1 800 000 habitants. Il faut noter que, depuis 1967, la ville de Jérusalem a été réunifiée et les habitants de Jérusalem Est (vieille ville et ville arabe en dehors des remparts) intégrés à l'État d'Israël.

LES RELIGIONS EN TERRE SAINTE

LES ÉGLISES

Nous présentons ici d'une manière succincte les Églises chrétiennes que le voyageur rencontrera au cours de son voyage en Terre sainte.

Les Églises orthodoxes. Avant de présenter les différentes Églises établies en Terre sainte, il est utile de jeter un regard d'ensemble sur les Églises orthodoxes. Elles se nomment « orthodoxes » parce qu'elles affirment avoir gardé l'intégrité de la foi telle qu'elle a été définie par les sept conciles oecuméniques, orthodoxie que certaines Églises auraient rejetée au cours des siècles.

La première rupture eut lieu à la suite du concile de Chalcédoine en 451. Ce concile avait défini deux natures dans le Christ en une seule personne. Le patriarche d'Antioche se déclara résolument « monophysite » (une seule nature dans le Christ). Par la suite, les Églises arménienne, éthiopienne, copte se déclarèrent monophysites.

La seconde rupture eut lieu entre Constantinople et Rome. Elle fut progressive. Fondamentalement, le différend porte sur la primauté de juridiction du pape, évêque de Rome, auquel les orthodoxes ne reconnaissent qu'une primauté d'honneur. À ce point fondamental se sont ajoutées d'autres divergences, théologiques (le *Filioque*, les récents conciles organisés par l'Église catholique, notamment Vatican I et la promulgation de l'infaillibilité pontificale), les nouvelles définitions dogmatiques (Immaculée Conception, Assomption) et aussi les différences liturgiques et canoniques. Le contentieux historique est de même très important, notamment la destruction de Constantinople par les croisés en 1204.

Deux schismes ont jalonné cette rupture complète, celui de Photius en 867 et, surtout celui de Michel Cérulaire en 1054, qui fut rendu définitif par l'excommunication réciproque. La rencontre de Paul VI et du patriarche Athénagoras à Jérusalem, en 1964, a marqué le début du rétablissement de la communion entre les deux Églises.

Les Églises orthodoxes reconnaissent une primauté d'honneur au patriarche de Constantinople en raison de l'importance historique de la ville. Elles constituent des Églises indépendantes, sous la présidence de leur patriarche. Les patriarcats orthodoxes sont ceux de Constantinople, Alexandrie, Antioche, Jérusalem, Moscou, Serbie, Roumanie, Bulgarie, auxquels il faut ajouter les Églises autocéphales de Grèce et de Chypre. Au total, environ 170 000 000 fidèles.

Les Églises orthodoxes célèbrent, généralement, la liturgie dite de saint Jean Chrysostome dans la langue de leur pays, ou une forme ancienne de celle-ci (les Russes, par exemple, utilisent le slavon).

Les Melkites. Aujourd'hui, le terme de melkites désigne les Églises de rite byzantin parlant et célébrant la liturgie en arabe. Le nom provient du mot *melek*, « roi » : les melkites sont restés fidèles à la doctrine du concile de Chalcédoine (451) qui avait été approuvée par l'empereur de Constantinople. Mais cette fidélité à l'empereur les a séparés de Rome, à mesure que le patriarcat de Constantinople rompait avec Rome.

On compte trois patriarcats melkites orthodoxes : Antioche, Alexandrie, Jérusalem. Mais les prêtres orthodoxes que l'on voit dans les grands sanctuaires de Terre sainte ne sont pas melkites au sens strict ; dans leur majorité, ils sont grecs d'origine.

En 1724, s'est constituée une Église catholique melkite. Elle n'a qu'un seul patriarche, qui est aujourd'hui Maximos V Hakim, qui a succédé en 1967 à Maximos IV, dont le rôle à Vatican II fut considérable. Les melkites catholiques sont environ un million, dont la moitié en Orient.

Les Syriens. On les appelle aussi jacobites, du nom de l'évêque Jacques Baradée qui conduisit la séparation d'avec Constantinople à la suite du concile de Chalcédoine. Leur monophysisme est plus dans la formulation que dans la doctrine. Ils célèbrent la liturgie en langue syriaque (dérivée de l'ancien araméen).

Les fidèles sont au nombre de 250 000. Le siège de leur patriarcat se trouve à Antioche. À ce patriarcat, on peut rattacher l'Église syrienne-orthodoxe des Indes (1 650 000 fidèles).

Les Syriens ont une petite communauté à Jérusalem et possèdent un oratoire dans la basilique du Saint-Sépulcre à l'ouest de la rotonde du Tombeau.

Une Église syrienne catholique a vu le jour en 1781 (96 000 fidèles). À elle, se rattache l'Église malankare des Indes (866 000 fidèles).

Les Arméniens. L'Église d'Arménie a été fondée par saint Grégoire l'Illuminateur (260 — 326) : le peuple arménien fut la première nation à accueillir officiellement le christianisme, en même temps que son roi Tiridate. Au VIe s., l'Église d'Arménie adopta la doctrine monophysite et se sépara de Constantinople. Le siège du principal patriarcat arménien se trouve à Etchmiadzine. Les Arméniens sont 3 350 000, dont 1 900 000 dans la CEI. Il y a aussi un patriarcat honorifique, mais important, à Jérusalem où depuis le VIe s. réside une communauté active, moines et laïcs, d'environ 2 500 membres, autour de l'église Saint-Jacques dans le quartier arménien. Les Arméniens possèdent des droits au Saint-Sépulcre, au tombeau de la Vierge, à la basilique de Bethléem.

Depuis 1742, existe une Église arménienne catholique qui compte 110 000 fidèles. À Jérusalem, ils occupent la IIIe et la IVe station du Chemin de Croix.

Les Coptes. Les Coptes sont les chrétiens d'Égypte. Le christianisme arriva très tôt en Égypte, prêché, selon la tradition, par saint Marc, et il y fut rapidement prospère avec des grandes figures comme Antoine et Pacôme, pères du monachisme, Athanase et Cyrille patriarches d'Alexandrie. Le concile de Chalcédoine entraîna la rupture avec Constantinople et de grandes divisions internes. Leur liturgie est en copte, l'ancienne langue du pays. Les Coptes orthodoxes sont, d'après les statistiques gouvernementales égyptiennes, 2 500 000, mais le double plus probablement.

À Jérusalem, la communauté copte célèbre dans une petite chapelle appuyée contre le chevet de l'édicule du Saint-Sépulcre.

Un patriarcat copte catholique existe depuis 1899, avec 150 000 fidèles.

Les Éthiopiens. L'Éthiopie a été évangélisée dès le IVe s. L'Église adopte la christologie monophysique au VIe s. La tradition a fait des rois éthiopiens les descendants du roi Salomon par la reine de Saba venue à Jérusalem. D'Éthiopie, il y a toujours eu un fort mouvement de pèlerinage vers la Terre Sainte. Les Éthiopiens possèdent un couvent près de la IXe station du Chemin de Croix sur le toit du Saint-Sépulcre. Les chrétiens éthiopiens sont 14 000 000.

En Éthiopie, les catholiques sont représentés par deux communautés : l'une de rite éthiopien, l'autre de rite latin. Ils comptent 112 000 fidèles.

Les Maronites. Les maronites sont la communauté chrétienne majoritaire du Liban. Ils se rattachent à saint Maroun qui a vécu au IVe s. et reconnaissent l'autorité du pape. Ils sont environ 6 000 en Israël.

Les Latins. Depuis les premiers siècles de l'Église, des chrétiens d'Occident sont venus en pèlerinage à Jérusalem et des monastères de langue latine y ont été fondés. Au temps de Charlemagne, plusieurs établissements ont été bâtis pour recevoir des pèlerins, monastères, églises, hôtelleries. Après la prise de la ville par les croisés en 1099, un patriarcat latin y fut créé qui reçut juridiction sur toutes les provinces du nouveau royaume. Il dura jusqu'à la prise de la ville en 1187. En 1342, les pères franciscains reçurent du pape la garde (custodie) des Lieux saints ; les fils de Saint-François, qui avait visité la Terre sainte en 1219, s'établirent au Cénacle et au Saint-Sépulcre. Au milieu de difficultés énormes, et parfois au prix de leur vie, ils défendirent les droits de l'Église latine en Terre sainte, en même temps qu'ils exerçaient le ministère pastoral auprès des chrétiens de rite latin. En 1847, en accord avec le sultan, le pape Pie IX restaura le patriarcat latin de Jérusalem qui s'installa auprès de l'église Saint-Sauveur où il est encore. À partir de ce moment, de nombreux instituts de religieux et de religieuses s'implantèrent dans le pays. Depuis 1988, le patriarche latin est Mgr Sabbah, premier Arabe à occuper ce poste. Le pape est personnellement représenté par un délégué qui réside à Jérusalem.

Au titre de la présence latine en Israël, il faut signaler aussi « l'œuvre de Saint-Jacques » qui veut être un lieu de dialogue entre juifs et chrétiens. Groupant des prêtres, des religieuses et des laïcs, cette communauté, tout en gardant le rite latin, pratique la liturgie en hébreu.

Les Protestants. La présence protestante est assurée par trois grandes confessions implantées dans le pays : les anglicans avec un archevêque dont la cathédrale Saint-Georges se trouve à Jérusalem au nord de la vieille ville, sur la route de Naplouse ; les luthériens (église du Rédempteur, près du Saint-Sépulcre) ; les baptistes. Ces confessions comptent des communautés dans la plupart des grands centres où elles entretiennent plusieurs écoles et hôpitaux. Différentes Églises nationales (danoise, écossaise) sont également présentes dans le pays. Le prosélytisme de certaines sectes chrétiennes (par ex. les « juifs messianiques ») se heurte périodiquement à l'hostilité des milieux juifs orthodoxes.

Le judaïsme

Il n'est pas facile de donner une définition du judaïsme. Pour les rabbins, est juif qui est né de mère juive : à ce titre il a droit à devenir citoyen israélien. Mais beaucoup de juifs préfèrent donner une définition plus large du judaïsme : est juif celui qui se rattache à la tradition héritée d'Abraham et de Moïse et transmise jusqu'à aujourd'hui. Pour les uns, cet héritage est essentiellement religieux : il implique avant tout la fidélité à la Torah, la Loi révélée à Moïse au Sinaï, et commentée par les successeurs de Moïse, depuis les prophètes jusqu'aux rabbins qui ont compilé la Mishna et le Talmud. Pour d'autres juifs, cet héritage est à la fois religieux et culturel, et pour certains de ceux-ci plus culturel que religieux. La grande majorité des juifs, en fait, professent une foi explicite au Dieu de leurs ancêtres, mais sans se plier à l'obéissance minutieuse des préceptes imposés par les rabbins. Pour les juifs libéraux, l'appartenance au judaïsme se réduit au rattachement très souple à une culture, à une philosophie inspirée par la Bible.

Le judaïsme, tel qu'il est pratiqué, avec rigueur par les juifs orthodoxes, avec plus ou moins de libéralisme par les autres, remonte à l'époque qui a suivi la destruction du Temple de Jérusalem (70 après J.C.). La suppression du culte sacrificiel dans le Temple a amené les juifs rescapés du massacre à privilégier désormais le culte de la Torah et l'obéissance aux 613 préceptes qu'elle contient. Le sens et les exigences de la Torah ont été précisés dans la Mishna et le Talmud écrits entre le Ier et le VIe s. Ces commentaires à la fois théologiques et juridiques constituent avec la Bible dans sa totalité (Torah, Prophètes, Écrits des Sages) les fondements de la religion juive.

La découverte en Israël, par les pèlerins, de la pratique du judaïsme peut conduire à un contresens fâcheux pour le dialogue entre les religions prôné par Vatican II, celui de réduire le judaïsme à une pratique formaliste. En réalité, l'essence du judaïsme est la foi au Dieu unique que le juif confesse dans la prière du Shema récitée chaque jour : « Écoute, Israël ! Le Seigneur notre Dieu est l'Unique. Tu aimeras le Seigneur ton Dieu, de tout ton cœur, de tout ton être, de toute ta force » (Dt 6, 4-6). Pour le juif, la mission du Peuple élu est d'abord de rendre gloire à Dieu par sa prière et la sainteté de sa vie. La prière, nourrie de la Bible et particulièrement des psaumes, est fondamentale. La sainteté de la vie est acquise par l'obéissance aux préceptes de la Torah dont les multiples précisions ont pour but d'orienter toutes les actions de l'homme au service de Dieu et de l'empêcher de tomber dans l'idolâtrie.

Les préceptes peuvent paraître tatillons à celui qui les regarde de l'extérieur mais, pour le juif religieux, ils expriment la volonté de Dieu, que le juif accepte avec joie, même si l'obéissance est parfois difficile. Le juif ne veut pas imposer ce fardeau aux autres nations, il l'accepte comme étant sa part d'héritage pour le service et la gloire de Dieu.

Principales pratiques du judaïsme

La prière. Le juif pieux prie trois fois par jour, mais la journée du sabbat doit être totalement consacrée à Dieu. Le sabbat commence le vendredi soir par une réunion de prière à la synagogue, puis par un repas festif en famille. Le matin, le juif retourne à la synagogue ou reste chez lui en famille, pour la prière ou le repos. La loi interdit de travailler, de se déplacer au-dehors de chez soi plus qu'il est nécessaire, d'allumer du feu (d'où interdiction de faire la cuisine, de circuler en voiture, d'allumer l'électricité, ce qui a amené les ingénieurs à inventer des installations curieuses pour le fonctionnement des sonnettes électriques, les ascenseurs...). Mais la visée profonde de ces commandements est bien la prière et le repos. Le sabbat s'arrête avec le coucher du soleil, et c'est l'occasion de rendre visite à des parents ou à des amis.

La kashrut. La kashrut concerne les règles de l'alimentation. Est *kasher* ce qui est pur rituellement. Ces règles très méticuleuses concernent le mode d'abattage des animaux (les animaux sont saignés complètement, car on ne peut consommer le sang qui est le siège de la vie selon la Bible), l'interdiction de manger certains animaux (le porc, animal impur par excellence aussi pour l'islam, et quelques autres), l'interdiction de manger dans le même repas viande et laitage (application d'un vieux précepte biblique qui défendait de cuire le chevreau dans le lait de sa mère). Des règles de *kashrut* existent aussi pour le vin, notamment pour le vin de la célébration du repas pascal.

Ashkénases et sépharades

L'installation des communautés juives dans des pays de tradition et de langue différentes à créé au cours des siècles deux branches :

— les *ashkénases*, établis en Allemagne, Pologne, Russie qui parlent le yiddish, dialecte germanique, intégrant des mots hébreux, et s'écrit aussi avec des caractères hébreux ;

— les *sépharades*, établis en Espagne et au Portugal d'où ils ont été chassés en 1492 par les Rois catholiques ; ils se sont ensuite installés en Afrique du Nord et jusqu'en Turquie. Ils parlaient le ladino, langue castillane mêlée d'hébreu.

Les grandes fêtes

Les fêtes les plus importantes ont leur origine dans la Bible, mais la destruction du Temple a modifié les rites de célébration, et elles ont reçu parfois une nouvelle signification. Elles ponctuent le déroulement de l'année, certaines gardant un rattachement précis à l'histoire du peuple, d'autres ayant conservé des liens avec les travaux des champs.

Rosh Hashana (jour de l'an) et **Yom Kippour** (jour du Grand Pardon) en septembre-octobre. L'année commence à cette époque, parce que, pour la tradition juive, c'est la date de la création du monde. Ce jour inaugure une période de dix jours de pénitence qui culminera avec le Yom Kippour, jour qui comporte un jeûne de 24 heures, et où Israël demande à Dieu pardon de ses fautes. C'est la fête la plus suivie en Israël, même par les moins pratiquants.

Pessah (Pâque) en mars-avril. Elle est marquée par le repas pascal célébré selon un rituel (le *seder*) où est rappelée la sortie d'Égypte. Pendant huit jours, on mange du pain sans levain (*massot*). Pour les chrétiens, cette fête est devenue la célébration de la résurrection de Jésus.

Shavouot (Pentecôte), cinquante jours après Pâque, a d'abord célébré la moisson, puis le don de la Loi au Sinaï. Les chrétiens célèbrent ce jour-là le don de l'Esprit.

Soukkot (Tabernacles) en septembre-octobre, c'est la fête des récoltes de la fin de l'été (dattes, olives, raisin...) où il est de tradition de bâtir des cabanes de feuillages en souvenir des tentes du désert.

Hanouka (fête des lumières) en novembre-décembre commémore la consécration de l'autel par Judas Maccabée en 165 av. J.C. après la profanation du Temple par Antiochus Épiphane. La fête dure huit jours, et on allume un candélabre de 9 branches, celui du milieu servant à allumer les huit autres.

Pourim en février-mars commémore le salut accordé à Israël par Esther grâce à son mariage avec Assuérus alors que le peuple devait être massacré. Elle correspond à la fête de Carnaval.

9 av, en juillet-août (*av* indiquant le nom du mois en hébreu), c'est un jour de jeûne en souvenir de la destruction du Temple par Nabuchodonosor en 586 av. J.C. et par Titus en 70 ap. J.C.

Lexique de la religion au quotidien

Bar Mitzva. L'enfant *(bar)* juif est circoncis à l'âge de huit jours selon l'ordre donné par Dieu à Abraham, mais c'est à douze ans qu'il devient membre effectif de la communauté au cours d'une cérémonie. Dès lors il est tenu d'accomplir les préceptes *(mitzva)* de la Torah.

Chandelier (menorah). Moïse avait placé dans la tente du Tabernacle un chandelier en or à sept branches. Une reproduction de ce chandelier se trouve sur l'arc de Titus à Rome parmi les autres objets dérobés au Temple qu'il venait de détruire. Il est devenu le symbole de l'État d'Israël avec l'étoile de David.

Étoile de David dit encore *bouclier de David*, (magen David). Emblème de l'État d'Israël, il figure sur le drapeau national, sur les bâtiments et véhicules des services médicaux. Son origine est ancienne puisqu'il est représenté parmi les sculptures de la synagogue de Capharnaüm. Il a ensuite été popularisé par la Kabbale et dans les ghettos d'Europe centrale.

Mezouzah. Étui contenant un parchemin avec des versets de la Bible (Dt 6, 4-9 et 11, 13-21), attaché obliquement aux portes de la maison (et des chambres d'hôtel). Cette coutume est la mise en pratique de Dt 6, 9 : « Tu les inscriras sur les montants de la porte de ta maison et à l'entrée de ta ville. »

Phylactères *(tefilin).* Celui qui prie fixe sur son bras gauche et sur son front deux petites boîtes carrées en cuir noir. À l'intérieur se trouve un parchemin avec quatre passages de la Torah. Cette pratique est la mise en application de Dt 6, 8 : « Tu les attacheras à ta main comme un signe, sur ton front comme un bandeau. »

Rabbin et rabbinat. Il n'y a plus de sacerdoce dans la religion juive depuis la destruction du Temple. Les rabbins sont des docteurs spécialistes de la Torah habilités par une délégation officielle à commenter la Bible et le Talmud. En Israël, le Grand Rabbinat regroupe les deux grands rabbins, du rite askénaze (Europe de l'Est) et du rite sépharade (Espagne). Il exerce un très grand pouvoir en Israël par le contrôle de l'état civil, notamment en obligeant tous les Israéliens d'origine juive à se marier religieusement devant un rabbin. Il veille aussi à l'application stricte de la Torah, notamment pour la pratique du sabbat, pour le respect des lois alimentaires... Mais pour le Grand Rabbinat, ces règlements, si contraignants soient-ils, sont le rempart qui protège le judaïsme.

Synagogue : mot grec qui signifie « assemblée ». Le correspondant en hébreu est *knesset* qui désigne aujourd'hui le parlement israélien. La synagogue est le lieu de rassemblement pour la prière communautaire (sabbat, fêtes), pour les célébrations (bar mitzva, mariages), pour l'étude de la Torah. La synagogue est orientée vers Jérusalem. Dans le mur du fond, une armoire décorée contient les rouleaux de la Torah recouverts d'un tissu brodé. Le texte en est toujours écrit à la main. Les hommes se réunissent dans la nef centrale, la tête couverte, les femmes dans les nefs latérales ou dans les galeries à l'étage. Les premières synagogues remontent à l'exil de Babylone. Mais à Jérusalem, même auprès du Temple, furent bâties des synagogues dès le retour de l'exil. Il y aurait eu plus de 400 synagogues à Jérusalem au moment de la prise de Jérusalem en 70. Depuis la destruction du Temple, la synagogue est devenue symbole de la religion juive.

Talmud. Le Talmud est un ouvrage qui contient, répartis en plusieurs traités, les commentaires des rabbins sur la foi et la pratique de la religion juive. Certains de ces commentaires sont du style exhortatif, la plus grande partie est d'ordre juridique. Le Talmud est composé de deux parties. La plus ancienne et la plus importante, écrite en hébreu au IIe s. en Galilée, s'appelle la *Mishna*. La seconde, la *Gemara*, est un commentaire de la Mishna. Elle existe sous deux formes, qui ont donné naissance à deux éditions du Talmud, celui dit « de Jérusalem », écrit à partir du IIIe s, celui beaucoup plus développé dit « de Babylone », écrit à partir du IVe s. en Mésopotamie où de nombreuses communautés juives s'étaient rassemblées après avoir été chassées de Palestine. Le Talmud est l'expression la plus autorisée de la religion juive ; aussi fut-il souvent brûlé lors des persécutions contre les juifs.

Torah. D'après son étymologie, le mot signifie « enseignement ». Il s'applique à la Bible en général et plus particulièrement à sa partie essentielle, le Pentateuque (Genèse, Exode, Lévitique, Nombres, Deutéronome), les deux autres parties étant pour la Bible hébraïque les Prophètes et les Écrits. Le mot Torah s'applique aussi à la loi orale qui sera ensuite mise par écrit dans le Talmud.

Tallit. Châle de prière, blanc avec des bandes noires ou bleues, portant aux quatre coins des franges torsadées.

L'ISLAM

Naissance et expansion de l'islam

Pour les musulmans, Jérusalem est la troisième ville sainte après La Mecque et Médine. Mohammed n'est jamais venu à Jérusalem, mais une tradition raconte que, durant son sommeil, l'ange Gabriel l'avait transporté par les airs sur sa jument jusqu'au lieu du Temple de Jérusalem. Cette légende vise surtout à rattacher l'islam à la foi d'Abraham au Dieu unique, car la tradition juive localise précisément sur le mont du Temple le sacrifice du fils d'Abraham, ce fils étant Isaac selon la Bible, Ismaël, l'ancêtre du peuple arabe de la Bible, pour les musulmans. Au début de l'islam, Jérusalem fut d'ailleurs la direction de la prière pour les musulmans, avant qu'elle ne fût orientée vers la Mecque. Jusqu'aux conflits récents et aux divisions frontalières actuelles, les pèlerins en route vers la Mecque aimaient venir vénérer le Dôme de la Roche à Jérusalem.

Mohammed naît vers 570 à la Mecque en Arabie, parmi une population polythéiste. Il est marchand caravanier quand, vers l'âge de 40 ans, il a la vision de l'ange Gabriel qui lui ordonne d'annoncer que Dieu est unique et seul digne d'être adoré. Il commence à prêcher à la Mecque, mais le refus de ses compatriotes de l'écouter l'oblige à émigrer à Médine en 622 : c'est l'Hégire (expatriement) qui marque le début de l'ère musulmane. En 630, après plusieurs combats, il conquiert La Mecque dont il purifie le sanctuaire, la Kaaba. Il meurt à Médine en 632.

Après la mort du prophète, l'islam va se répandre, comme une traînée de poudre, hors de l'Arabie, sous les trois premiers califes, Abu Bakr, Omar, Othman. C'est sous le califat d'Omar (634-644) que la Syrie-Palestine sera conquise en 636, et c'est son nom que porte traditionnellement le Dôme de la Roche bâti quelques années plus tard par le calife omeyyade Abd el-Malik.

Le Coran contient les vérités que doit croire le musulman. Il a été révélé directement par l'ange

Gabriel. Il est écrit en arabe, langue sacrée, qui sera utilisée par les musulmans du monde entier dans leurs prières rituelles. Le sens du Coran est précisé par la Tradition du Prophète, par le droit et la théologie.

L'islam repose sur cinq piliers :

— L'affirmation de l'unicité de Dieu ;
— la prière rituelle ;
— l'aumône aux pauvres ;
— le jeûne du Ramadan ;
— le pèlerinage à la Mecque.

L'unicité de Dieu. Témoigner que Dieu est unique et que Mohammed est son envoyé, telle est la profession de foi de l'islam. Il suffit de professer cette formule devant des témoins qualifiés pour devenir officiellement musulman. Par cette profession de foi, Mohammed s'opposait à l'idolâtrie de ses compatriotes, se rattachait à la descendance d'Abraham, le père des croyants au Dieu unique, mais cette profession de foi, si elle le rapprochait du judaïsme, élevait en même temps un mur d'incompréhension entre islam et christianisme. Mohammed avait rencontré des chrétiens au cours de ses voyages : il admit avec eux que Jésus était prophète, né de la Vierge Marie, mais il rejeta la crucifixion et, bien sûr, le titre de fils de Dieu donné à Jésus.

La prière liturgique. Elle a lieu cinq fois par jour, à des heures fixées à la minute d'après la marche du soleil : à l'aube, à midi, au milieu de l'après-midi, au coucher du soleil, à la nuit tombée. Elle ne peut être réalisée que moyennant l'accomplissement de rites de pureté légale : ablutions, utilisation d'un tapis de prière. Le priant doit s'orienter vers la Mecque, direction *(qibla)* indiquée dans les mosquées par une niche *(mihrab)*. Le vendredi est le jour de la prière communautaire : cette prière est obligatoire en principe pour les hommes, mais le droit musulman ne prévoit pas que ce jour soit chômé. La prière est dirigée par un imam. Celui-ci n'est pas un prêtre, car il n'y a pas de prêtre dans l'islam. Après la prière, l'imam monte dans la chaire et prononce un discours qui aborde souvent la situation politique, car il n'y a pas chez les musulmans de distinction entre spirituel et temporel, entre religion et politique.

Le jeûne du Ramadan. Il consiste à s'abstenir de toute nourriture et boisson (et du tabac) comme de toute relation sexuelle de l'aube au coucher du soleil, et ceci durant les 29 ou 30 jours du mois lunaire de Ramadan. L'année liturgique, suivant le cycle lunaire, est plus courte de 11 ou 12 jours que l'année solaire, aussi le mois de Ramadan avance-t-il chaque année d'autant. Le jeûne, difficile surtout quand le Ramadan tombe en été, doit orienter l'âme vers la purification des passions mauvaises.

L'aumône aux pauvres. Cette aumône peut être faite sous forme de secours volontaire direct, mais le Coran prévoit aussi un impôt légal et obligatoire.

Le pèlerinage à la Mecque. Le croyant doit s'efforcer de se rendre en pèlerinage une fois dans sa vie. Le pèlerinage a lieu pour tous les pays d'islam le mois qui suit le Ramadan.

La guerre sainte, le *jihad*, n'est pas un pilier de l'islam, car elle n'est pas une prescription personnelle, mais une prescription communautaire. Le mot en soi n'indique pas la guerre (encore qu'il ait été compris comme tel historiquement), mais l'effort pour défendre et répandre l'islam, ce qui à l'occasion peut comporter le combat. Le *jihad* est un des commandements divins contenus explicitement dans le Coran, même si les commentateurs ont cherché à réglementer et à limiter son application.

L'islam garantit en théorie une protection *(dhimma)* aux minorités religieuses définies comme « Gens du livre », c'est-à-dire aux juifs et aux chrétiens. Ils peuvent conserver dans un État islamique mœurs, lois et usages internes avec leurs chefs propres. En réalité, la condition des juifs et des chrétiens a varié selon les pays et les époques, avec des périodes de tolérance et d'autres de persécution. La recrudescence de l'intégrisme musulman rend de plus en plus difficile la situation des chrétiens dans de nombreux pays à majorité musulmane.

Un État musulman ne peut être laïque (la Turquie est une exception), car il doit faire appliquer la loi coranique, mais les formes de gouvernement peuvent être diverses (royauté, république, régime militaire...). Le premier régime a été celui du califat, et c'est sur la question du califat que s'est opérée dans l'islam une division qui subsiste jusqu'à aujourd'hui. Les trois premiers califes avaient été choisis par la communauté, en dehors de la famille du prophète. Ali, cousin et gendre du prophète, essaya de prendre le pouvoir, mais ne put s'imposer à l'ensemble de la communauté. Ceux qui lui furent fidèles reçurent le nom de *chiites*, les autres sont appelés *sunnites*. Les sunnites sont majoritaires dans l'islam, les chiites sont répandus surtout en Iran ; on trouve une minorité importante de chiites au Liban, et en Irak ils forment la majorité de la population.

Les chiites

Les chiites (*chiat* = parti) sont d'authentiques musulmans. Le dogme est le même avec les cinq piliers qui viennent d'être présentés. Pourtant les 95 millions de chiites (Iran, Irak, Liban, Pakistan, Afghanistan) se distinguent très nettement des sunnites (850 millions). Au départ du schisme, la succession de Mohammed. Pour les sunnites, elle a été assurée par l'assemblée des croyants lors de l'élection des trois premiers califes. Pour les chiites, Ali, gendre de Mohammed par son épouse Fatima, aurait dû être désigné comme calife. Après la mort des trois premiers califes, Ali devint calife, mais il fut assassiné, ainsi que son fils Hossein massacré à Kerbala (Irak) le 10 octobre 680. La mort de ce dernier est considérée par les chiites comme un martyre, mieux comme un sacrifice, une révolte contre l'injustice. Cette foi au martyre d'Hossein donnera une coloration mystique, parfois fanatique, aux réactions des chiites, elle poussera ses adeptes à une lutte violente contre l'injustice, y compris jusqu'au sacrifice de la vie.

Le chiisme repose aussi sur la foi à l'existence des imams, qui sont des sortes d'émanation divine, ce qui les rend infaillibles et impeccables et oblige à une obéissance aveugle à leur enseignement, tandis que les sunnites se réclament uniquement de la Sunna, c'est-à-dire le Coran et les Hadiths (commentaires faits par le Prophète lui-même). Il y a eu sept ou douze imams historiques (selon les différentes sectes du chiisme), authentiques descendants d'Ali et par là authentiques interprètes du Prophète. Mais les chiites vivent aussi dans l'attente de « l'Imam caché », sorte de messie dont l'autorité couvrira aussi bien le domaine politique que spirituel. Bien qu'on lui ait parfois donné ce titre, Khomeiny n'était pas considéré à proprement parler comme un « imam », mais le prestige que lui a donné l'instauration de la république islamique en 1979 l'a assimilé à cette dignité. Son titre officiel dans la hiérarchie chiite était *ayatollah* (bien que ne comportant pas de sacerdoce, le chiisme possède un clergé avec une hiérarchie stricte comprenant au sommet les ayatollah et au-dessous les mollah).

De l'Irak, le chiisme s'est puissamment implanté en Iran au XVIe s. Au Liban, son arrivée remonte à la dynastie des Omeyyades quand ceux-ci chassèrent les disciples d'Ali de Syrie et d'Irak. Leurs deux fiefs principaux au Liban sont la plaine de la Bekaa et le Sud-Liban. Ils y sont un million environ pour 750 000 sunnites : leur rôle dans l'État libanais n'est pas proportionné à leur nombre et cela explique la violence de leur engagement dans la révolution libanaise. En Irak où ils constituent la majorité (51 %), les chiites ont été loyaux à l'égard du gouvernement de Bagdad pendant la guerre avec l'Iran, mais se sont soulevés contre lui après la guerre du golfe.

Les Druzes

Les Druzes (9,5 % des non-juifs en Israël, 7 % de la population libanaise) ne sont pas de véritables musulmans ; ils croient notamment à la métempsychose. Population très ancienne installée dans le Chouf libanais, et aussi en Syrie et en Palestine, ils ont la réputation d'hommes courageux, mais pas toujours fiables en raison de leur doctrine d'initiation secrète et du repliement du groupe sur lui-même. Au Liban leur entente avec les chrétiens était bonne jusqu'à l'assassinat de leur leader Kamal Joumblatt qui fut vengé par le massacre de plusieurs villages chrétiens.

LA GALILÉE

Géographie et histoire

À l'époque de Jésus, la Galilée constituait, avec la Samarie et la Judée, l'une des trois grandes régions de la Palestine.
Elle comprend essentiellement un massif montagneux bordé :
— à l'est par la vallée du Jourdain ;
— à l'ouest par la plaine de Zabulon qui s'étire entre Akko Saint-Jean-d'Acre et Haïfa ;
— au sud par la vallée de Yisréel aux vastes étendues fertiles, que la plaine de Beth Shân prolonge jusqu'au Jourdain.

Galilée

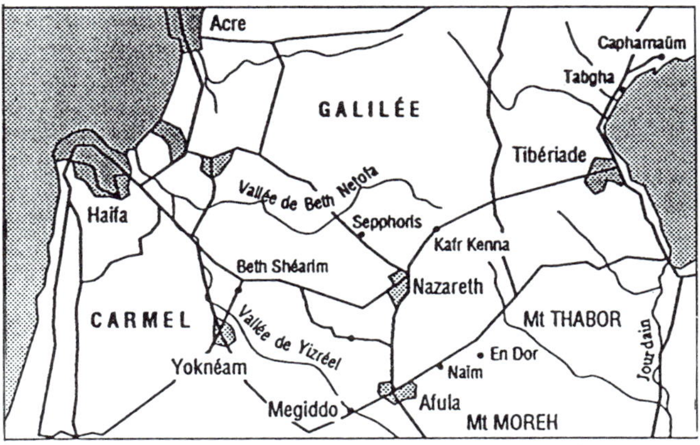

Si on tire une ligne d'Akko au nord du lac de Tibériade, on distingue deux Galilées de part et d'autre de cette ligne :
— Au nord : La Haute-Galilée, dominée par le mont Mérom. Certains sommets y atteignent 1 200 m. Peu d'implantations humaines dans l'Antiquité, et encore aujourd'hui.
— Au sud, la Basse-Galilée, où la montagne ne

s'élève guère au-dessus de 598 m. Avec ses vallons fertiles, ses collines riantes et son merveilleux lac, la Basse-Galilée tranche nettement sur ces régions pierreuses et arides que sont souvent la Samarie et surtout l'austère Judée. Région accueillante et d'accès facile, elle se montra assez perméable aux influences diverses, aussi l'a-t-on appelée la « Galilée des nations ». C'est la Basse-Galilée qui est par excellence le pays de Jésus, lequel la parcourut en tous sens, de Nazareth à Naïm, du Tabor à Cana et jusqu'au lac que ceinturaient alors tant de villes glorieuses, Bethsaïde, Capharnaüm, Corozaïn, Magdala, Tibériade...

La Galilée fut de tout temps une région privilégiée et enviée non seulement à cause de la richesse de son sol, mais aussi de sa situation géographique, mise en valeur par un réseau important de communications. La célèbre *Via Maris*, qui reliait l'Égypte et la Syrie, la traversait. À la différence de la Judée, restée longtemps un pays fermé, la région est ouverte sur le monde extérieur.

Après la conquête romaine (63 av. J.C.), Antipater, nommé gouverneur de Judée, confia le gouvernement de la Galilée à son fils Hérode, alors âgé de 25 ans. Lorsque celui-ci devint roi (34 av. J.C.), la Galilée fut l'un des plus violents centres de résistance à son règne. À la mort d'Hérode (4 av. J.C.), son fils Hérode Antipas lui succéda dans le Nord comme tétrarque de Galilée, fonction qu'il garda jusqu'en 39 après J.C. C'est donc sous son gouvernement qu'il faut situer les événements de la vie de Jésus. C'est lui que Jésus traite de renard : « Allez dire à ce renard... » (Lc, 13, 32). Pendant cette période également fut fondée Tibériade (18 ap. J. C.) ainsi nommée en l'honneur de l'empereur Tibère.

En 66 ap. J.C., la Galilée devint un foyer de nationalisme juif qui alla s'exaçerbant jusqu'en 70, en attendant de devenir, après 70 et surtout après la révolte de 132, un centre très actif du judaïsme renaissant (notamment à Tibériade).

NAZARETH

Lectures bibliques

Annonciation à Marie : Lc 1, 26-38
Annonce à Joseph : Mt 1, 18-25
Jésus à Nazareth : Lc 2, 39-40. 51-52 ; Mt 2, 19-23
Visite à la synagogue : Lc 4, 19-30 ; Mt 13, 53-58 ; Mc 6, 1-6

Le visiteur risque d'être dérouté par cette ville bruyante et anarchique en pleine expansion, dont la population arabe — musulmane et chrétienne — dépasse 50 000 habitants. À cette agglomération est venue s'ajouter une Nazareth peuplée de Juifs — Nazareth Ilith — qui ceinture la ville ancienne sur la ligne de crête.
À Nazareth vit une importante communauté chrétienne arabe (grecs-orthodoxes, grecs-catholiques et latins). La coexistence entre la communauté juive et la communauté arabe est difficile, les Arabes accusant les Israéliens d'accaparer leurs terres.
Le village évangélique était incomparablement plus modeste que la ville actuelle. Des fouilles récentes (1955) ont permis d'en délimiter l'aire : il était situé sur un tertre rocheux étroit, aux pentes abruptes. La basilique de l'Annonciation dont la coupole est visible de partout en occupe la partie méridionale.

Évolution historique de Nazareth

Le site était déjà occupé six siècles avant notre ère. Si on ne relève aucune mention de Nazareth dans l'Ancien Testament, c'est qu'elle ne représentait qu'une insignifiante bourgade : d'où la boutade de Nathanaël : « De Nazareth peut-il sortir quelque chose de bon ? » (Jn 1, 46). En 67, Nazareth était dévastée par les Romains, mais elle se repeupla rapidement. Sa population était juive, mais il est certain qu'une communauté chrétienne put s'y maintenir. Le souvenir de la parenté de Jésus est encore attesté au IIIe s., ce qui garantit la continuité de la tradition chrétienne, confirmée par les fouilles. L'édit de tolérance de Constantin (313) rendit Nazareth plus accessible aux chrétiens, et des pèlerins purent y venir. On sait qu'à l'époque byzantine on vénérait à Nazareth non seulement la maison de Marie, mais aussi celle de Joseph (témoignage d'Arculfe en 670). L'occupation musulmane (638) respecta les sanctuaires, mais inaugura une ère de vexations pour les chrétiens, ère qui atteignit son paroxysme en 1009 avec l'invasion du calife Hakim et la ruine des sanctuaires. L'occupation franque marqua la période faste de Nazareth avec l'érection sur le lieu de l'Annonciation d'une basilique grandiose et une floraison de monuments divers. L'insécurité reparut après le désastre de Hattin (1187) : Nazareth changea plusieurs fois de maîtres. Saint Louis put cependant y venir en pèlerinage pour la fête de l'Annonciation (mars 1254). En 1263, le sultan mameluk Baïbars mit la Galilée à feu et à sang : les sanctuaires de Nazareth furent à nouveau rasés. En 1620, les franciscains s'implantèrent à Nazareth, grâce à la bienveillance de l'émir Fakr-ed-Din. Leur admirable ténacité permit de maintenir ensuite, quoique de façon parfois précaire, une présence chrétienne à Nazareth. On réussit même à édifier en 1730 une église sur la maison de Marie. En 1799, Nazareth était au centre des combats qui opposèrent Turcs et Français : Bonaparte vint en personne à l'église de l'Annonciation (17 avril 1799). À partir du siècle dernier, d'innombrables couvents d'hommes et de femmes ont été fondés à Nazareth, venant ainsi prêter main-forte aux franciscains.

La Basilique de l'Annonciation

Visite des lieux

La basilique moderne a été commencée en 1960 et consacrée en 1969. Elle s'ouvre à l'ouest par une façade monumentale que surmonte une statue en bronze du Christ Rédempteur. Les textes de l'Écriture rappellent le mystère de l'Incarnation. De chaque côté du portail sont sculptés des bas-reliefs représentant Marie et l'ange Gabriel, plus bas les quatre évangélistes. Les panneaux de la porte rappellent quelques épisodes de la vie de Jésus.
Sur la basilique se dresse une imposante coupole octogonale avec une loggia à jour, elle-même sur-

montée d'une pyramide supportant un phare. Une croix lumineuse couronne l'ensemble à 57 m de hauteur.

La basilique, dont le vaisseau mesure 44 m sur 27 m, est à deux étages. Elle a été conçue de façon à enchâsser la grotte de l'Annonciation et les restes des anciens sanctuaires.

Dans la basilique inférieure, le tracé des murs suit celui de la basilique croisée, dont les trois absides ont été conservées ou reconstituées. L'entrée de la grotte est en contrebas de l'église inférieure. La grotte, originellement creusée dans le roc, porte les traces de plusieurs remaniements. Au-dessous de l'autel, une plaque de marbre porte l'inscription : « Ici le Verbe s'est fait chair. »

Au-dessus du grand-autel qui sert pour les concélébrations, on peut voir les vestiges de l'église byzantine, l'abside et une partie du mur sud. Les mosaïques pourraient avoir appartenu à une église antérieure au IIIe s., où se réunissaient les chrétiens d'origine juive : les symboles représentés sur ces mosaïques sont en effet familiers aux judéo-chrétiens. Auprès de l'abside byzantine, quelques marches conduisent à une vasque baptismale appartenant également à la même église judéo-chrétienne.

Alors que la pénombre de la basilique inférieure suggère l'humilité du mystère de l'Incarnation, la basilique supérieure, par la richesse de sa décoration, veut rappeler la glorification du Christ et de Marie. L'intérieur de la coupole, qui a 17,80 m de diamètre, s'élève à 40 m au-dessus du pavement. La grande mosaïque derrière le maître-autel célèbre le mystère de l'Église « une, sainte, catholique et apostolique », voulue par les trois personnes de la Trinité (le triangle) et sanctifiée par l'Esprit saint (la colombe). Elle est un roc inébranlable, car elle a été fondée par le Christ (à gauche) et repose sur Pierre (à droite) qui a reçu le pouvoir des clés. Près du Christ, mais aussi près des chrétiens, trône Marie en habits royaux. Le peuple des baptisés — évêques, prêtres, religieux, laïcs, hommes et femmes de tous les temps et de tous les pays — est représenté sur la partie gauche de la mosaïque, tandis que les groupes de droite figurent l'Église hiérarchique ; en haut les apôtres, en bas les papes de l'époque moderne portant la tiare. Entre ces deux groupes viennent se

placer les martyrs qui ont témoigné jusqu'à la mort de leur fidélité à Jésus Christ.
Sur les mosaïques latérales de l'abside sont dessinés les principaux sanctuaires de Terre sainte avec les événements qui y sont commémorés.
Sur les murs latéraux de l'église, on remarquera des images de Marie provenant de divers pays (Argentine, Japon, Pologne...) qui montrent comment Marie, la jeune fille de Nazareth, est devenue la Mère de tous les peuples. La verrière du fond de l'église est un don des fidèles de France, comme le suggèrent discrètement les lys de Lorraine. Elle célèbre le *Fiat* de Marie. Elle est l'œuvre de Max Ingrand, ainsi que les autres vitraux du pourtour de la basilique supérieure.
Au nord de la basilique, à l'extérieur, sous un auvent de béton, on peut voir un complexe de chambres souterraines, citernes, pressoirs, celliers, silos, qui appartiennent à la Nazareth antique. Le petit édicule octogonal qui se dresse sur cet auvent est un baptistère. À l'intérieur, un groupe en bronze représente le baptême de Jésus par Jean Baptiste.

Évolution historique et archéologique

LA MAISON DE MARIE. Le village de Nazareth a été occupé sans interruption depuis le VIIe s. avant notre ère. Il occupait un petit mamelon entouré de collines beaucoup plus hautes. Les quelques habitations qui le composaient étaient surtout groupées vers l'extrémité sud de la colline. Si les maisons ont disparu, on voit encore de nombreuses grottes creusées dans le roc qui servaient de silos pour les graines et l'huile. La Nazareth primitive était à demi troglodytique, la maison proprement dite se prolongeant par une grotte creusée dans la colline. C'est une de ces grottes que la tradition chrétienne a vénérée depuis toujours comme étant la maison de Marie.

PÉRIODE PRÉ-BYZANTINE. Il est certain qu'un sanctuaire précéda la basilique byzantine bâtie au Ve s. Sous le pavement de celle-ci, en effet, ont été découverts de nombreux éléments d'une construction antérieure : mosaïque avec couronne et croix cosmique, bases et troncs de colonnes, chapiteaux sans feuille, blocs

de pierre dont certains portaient des traces de crépissage. Sur ce crépi on a relevé des dessins qui relèvent du symbolisme judéo-chrétien, et surtout une inscription qui comporte les deux premiers mots en grec du salut de l'ange : XE MARIA *(Ave Maria)*. Plusieurs de ces blocs étaient entassés dans une vasque de deux mètres de côté dans laquelle on descend par sept marches. Les parois, crépies à la chaux, portent elles aussi des signes symboliques et même le nom de Jésus. Tout laisse à penser que nous sommes en présence d'un baptistère d'une communauté judéo-chrétienne établie à Nazareth et qui se réunissait dans une église-synagogue édifiée auprès de la grotte. Cette communauté, nous dit Eusèbe de Césarée, était dirigée par les « parents du Seigneur », qui conservaient, ajoute-t-il, les généalogies de la famille. La tradition familiale et l'existence d'une communauté chrétienne à Nazareth dès les premiers siècles s'unissent ainsi pour attester la solidité de la localisation à cet endroit de la maison de Marie.
On notera dans le même sens l'existence d'une grotte, dite de Conon, où on a voulu voir un martyrium en l'honneur de ce Conon, parent du Seigneur, martyrisé en Pamphilie en 249.

BASILIQUE BYZANTINE. On a reconstitué le tracé intégral d'une importante église byzantine à 3 nefs qui était orientée ouest-est et précédée d'un atrium de 20,50 m × 16 m. La nef centrale (19,50 m × 8 m) était pourvue d'une abside que l'on peut voir devant la grotte. La nef nord touchait à la grotte, avec laquelle elle communiquait par un escalier. Un petit monastère et une sacristie flanquaient la nef sud. En étudiant les mosaïques, on a constaté que certaines portaient des croix et que d'autres, de même facture pourtant, en étaient dépourvues. Or, on sait qu'un décret de Théodose II interdit de reproduire la croix sur le pavement des églises. Comme le décret date de 427, on a toutes raisons de penser que la basilique de Nazareth était en chantier cette année-là.

BASILIQUE CROISÉE. Le sanctuaire byzantin traversa sans dommages les occupations successives des Perses (614) et des Arabes. Il fut très probablement rasé par Hakim (1009). Tous les souvenirs concernant la sainte Famille furent désormais rattachés à la grotte, sur laquelle les croisés édifièrent une basilique somptueuse de 75 m × 30 m, à 3 nefs et 3 absides. Orientée comme la précédente, elle enchâssait la grotte dont la voûte émergeait du pavement dans la nef nord. Un palais épiscopal fut aussi construit au nord de la basilique, sur l'emplacement du couvent franciscain actuel. L'édifice croisé fut complètement détruit en 1263 par Baïbars.

L'ÉGLISE DE 1730. La grotte vénérée ne fut pas pour autant perdue de vue, quoique pendant plusieurs siècles les chrétiens n'aient eu que difficilement accès à Nazareth. L'installation des franciscains en 1620 permit de renouer avec la tradition. En 1730 et en l'espace de 6 mois — le temps qu'il fallait aux musulmans pour accomplir le pèlerinage de La Mecque —, les franciscains bâtirent une église sans prétentions architecturales de 22 m × 17 m, dont le chœur était placé au-dessus de la grotte dans laquelle on descendait par un large escalier central. Cette église était orientée sud-nord. On remania la grotte ; on déplaça notamment l'autel de l'absidiole au milieu de la pièce. Cette modeste église, qui avait été allongée au XIXe s., a été détruite en 1955 pour faire place à l'actuelle basilique.

AUTRES SOUVENIRS

Il convient, avec les Évangiles, de distinguer la maison de Marie où se déroula l'Annonciation, de celle de Joseph où celui-ci, sur l'injonction du Seigneur, « prit chez lui son épouse » (Mt 1, 18-25). C'est dans cette seconde maison que, selon toute vraisemblance, s'installa ensuite la sainte Famille (Mt 2, 22 s. ; Lc 2, 39 s., 51 s.). Depuis l'époque médiévale, et jusqu'au siècle dernier, on commémorait tous ces souvenirs dans la grotte de l'Annonciation, mais il n'en fut pas toujours ainsi. L'évêque gaulois Arculfe, en 670, vénéra à Nazareth deux sanctuaires importants, celui de l'Annonciation et un autre bâti « sur la maison où Notre Seigneur fut élevé ». Ce dernier sanctuaire se trouvait « au milieu de la ville » et il comportait notamment « une fontaine très limpide ». Où était cette église de la Nutrition du Christ ? Le problème n'a pu encore être résolu, 3 sites se disputant l'honneur d'avoir abrité la sainte Famille : l'église appelée Atelier ou Maison de saint Joseph, le couvent des Dames de Nazareth et l'église orthodoxe Saint-Gabriel, au nord de la ville actuelle.

ÉGLISE SAINT-JOSEPH. Elle se trouve à 150 m nord-est de la grotte de l'Annonciation. Cette église, à 3 nefs et 3 absides, de 29 m × 16 m, fut construite sur les fondements d'une église croisée. Un escalier dans la nef sud descend vers un réseau de grottes utilitaires, des citernes, des bassins, des silos, qui appartenaient au sous-sol de l'antique Nazareth. Dans la crypte a été découverte une vasque ornée de mosaïques : peut-être faut-il l'identifier avec la « fontaine limpide » dont parle Arculfe. Selon certains, cette vasque, où l'on descend par sept degrés, et qui est creusée à l'un de ses angles d'un bassin rond, était utilisée pour le baptême des judéo-chrétiens.

MUSÉE. On ne manquera pas de visiter le musée aménagé, entre la basilique et le couvent, par les franciscains. On y a rassemblé les objets découverts pendant les fouilles dans la basilique et les environs immédiats. On y voit notamment :
— le fragment recouvert de crépi qui porte le graffito : XE MARIA (Je vous salue Marie).
— un autre graffito montre un personnage (dans lequel on a voulu voir Jean Baptiste portant une croix cosmique) ;
— d'admirables chapiteaux taillés pour l'église des croisés, de style bourguignon.

COUVENT DES DAMES DE NAZARETH. Il se trouve à deux pas de la Casanova, au nord. Des fouilles commencées déjà au siècle dernier ont révélé des restes de constructions d'époques diverses, quelques vestiges d'une église, et surtout une nécropole où on peut admirer un très beau spécimen de tombe juive avec une meule de pierre destinée à masquer l'entrée. Au temps du Christ, ce site se trouvait hors du village, dont le séparait un ravin, partiellement comblé de nos jours.

FONTAINE DE LA VIERGE ET ÉGLISE SAINT-GABRIEL. À 800 m à vol d'oiseau de l'Annonciation, au bord de la route de Tibériade, se trouve la Fontaine de la Vierge. Elle est en fait alimentée par un canal, et la véritable source jaillit à 150 m au nord-ouest sur le flanc de la colline, près de l'église orthodoxe Saint-Gabriel. À l'intérieur de cette église, qui date de la fin du XVIIIe s., une pièce voûtée, au nord, renferme une citerne alimentée directement par la source. Cette pièce servit de crypte à une église médiévale ronde qui est attestée au temps des croisés. Un souvenir légendaire, recueilli par le Protévangile de Jacques, est attaché à la source : Gabriel serait apparu à la Vierge alors qu'elle venait puiser de l'eau. Effrayée, Marie se serait enfuie chez elle, où l'archange l'aurait ensuite rejointe. La présence de la source a été invoquée pour localiser ici l'église de la Nutrition mentionnée par Arculfe. Il faut noter cependant que l'endroit était en dehors de la bourgade ancienne et pouvait difficilement se trouver « au milieu de la ville » à l'époque byzantine.

LA SYNAGOGUE. On la montre auprès de l'église paroissiale des Grecs-catholiques, au cœur du bazar, à 150 m nord de la Casanova.
C'est une salle voûtée d'ogives, longue de 10 m, qui, selon la tradition locale, occuperait l'emplacement de la synagogue fréquentée par Jésus. On sait que Jésus enseigna plus d'une fois dans la synagogue de Nazareth, au cours de son ministère public, avec un succès mitigé (Mt 1, 53-58 ; Mc 6, 1-6 ; Lc 4, 16-22).
Une de ces visites faillit connaître un dénouement tragique pour Jésus (Lc 4, 22-30).

SOUVENIRS DU PÈRE DE FOUCAULD. Le Père Charles de Foucauld a séjourné à Nazareth pendant trois ans, de mars 1897 à août 1900, avant de rentrer en France pour recevoir l'ordination sacerdotale et mener ensuite une vie d'ermite au Sahara. Il avait demandé à être homme de peine chez les clarisses dont le couvent se trouvait alors en bordure de la rue principale de Nazareth. Depuis quelques années, les clarisses ont bâti un nouveau monastère (Sainte-Claire) près de là, en retrait de la route. Elles y conservent quelques précieux souvenirs du frère Charles datant de l'époque où il vivait à Nazareth (dessins, relevés topographiques, vêtements). Aujourd'hui une fraternité des Petites Sœurs de Jésus occupe les dépendances de l'ancien monastère des clarisses, y vivant de la vie d'adoration et de travail, là où le frère Charles avait voulu imiter Jésus dans la pauvreté et l'humilité de sa vie cachée à Nazareth.

CANA

Lectures bibliques

Changement de l'eau en vin : Jn 2, 1-12
Guérison du fils d'un fonctionnaire : Jn 4, 43-54

La petite ville arabe de Kefr Kenna, sur la route de Tibériade, à 9 km au nord-ouest de Nazareth, est communément identifiée avec la bourgade évangélique de Cana [1], où Jésus prit part un jour à des noces ainsi que sa mère et ses disciples. Il y accomplit son premier « signe », le changement de l'eau en vin.
Deux églises, l'une grecque orthodoxe, l'autre latine (franciscaine), commémorent le miracle à quelques dizaines de mètres l'une de l'autre (la population de Kefr Kenna comporte une forte minorité arabe chrétienne, répartie en plusieurs confessions).

En 1881, les franciscains ont élevé une petite église au-dessus des fondations d'une synagogue du Ve s., qui pourrait avoir été un lieu de culte judéo-chrétien. Le visiteur remarque au fond d'une trappe, dans le sol de l'église actuelle, une inscription araméenne, datée du Ve s. : « Ayez un pieux souvenir pour José, fils de Tanhum, fils de Butah et ses enfants, qui ont fait cette tablette. Que la bénédiction soit sur eux. Amen. »
Un escalier permet d'accéder à une crypte, sous le pavement de l'église. Les cavités creusées dans le roc prouvent qu'on est devant le cellier ou la cave d'une maison particulière ou d'une exploitation agricole, où les jarres étaient entreposées. La jarre ancienne visible dans la crypte (qui ne saurait être, bien entendu, reliée directement au miracle évangélique) permet du moins d'évoquer le « premier signe » de Jésus.

1. En fait il existe deux Cana en Galilée : Kefr Kenna et, quelques kilomètres plus au nord, Khirbet Qana, sur la route de Saint-Jean-d'Acre à Tibériade. Celui-ci n'a été retenu comme site du miracle que par les croisés (le village se trouvait sur leur route). On y a découvert, datant de l'époque médiévale, une grotte enduite de quatre couches de crépi avec des graffiti en caractères gothiques, mais de rapides sondages n'y ont décelé aucun lieu de culte antérieur au Moyen Âge, au contraire de Kefr Kenna.

LE SANCTUAIRE DE CANA

monuments et tradition

Le sanctuaire de Cana en Galilée attire chaque année des milliers et des milliers de pèlerins qui y viennent, de tous les pays du monde, remémorer certain banquet nuptial évangélique, marqué certes par le changement miraculeux de l'eau en vin, mais surtout par la présence de Jésus et de sa sainte Mère imprégnant ces humbles noces villageoises d'un mystère profond, qui touche l'essence même du Christianisme. Par ce signe en effet, Jésus manifesta sa puissance et sa gloire divines, en même temps qu'il bénissait et consacrait l'union conjugale, fondement de la famille, elle-même cellule de l'Eglise et pourrait-on dire, Eglise en miniature. De son côté, la Vierge Marie, par son intervention providentielle près de son Fils, se révéla notre

Médiatrice et Mère toute prévoyante, qui nous obtient, à nous ses enfants, les grâces et secours nécessaires pour notre vie temporelle et spirituelle.

* * *

La tradition, depuis l'époque byzantine jusqu'à nos jours, a toujours reconnu la bourgade, appelée "Kefer Kana" par les habitants du pays, comme le Cana évangélique où Jésus accomplit son premier miracle. Il y a bien un autre Cana, dans les parages de Sidon en Phénicie, mais il fut résolument exclu par St Jérome et St Epiphane, aux quatrième et cinquième siècles, comme tout à fait improbable et, de fait, il n'a rien à voir avec le Cana de Galilée, dont parle l'Evangile, et qui se trouve à proximité de Nazareth.

Quelques pèlerins de la période des Croisés (XIIe-XIIIe s.) ont cherché le Cana évangélique à "Khirbet Cana", localité située au nord-ouest de Kefer Kanna. Des recherches archéologiques minutieuses y ont été effectuées sur place: elles aboutirent, en 1965, à la découverte d'une grotte, dont les parois portaient sur leur enduit un certain nombre de graffiti religieux de l'époque médiévale; par contre, on ne trouva pas trace des édifices sacrés ou de la fontaine dont parlent les pèlerins qui visitèrent Cana avant et après cette période, aucun vestige non plus, à travers les ruines, des siècles byzantins.

A Kefer Kanna par ailleurs, l'époque prébyzantine est nettement représentée: plusieurs restes conservés dans l'église franciscaine, colonnes, chapitaux, pièces d'ornementation, une inscription araméenne, attestent la présence en cet endroit d'une église syna-

Inscription prébyzantine en araméen dans le Sanctuaire de Cana.

traduction en français:

"Souvenir du pieux Joseph, fils de Tanhoum, fils de Bota et ses enfants, qui ont fait, cette table. Soit pour eux bénédiction. Amen.

gogue, qui dut être construite vers le IIIe siècle pour les judéo-chrétiens, cependant qu'à 600 m. à l'ouest du village actuel, sur une petite colline appelée aujourd'hui "Karm er Ras", où se situait jadis le centre de la localité, on a découvert les vestiges de la synagogue juive: tronçons et bases de colonnes, restes de murs et de mosaïques..., de la même époque que ceux de Kefer Kanna. On en a désormais la preuve, à Cana

comme à Nazareth et en d'autres localités galiléennes, existaient aux temps primitifs de notre ère deux communautés religieuses, l'une purement juive, l'autre judéo-chrétienne, avec leurs lieux de culte respectifs.

Il est ainsi aisé de constater comment la tradition, qui localise à Kefer Kanna le premier miracle de Jésus, nous est parvenue, depuis les temps apostoliques, à travers les périodes judéo-chrétienne et byzantine, avec le témoignage des monuments sacrés et des pèlerins qui ont visité le lieu, depuis les origines jusqu'à nos jours.

La construction de l'église actuelle fut entreprise

en 1879, sur les restes de l'antique et imposant sanctuaire dont nous parlent, entre autres, St Villibald (726), un document du temps de Charlemagne (808) et quantité de pèlerins, jusqu'à Fr. Niccolo de Poggibonsi (1345) et au Ch. J. Doubban (1654), qui en donnèrent une description détaillée. Notons par ailleurs que la présence des franciscains à Cana remonte à 1641.

Cana rassemble aujourd'hui environ 8000 âmes, dont quelque 2500 chrétiens. La population catholique de Cana célèbre chaque année le souvenir du premier miracle de N.S. Jésus-Christ, le deuxième dimanche qui suit la fête de l'Epiphanie, avec le concours de la communauté franciscaine et des fidèles de Nazareth.

[1] (B. Bagatti: "Le antichità di Kh. Qana e di Kefer Kenna in Galilea").

* * *

Il y avait une noce à Cana de Galilée, et la mère de Jésus s'y trouvait. Jésus aussi était invité à la noce avec ses disciples. Comme le vin allait manquer, la mère de Jésus lui dit: "Ils n'ont plus de vin!" Jésus lui répondit: "Qu'y pouvons-nous, vous et moi, femme? Mon heure n'est pas encore venue." Sa mère dit aux servants: "Faites tout ce qu'il vous dira." Il y avait là six jarres de pierre, destinées aux purifications des Juifs, contenant chacune deux ou trois mesures. Jésus leur dit: "Remplissez d'eau ces jarres." Ils les remplirent jusqu'au bord. Il leur dit encore: "Puisez maintenant et portez au chef de service." Ce qu'ils firent. Quand le chef de service eut goûté l'eau changée en vin, — il en ignorait la provenance, mais les servants la connaissaient pour avoir puisé l'eau, — le chef de service interpelle le marié et lui dit: "Tout le monde sert le bon vin au début; puis, quand on a bien bu, le moins bon; tandis que toi, tu as gardé le bon vin jusqu'à présent!" — Tel fut le premier miracle de Jésus, qu'il accomplit à Cana de Galilée: il manifesta ainsi sa gloire et ses disciples crurent en lui.

Franciscan Printing Press - Jerusalem

À la sortie de l'agglomération, une petite chapelle est dédiée à saint Barthélemy, que la tradition a identifié avec Nathanaël, originaire de Cana (Jn 1, 45-51 ; 21, 2. L'exclamation de Nathanaël) à propos de Jésus prend ici tout son sens : « De Nazareth, peut-il sortir quelque chose de bon ? » Nazareth, en effet, est distant de 9 km à peine. On sera également sensible à l'indication en quelque sorte géographique de Jn 2, 12 : « Après cela (le miracle de Cana), il (Jésus) descendit à Capharnaüm, lui, ainsi que sa mère et ses disciples... » Cette précision correspond au verset de Mt 4, 13 : « Laissant Nazara (Nazareth), il vint s'établir à Capharnaüm. »

HATTIN

Avant de plonger sur Tibériade, la route laisse à gauche une colline pierreuse allongée, dont les extrémités se relèvent curieusement pour former deux crêtes qui font penser à des cornes : d'où le nom de Cornes de Hattin donné à l'endroit. Le lieu a été rendu célèbre par le désastre subi, le 4 juillet 1187, par l'armée croisée aux ordres de Guy de Lusignan face aux Sarrasins de Saladin. Celui-ci, qui venait de s'emparer de Tibériade, avait su habilement attirer les croisés sur ces hauteurs brûlantes et sans eau. Le seul espoir des Francs était de s'ouvrir un chemin vers le lac, mais le terrain se prêtait mal aux manœuvres de la lourde cavalerie franque, défavorisée face aux cavaliers sarrasins plus mobiles. Saladin s'ingénia à contenir tous les assauts en direction de Tibériade, n'hésitant pas à mettre le feu aux herbes de la colline pour épuiser les guerriers assoiffés. En dépit de leurs charges héroïques, les chevaliers francs exténués en furent réduits à se rendre ou à périr : le roi et nombre de ses barons tombèrent aux mains du vainqueur. Saladin se montra chevaleresque vis-à-vis de Guy de Lusignan, mais impitoyable pour les hospitaliers et les templiers qui furent tous décapités, tout comme Renaud de Châtillon, ennemi personnel du sultan. Les places de l'intérieur tombèrent ensuite les unes après les autres et c'en fut fini du royaume latin de Jérusalem. Aux

Cornes de Hattin, se trouve le sanctuaire national des druzes, où ils honorent le souvenir de Jéthro, beau-père de Moïse, sous le nom de Nebi Shueib.

LE LAC DE TIBÉRIADE

Lectures bibliques

Appel des premiers disciples : Mt 4, 18-22 ;
Mc 1, 16-20 ; Lc 5, 1-11
Enseignement aux foules : Mt 13, 1-3 ; Mc 4, 1-2
Jésus apaise la tempête : Mt 8, 23-27 ;
Mc 4, 31-41 ; Lc 8, 22-25
Jésus marche sur les eaux : Mt 14, 22-33 ;
Mc 6, 45-52 ; Jn 6, 16-21

Caractéristiques

Quand on le découvre du haut de la colline de Hattin, le lac apparaît comme un saphir géant enchâssé dans un écrin de collines ocres ou mauves. Il a la forme d'un ovale irrégulier, long de 21 km du nord au sud, la plus grande largeur étant de 12 km. Il est encadré de hauteurs de part et d'autre, monts de Galilée à l'ouest, falaises abruptes du plateau de Golan à l'est. À l'arrière-plan se dressent les hauteurs de Safed (858 m) au nord-ouest, et les sommets souvent enneigés de l'Hermon (2 814 m) au nord. Le niveau des eaux est à 210 m au-dessous du niveau de la Méditerranée : il reste pratiquement inchangé malgré la mise en service, en 1964, d'une station de pompage à Oreimeh. Poissonneuses, ces eaux le furent toujours et le restent. Leur profondeur, au milieu, varie de 40 m à 50 m. Le Jourdain traverse le lac du nord au sud avant de reprendre sa course vers la mer Morte. Les berges du lac sont étroites, sauf à l'embouchure du Haut-Jourdain où s'étale la plaine d'el-Batihah et au nord-ouest où se déploie la petite plaine de Gennésareth (4,5 km × 3 km), dont la fertilité était jadis proverbiale. En raison de la température, très chaude en été, tempérée en hiver, et des nombreuses sources qui les irriguent, les bords du lac portent une végétation subtropicale : dattiers, orangers, citronniers, bananiers y prospè-

Lac de Tibériade

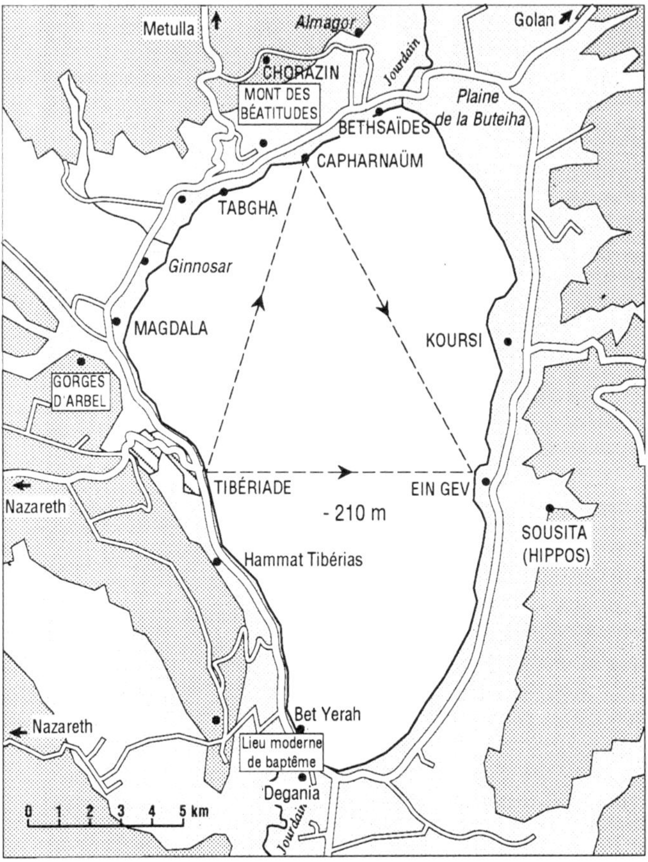

rent, tout comme les céréales. Longtemps laissées à l'abandon, ces rives retrouvent de nouveau peu à peu leur luxuriance ancienne.

Le lac et l'Évangile

Aucun lieu de Palestine ne peut être comparé, pour son charme et sa puissance d'évocation, au lac de Tibériade. Malgré les nombreux bouleversements, naturels ou historiques, le décor est resté, pour l'essentiel, le même qu'il y a vingt siècles lorsque Jésus fréquentait ses rives. Le lac est appelé dans

l'Ancien Testament « mer de Kinnérèt » (Nb 34, 11 ; Jos 13, 27), allusion sans doute à la ville du même nom dont les ruines ont été identifiées près de Tabgha, ou encore « Gennèsar » (1 Mc 11, 67) que l'on retrouve dans le Nouveau Testament sous la forme de Gennésareth (Lc 5, 1). Le vocable évangélique habituel est « mer de Galilée » (Mt 15, 29 ; Mc 7, 31) ou « mer de Tibériade » (Jn 6, 1 ; 21, 1).
Les villes autrefois fameuses de Capharnaüm, Corozaïn, Bethsaïde, Magdala ont certes disparu, mais c'est le lac entier qui nous parle de Jésus, de ses miracles innombrables, de ses discours et de ses lumineuses paraboles ; le souvenir de Jésus y est partout présent.

TIBÉRIADE

Histoire

Des nombreuses cités qui bordaient autrefois le lac, Tibériade seule subsiste. La ville fut fondée, entre les années 17-22, par Hérode-Antipas qui lui donna le nom de son protecteur Tibère. Il l'équipa à la romaine, avec un palais royal, un stade, un forum, mais il dut la peupler de force, les Juifs, par scrupule rituel, répugnant à se fixer en un lieu creusé de tombes. Il ne semble pas que Jésus y soit venu et Tibériade n'est mentionnée qu'incidemment dans l'Évangile (Jn 6, 23).
Le Sanhédrin vint s'y fixer en 135 et les écoles talmudiques y fleurirent à partir de cette époque. Vers 200 y fut compilée, sous l'égide de Juda le Saint, la Mishna, recueil des coutumes juridiques élaborées par les rabbins à partir de la Loi. Au IVe s., y voit le jour le Talmud de Jérusalem, lui-même commentaire du droit coutumier codifié dans la Mishna. À partir du VIIe s., l'école des Massorètes y mit au point un système de points-voyelles, de signes de lecture et d'accentuation destiné à préserver la pureté du texte biblique, qu'on appelle la Massore, la Tradition.
Tibériade fut prise par les Arabes en 638. À l'époque croisée, elle devint, sous le nom de Tabarie, le fief

de Tancrède qui en fit la capitale de sa « princée » de Galilée. Reprise par Saladin en 1187, puis rendue pour peu de temps aux croisés en 1240, Tibériade tomba aux mains des Turcs en 1560 : des Juifs s'y réinstallèrent. Les murailles furent relevées au XVIIIe s. par l'émir Daherel-Omar, puis en 1833 par Ibrahim-pacha. Mais un terrible séisme anéantit la ville en 1837. De nos jours, grâce à une forte immigration juive, Tibériade s'est considérablement développée et dépasse aujourd'hui 30 000 habitants.

Visite de la ville

Au sommet du mont Bérénice qui domine la ville, les archéologues israéliens ont mis au jour les vestiges d'un THÉÂTRE ROMAIN et d'une ÉGLISE BYZANTINE.

Près du port : ÉGLISE SAINT-PIERRE desservie par les franciscains (l'abside en forme de proue évoque la barque de Pierre).

Dans l'enclos de l'ancien cimetière israélite : TOMBEAU DE MAÏMONIDE (1135-1204) (ou Rambam), originaire de Cordoue, qui devint le médecin de Saladin. Auteur du *Guide des égarés*, il visita Tibériade peu avant sa mort, mais mourut en Égypte. D'après la légende, on transporta son corps à Tibériade à dos de chameau. L'animal, parvenu devant les remparts, refusa d'aller plus avant et c'est à cet endroit même qu'il fut décidé de déposer le corps.

On accède désormais au tombeau par une allée bordée de stèles noires. À droite du tombeau de Maïmonide (sarcophage au dôme arrondi posé à même le sol), se trouve celui de son père ; en contrebas, le tombeau de Yohanan ben Zakkaï.

MAUSOLÉE DE RABBI AQIBA (à l'ouest sur la colline). Rabbi Aqiba (50-137 ap. J. C.) soutint la deuxième révolte contre les Romains (132-135), dont le chef militaire fut Bar Kokhéba. L'empereur Hadrien la noya dans le sang. R. Aqiba fut condamné à Tibériade et écorché vif à Césarée, en 137. (Comme pour Maïmonide, il semble que son tombeau ne soit qu'un cénotaphe.)

MAGDALA

Lectures bibliques

Marie de Magdala : Mt 27.56.61 ; 28, 1-11 ; Mc 16, 1-8 ; Lc 8, 2 ; 24, 1-11 ; Jn 19, 25 ; 20, 1. 11-18

À 4 km environ de Tibériade, au nord-ouest, se trouvait autrefois le port de Magdala, ou Tarichée d'un mot grec signifiant « salaison ». Avant la fondation de Tibériade, Magdala était la ville la plus importante du sud du lac. Le niveau du lac s'étant élevé de façon appréciable depuis l'époque romaine, il se trouve que les vestiges de l'ancienne cité sont immergés par 5 m de fond, à plus de 25 m de la berge actuelle. On sait que Magdala était la patrie de Marie-Madeleine souvent nommée dans les évangiles. Peut-être faudrait-il lire Magdala au lieu de Magedan (Mt 15, 39), et au lieu de Dalmanoutha (Mc 8, 10), auquel cas c'est à Magdala que Jésus aurait accosté avec ses disciples après la deuxième multiplication des pains.
En 70, les zélotes juifs y résistèrent farouchement aux Romains ; la lutte se transforma en une véritable bataille navale qui se solda par un massacre de Juifs. Longtemps abandonné, le site reprendra vie au siècle dernier avec l'installation de quelques fellahs égyptiens. Leur village sera détruit au cours du conflit israélo-arabe de 1948. Peu après, la custodie de Terre sainte y acquérait une propriété ; des fouilles y furent entreprises à partir de 1971. Elles ont permis de mettre au jour des vestiges de la ville romaine, d'une synagogue et d'un monastère byzantin.

GINOSSAR

« Le bateau de Kinnéreth »

Le centre Yigal-Alon, du nom d'un homme politique israélien qui a fini ses jours dans le kibboutz de Ginossar, abrite désormais la célèbre « barque du

temps de Jésus » (en venant de Tibériade, tourner à droite au panneau « Nof Ginossar »).
En 1986, de jeunes membres du kibboutz de Ginossar découvrirent sur la rive du lac l'épave d'une barque d'une longueur de 8,20 m. Une sécheresse exceptionnelle avait fait reculer le niveau des eaux. Le système d'assemblage des planches par tenons et mortaises, de même que la découverte d'une lampe à huile à l'intérieur de l'épave, ont permis une première datation (entre le Ier s. avant l'ère chrétienne et le milieu du Ier s. ap. J.C.). La datation au carbone 14 d'échantillons de bois prélevés sur l'épave a confirmé les hypothèses des archéologues.
Selon les spécialistes, elle a pu être utilisée pour la pêche comme pour les transports de passagers et de marchandises.
Si le « bateau de Kinnéreth » a pu sillonner le lac de Tibériade à l'époque où Jésus recrutait ses disciples, il a pu aussi bien servir aux zélotes (résistants juifs) dans la bataille qu'ils livrèrent aux Romains en 67 ap. J.C. sur le lac (*cf.* Magdala). Quoi qu'il en soit, il nous aide à mieux connaître la forme et les dimensions des bateaux dont se servaient les pêcheurs du lac et, quelques dizaines d'années plus tard, les combattants juifs.

TABGHA

Ce nom est celui d'une délicieuse oasis des bords du lac, au nord de la plaine de Gennésareth. Le vocable est une corruption arabe du grec Heptapégon, les Sept Sources : sept sources sulfureuses y jaillissent en effet du sol. Tabgha est très chère à la piété chrétienne depuis qu'une tradition très ancienne, représentée notamment par la pèlerine espagnole Éthérie (393), y a localisé trois souvenirs importants de l'Évangile : le miracle de la multiplication des pains, la promesse de primauté faite à Pierre et la proclamation des Béatitudes. Les deux premiers ont leur sanctuaire à Tabgha même, tandis que le troisième est commémoré sur la colline, à 1 200 m au nord.

Le Sanctuaire de la Multiplication des Pains

Lectures bibliques

Première multiplication : Mt 14, 13-21 ;
Mc 6, 30-44 ; Lc 9, 10-17 ; Jn 6, 1-15
Deuxième multiplication : Mt 15, 32-39 ;
Mc 8, 1-10

On entre dans la propriété des bénédictins allemands, gardiens du sanctuaire.
Au-dessus de deux sanctuaires précédents, ils ont construit en 1982, avec le concours d'une association allemande, une église qui est un véritable bijou, respectant le plan de l'architecte du Vᵉ s. Elle a pour but de protéger les vestiges des églises antérieures et notamment les magnifiques mosaïques.

Histoire du sanctuaire

En l'honneur de la multiplication des pains fut construit un premier sanctuaire vers 350. C'était un édifice simple, de style syrien, qui s'élevait parallèlement à la rue et ne comportait pas encore l'orientation, plus tard usuelle, vers l'orient. Le constructeur en est peut-être Joseph de Tibériade, juif converti au christianisme au Vᵉ s. et auquel Constantin donna le titre de comte. Au centre du presbyterium se trouvait la pierre vénérée où Jésus aurait disposé les pains.
Dans la seconde moitié du Vᵉ s., l'église primitive subit de profondes transformations. On lui donna, pour commencer, l'orientation vers l'est. De même, on déplaça l'autel à deux pas plus loin, vers l'est. Et la pierre vénérée fut alors découpée et transportée sous le nouvel autel où elle remplaça le reliquaire habituel. Elle fut découverte à cet endroit par les fouilleurs en 1932 et s'y trouve encore aujourd'hui.
La basilique fut détruite dans la première moitié du VIIᵉ s., lorsque l'invasion perse (614) et la conquête arabe (635) mirent fin à la présence byzantine en Palestine. La basilique de l'Heptapégon resta ensevelie treize siècles sous terre, jusqu'à ce que les archéologues Mader et Schneider n'en découvrent les vestiges en 1932. L'église actuelle est la réplique la plus fidèle possible de la basilique du Vᵉ s.

Tabgha est surtout célèbre par son pavement en mosaïques étonnamment bien conservées. De ces mosaïques polychromes, les plus belles sans doute de Palestine, on ne sait ce qu'il faut le plus admirer, de la fraîcheur intacte des coloris ou de l'élégance déliée du graphisme. Les dessins reproduisent des guirlandes, des fleurs, nénuphars et lotus, dont les corolles servent de nids ou de perchoirs à des oiseaux caractéristiques de la faune des bords du lac, paons, flamants, canards, hérons, cigognes... Parmi les motifs très variés figurent deux nilomètres, petites tours graduées qui servaient à mesurer la hauteur des eaux. Une pierre tailladée par de multiples prélèvements émerge du sol dans le chœur légèrement surélevé : c'est « la pierre sur laquelle le Seigneur déposa les pains » (Éthérie).
De toutes les mosaïques de Tabgha, celle qui représente les pains et les poissons est la plus connue. Déployée aujourd'hui devant l'autel, elle présente une corbeille tressée, de différentes couleurs, contenant quatre pains ronds, marqués d'une croix. On reconnaît là les pains servant aujourd'hui encore d'oblats dans la liturgie byzantine. Les deux poissons encadrant la corbeille sont de forme plutôt grossière, mais leur grosse tête évoque le fameux *Chromis* ou poisson de saint Pierre. Le symbolisme est évident : on fait ici même mémoire de la multiplication des pains et des poissons. Comparée aux mosaïques des transepts nord et sud, avec leur profusion de plantes, d'oiseaux et de serpents, la malhabile mosaïque des pains et des poissons ne peut être ni de la même main ni de la même époque.

La Primauté de Pierre

Lecture biblique

Apparition au bord du lac : Jn 21, 1-23

Une chapelle en basalte, dite de la Primauté de Pierre, se dresse à 180 m sud-est du sanctuaire de la Multiplication, sur un rocher qui surplombe le lac. Le rocher inclus dans l'église forme une sorte de table : c'est la *mensa* (la table), dont parle la pèlerine Éthérie, où, selon la tradition, le Seigneur nourrit ses apôtres avec du pain et des poissons après la

Résurrection ; on y a disposé l'autel. Un escalier taillé dans le roc descend jusqu'au niveau du lac, qui forme en cet endroit une petite crique, véritable port naturel qui dut être utilisé de tout temps par les pêcheurs.
La chapelle actuelle a pris la place d'un sanctuaire ancien, qui fut plusieurs fois rebâti. Les fouilles entreprises en 1968 par le Père Loffreda permettent de repérer 5 phases distinctes de reconstruction, qui s'échelonnent de la fin du IVe s. à la fin de l'époque croisée. L'église porta longtemps le titre des Douze Apôtres : on y rattachait en effet le souvenir, légendaire, du baptême des apôtres par le Christ. Le sanctuaire fut détruit en 1263 par Baïbars. La modeste chapelle actuelle date de 1933. Le pape Paul VI vint ici en pèlerinage le 5 janvier 1964.

Les souvenirs évangéliques

La pèlerine Éthérie mentionnait « l'escalier où *se tenait* le Seigneur », expression qu'on rattache volontiers au texte de Jean : « Comme le matin paraissait, Jésus *se tint* sur le rivage » (Jn 21, 4). De fait, parmi les souvenirs successivement évoqués en cet endroit par la tradition, deux émergent avec constance : celui du repas matinal pris par Jésus et sept disciples à l'issue d'une pêche miraculeuse (Jn 21, 1-14), et celui de l'émouvant entretien de Jésus et de Pierre qui se termina par la promesse de la Primauté : « Pais mes brebis » (Jn 21, 15-17).

LE MONT DES BÉATITUDES

Lectures bibliques

Béatitudes : Mt 5, 1-12 ; Lc 6, 20-26

La proclamation des Béatitudes était un des souvenirs que la tradition regroupait dès le IVe s. autour de Tabgha. À 100 m au nord du sanctuaire de la Multiplication, au-dessus de la route, on peut voir « la grotte où le Seigneur monta pour proclamer les Béatitudes » (Éthérie). Les fouilles entreprises en 1935 ont en effet exhumé les ruines aujourd'hui disparues d'une minuscule église construite au-dessus de la grotte vers le Ve ou le VIe s. Un monastère

jouxtait l'église, le tout recouvrant une surface de 22 m × 20 m.
Une autre tradition, générale à partir du XIIIe s., fait émigrer le souvenir plus haut sur la montagne, à quelque 1 200 m à vol d'oiseau. Une jolie chapelle en rotonde y a été bâtie en 1937. Elle est entourée d'un déambulatoire extérieur d'où l'on découvre un admirable panorama sur l'ensemble du lac. Au-dessus de la chapelle a été édifiée une hôtellerie pour pèlerins, confiée aux sœurs franciscaines italiennes.

Le Mont et l'Évangile

Des évangélistes placent la proclamation des Béatitudes non loin de Capharnaüm, « sur une montagne » (Mt 5, l), ou « sur un plateau » (Lc 6, 17). La colline et l'endroit s'adaptent très convenablement à ces données, comme aussi à nombre d'indications traditionnelles postérieures.

CAPHARNAÜM

Histoire de la ville

La ville (dont le nom signifie le village de Nahum) fut vraisemblablement fondée au IIe s. av. J.C. Elle n'est jamais citée dans l'Ancien Testament ; dépourvue de remparts, elle ne subit pas de destruction lors du soulèvement contre les Romains en 66 av. J.C. et, pour cette raison, le tracé des rues et des constructions n'a guère connu de modification au cours des siècles.
Lorsque Jésus, sans doute vers l'an 27, choisit Capharnaüm comme centre de sa mission, l'importance du village était davantage due à sa position qu'au nombre de ses habitants (quelques centaines). La présence d'un détachement de soldats romains (Lc 7, 1-10 ; Mt 8, 5-13) s'explique par la proximité de la frontière de la tétrarchie d'Hérode Antipas ; le poste de douane où travaille Matthieu-Lévi a la même explication. C'était un village de pêcheurs et d'agriculteurs. Aujourd'hui encore, la rive ouest du lac est très poissonneuse ; et l'on comprend aisément que Pierre et son frère André, originaires de

Bethsaïde (plus au nord), se soient installés de préférence à Capharnaüm. De même, l'agriculture semble avoir été assez développée, en raison de la proximité de la riche plaine côtière de Gennésareth. Le grand nombre de meules en pierre basaltique trouvées dans les cours des maisons tend à le prouver. Le fait que certaines de ces meules n'aient jamais été achevées laisse croire qu'elles ont été travaillées sur place.

Une rue principale nord-sud, qui partait du lac, traversait la ville. Son intersection avec des rues transversales est-ouest déterminait des pâtés de maisons (les *insulae* des archéologues). Les maisons, aux murs de basalte, pauvres sans être misérables, étaient souvent construites autour d'une cour centrale. L'une de ces maisons sera très tôt transformée en lieu de culte (la « maison de Pierre ») par les judéo-chrétiens (juifs convertis au christianisme). Certains passages de la Mishna montrent que, pendant trois siècles, la population de la ville fut divisée en deux : les juifs orthodoxes et les juifs chrétiens, appelés *« minim »* (hérétiques). Puis, au IVe s., les judéo-chrétiens sont remplacés par des chrétiens venus du paganisme. Ce sont ces derniers qui construisirent au-dessus de la « maison de Pierre » une basilique octogonale. C'est à cette date que la population juive construit aussi une magnifique synagogue de calcaire blanc (vraisemblablement au-dessus de la synagogue antérieure, en basalte).

Au VIIe s., lors de l'invasion arabe, juifs et chrétiens quittent la ville, désormais habitée par une majorité de musulmans. Puis Capharnaüm sombre dans l'oubli. Au XIIIe s., un pèlerin, Buchard du Mont-Sion, écrit : « [...] La ville de Capharnaüm, autrefois célèbre, est à présent très méprisable et possède à peine sept maisons de pauvres pêcheurs. »

En 1841, l'archéologue Robinson décrit le lieu comme « désert et triste ». En 1894, la custodie franciscaine de Terre sainte acquiert le terrain de ruines. À partir de 1905, commencent les fouilles qui n'ont pas cessé jusqu'à nos jours.

Visite

La maison de Pierre

Lectures bibliques

Guérison de la belle-mère de Pierre : Mt 8, 14-15 ; Mc 1, 29-31 ; Lc 4, 38-39
Guérison d'un paralytique : Mt 9, 1-8 ; Mc 2, 1-12 ; Lc 5, 17-26

Il y a quelques années encore, on pouvait voir, près du rivage du lac, les ruines de deux octogones concentriques, qui enserraient un espace intérieur dont le pavement était de mosaïque. Il s'agissait, à n'en pas douter, d'une basilique byzantine, entourée d'une enceinte sacrée en forme de quadrilatère.
Que recouvrait cette mosaïque ? Les archéologues franciscains se mirent au travail en 1968, et les découvertes qu'ils firent ont été proprement révolutionnaires : elles nous permettent de renouer avec l'époque de Jésus lui-même. Partons des couches les plus anciennes.

Maison de Pierre — États successifs

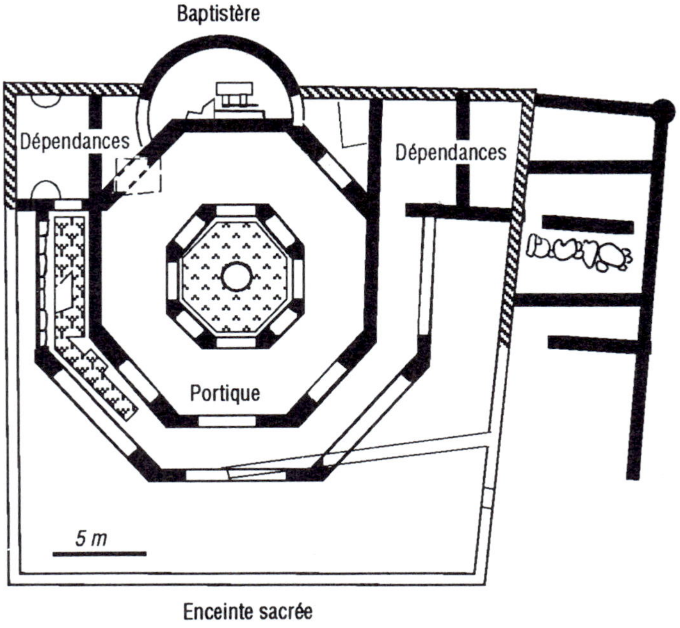

UNE MAISON PRIVÉE. Du même modèle que les maisons avoisinantes : de petites pièces couvertes d'un toit léger entourant une cour spacieuse. Elle a dû être construite vers le IIe s. av. J.C. Au Ier s. ap. J.C., une pièce de cette maison est aménagée, les murs sont successivement recouverts de six couches au moins de crépi ; des graffiti y apparaissent, mentionnant le nom de Jésus et de Pierre. Il s'agit sans doute d'un lieu de culte judéo-chrétien.

UNE « MAISON ÉGLISE ». Au IVe s., cette pièce subit de grandes modifications. Tout autour on élève un mur d'enceinte. Sur les murs, de nombreuses inscriptions au nombre de 185 (grecques, syriaques, et même latines).

UNE ÉGLISE OCTOGONALE. Dans la deuxième moitié du Ve s., au-dessus de cette maison-église, fut édifiée une église octogonale, œuvre désormais de chrétiens venus du paganisme, remplaçant l'ancienne communauté judéo-chrétienne. Eux aussi voulurent vénérer la « maison de Pierre ». Certes, la salle vénérée disparut des regards, mais les fondations de l'octogone central reposaient exactement sur les murs de la salle carrée considérée comme la maison de l'apôtre.
C'est cette basilique que les archéologues ont fouillée ces dernières années. Le curieux monument que les franciscains ont construit au-dessus du site permet au visiteur d'apercevoir les vestiges des différents stades d'un lieu particulièrement vénérable.

UN QUARTIER DU VILLAGE ÉVANGÉLIQUE

La « maison de Pierre » n'était à l'origine qu'une pièce faisant partie d'un ensemble de maisons très modestes, intégré lui-même au village de pêcheurs, habité jusqu'au VIe s. Les archéologues ont dégagé des habitations souvent construites autour d'une cour centrale, ce qui semble dénoter un milieu familial de genre patriarcal. Les murs, peu solides, en pierre de basalte, ne pouvaient soutenir le poids d'une voûte. Les toits n'étaient pas faits de tuiles (les fouilles n'ont pas livré de débris), mais de branchages liés par un enduit. On comprend mieux ainsi l'épisode du paralytique que l'on fait descendre par le toit (Mc 2, 1-12).

LA SYNAGOGUE

Lectures bibliques

Enseignement et guérisons : Mc 1, 21-28 ;
Lc 4, 31-37
Discours sur le pain de vie : Jn 6, 22-59

Sur le site de Capharnaüm, ce sont surtout les impressionnants vestiges de la synagogue qui attirent l'œil du visiteur. À la différence des maisons de basalte du reste de la ville, la synagogue est presque entièrement construite en calcaire blanc.
Pendant des années (à partir du moment où le P. Orfali [1922-1925] commença de dégager le monument), on pensa qu'il s'agissait de la synagogue contemporaine de Jésus. Mais la découverte, au-dessous du dallage, de très nombreuses pièces de monnaie datant du IVe s. ap. J.C., a montré que le monument lui-même ne pouvait qu'être postérieur. Ce fut un coup de tonnerre dans le monde archéologique ! Et aujourd'hui encore, bien des spécialistes israéliens n'acceptent pas cette datation.
Mais si la synagogue actuelle en calcaire blanc ne remonte pas au Ier s. de notre ère, où se trouve celle des évangiles ? Comme les lieux de culte restent la

Essai de reconstitution de la synagogue de Capharnaüm

plupart du temps au même emplacement sacré, les archéologues franciscains ont ouvert des tranchées à l'intérieur de la nef centrale et sous le mur périphérique de la synagogue du IVe s. On a ainsi découvert un mur de basalte qui pourrait être le vestige d'un mur d'une synagogue antérieure. On aurait dès lors un lien entre la synagogue du temps de Jésus, en pierre basaltique, et la synagogue de la fin du IVe s. en pierre calcaire blanche.

VISITE DE LA SYNAGOGUE. La synagogue comprend trois parties principales :
1. La salle de prière : sa façade est tournée vers le sud, c'est-à-dire vers Jérusalem. Elle mesure 23 m sur 17,30 m. Elle était délimitée par des colonnes aux lourds chapiteaux corinthiens, dont quatre sont encore en place. Des banquettes de pierre garnissaient les murs est et ouest. Contrairement à ce qu'on avait pensé, il ne semble pas, étant donné la faiblesse des fondations, qu'une galerie supérieure pour les femmes ait existé.
2. La cour orientale : espace à ciel ouvert bordé sur trois côtés d'un portique.
3. Le porche sud. La façade était percée de trois baies. Un perron, large de 3,30 m, courait sur toute la longueur de la façade et de l'atrium.

LE MUSÉE DE PLEIN AIR

Après la visite de la synagogue, le visiteur s'attardera aux divers éléments architecturaux du monument, exposés sur le site. On notera leur caractère composite ; le répertoire décoratif est en effet des plus variés et comprend :
a) des motifs d'inspiration classique (coquilles marines, grecques, etc.) ;
b) des motifs juifs : menorah, « arche sainte », étoile de David (six branches), sceau de Salomon (cinq branches), pelle à encens, chofar ;
c) des figures mythologiques ou animales : cupidons, aigles, mais, à part une corniche avec hippocampes, elles ont été effacées avant la destruction de la synagogue, sans doute sous l'influence d'iconoclastes « rigoristes ».
On remarquera notamment parmi les éléments sculptés exposés :

— Une châsse miniature sur roues. Plusieurs explications en ont été proposées ; il s'agit sans doute d'une représentation de l'arche mobile contenant le rouleau de la Torah.
— Une colonne avec une inscription araméenne mentionnant le nom de donateurs : « Alphée, fils de Zebidah, fils de Jean, a érigé cette colonne. Que ce soit pour lui bénédiction. » À noter qu'une inscription grecque se trouve *in situ* dans la synagogue sur une colonne et concerne également des donateurs : « Hérode (fils) de Monimos et Ioustos (son) fils, avec leurs enfants, ont érigé cette colonne. »
— Des pressoirs à huile et des meules trouvés sur le site permettent d'évoquer la vie quotidienne au temps du Christ, et notamment certains passages de l'Évangile (Mt 24, 41 : « deux femmes sont en train de moudre à la meule ; l'une est prise, l'autre laissée ».
— Une borne milliaire, qui porte le nom de l'empereur Hadrien, trouvée dans les ruines, prouve qu'une voie romaine impériale traversait la ville.

SAFED

Safed, ville sacrée du judaïsme, est accrochée aux flancs d'une colline de Haute-Galilée, située à une vingtaine de kilomètres nord-ouest à vol d'oiseau du lac de Tibériade. La vieille cité occupe le sommet de la colline et les ruines d'un castel croisé la surplombent. L'altitude de Safed (838 m) et son climat frais en font une station estivale fréquentée. Le pittoresque de ses rues et de ses sites lui a valu de devenir aussi le rendez-vous des artistes.
La Bible ne mentionne pas Safed, mais le nom est attesté dans des listes égyptiennes du XVe s. Les croisés s'y fortifièrent solidement : le château fut bâti par le roi Foulques en 1140. En 1266, Baïbars arracha la ville aux templiers pour en faire une capitale de district. Dans la première moitié du XVIe s., de nombreux juifs chassés par l'Inquisition espagnole s'établirent à Safed qui devint dès lors un puissant centre de rayonnement du courant spirituel qu'on désigne sous le nom de Kabbale. Le

terme signifie : « doctrine reçue » et il s'applique à un mouvement religieux de tendance mystique. Les maîtres de la Kabbale s'efforçaient de découvrir le sens secret des textes bibliques, pour y trouver une voie d'accès à Dieu par-delà le monde visible. Cette doctrine pour initiés s'appuyait principalement sur le Zohar, livre de la Splendeur, véritable Bible des kabbalistes, compilée en Espagne au XIIIe s. Il passait pour être l'œuvre de Shimon bar Yohaï, rabbin du IIe s. inhumé précisément à Safed. La symbolique des noms, et surtout des chiffres, retenait particulièrement l'attention de ces interprètes. Le représentant le plus éminent de ce cénacle fut le rabbin Isaac Luria, plus connu sous le nom de Ari le Lion, né à Jérusalem et mort à Safed en 1573, auquel le mouvement kabbaliste fut redevable de son essor et de son emprise sur la piété juive.

À Safed fut établie en 1563 la première imprimerie de Palestine, d'où sortit en 1578 le premier ouvrage imprimé en hébreu.

HATSOR

Au nord du lac de Tibériade, la ville cananéenne de Hatsor se trouvait au carrefour des routes commerciales. La présence de l'eau donne aussi la raison de l'implantation humaine à cet endroit dès le IIIe millénaire avant notre ère. Au XVIIIe s., Hatsor était déjà une ville cananéenne importante puisque les lettres de Tell el-Amarna désignent son souverain comme le « roi qui veillait sur les autres villes ». Dans le livre de Josué, Hatsor est désignée comme la capitale de tous les royaumes. La ville fut la seule à être incendiée par les Israélites (Jos 11, 13). Reconstruite par Salomon, dévastée par les Araméens, la ville fut reconstruite par Omri, roi d'Israël, et définitivement rayée de la carte lors de l'invasion assyrienne de 733 av. J.C.

Visite

En face du Tell se trouve le MUSÉE DE HATSOR, indispensable pour comprendre l'évolution de la

ville dans laquelle 21 couches superposées ont été découvertes. En réalité la cité est divisée en deux zones distinctes : l'*Acropole* et la *zone fortifiée de la ville basse* (celle-ci n'est pas accessible au public). Sur l'Acropole on notera en particulier :
— une muraille construite par Omri ou Achab ;
— une porte salomonienne à six compartiments, protégée par deux tours, bâtiments analogues à celui des « écuries » de Mégiddo ;
— un puits rectangulaire creusé par Omri ou Achab, de 19 m de profondeur. Il était prolongé par un escalier permettant d'accéder à l'intérieur de la colline même. Ce complexe permettait aux habitants d'être ravitaillés en eau pendant les sièges.

BANIAS ET LES SOURCES DU JOURDAIN

Lectures bibliques

Confession de Pierre et 1re annonce de la Passion : Mt 16, 13-23 ; Mc 8, 27-33 ; Lc 9, 18-22

Banias est la forme arabe de Panéas, ville hellénistique fondée vers 195 av. J.C. par les Séleucides sur la pente sud du mont Hermon [1]. Ce nom lui a été donné parce qu'elle était située à proximité d'un sanctuaire consacré au dieu Pan, dieu des bergers [2]. Le tétrarque Philippe, qui avait reçu ce territoire en héritage de son père Hérode le Grand, l'appela Césarée, d'où le nom de Césarée de Philippe que les évangiles donnent à cette ville. Jésus, en effet, est venu jusqu'à cette région avec ses disciples : c'est ici qu'il a commencé à préparer ses disciples au drame de la Passion (Mc 9, 27-33), ici aussi qu'il a donné à Pierre la primauté dans l'Église et le pouvoir des clés (Mt 16, 13-20).
Des fouilles, entreprises en 1989, donnent déjà une idée de l'évolution de la ville. Hérode le Grand y

1. Le Nahal Banias, l'un des trois grands affluents du Jourdain, y prend sa source.
2. C'est la présence en cet endroit de sources abondantes qui fut à l'origine du culte du dieu Pan.

avait fait construire un beau temple de marbre blanc qu'il appela *Augustaeum* en l'honneur d'Auguste, mais le culte impérial ne put rivaliser avec le culte traditionnel du dieu Pan. C'est sous le règne de son fils Philippe, lequel reçut en 4 av. J.C. le gouvernement de la région, que Banias atteignit son apogée. Il voulut en faire sa capitale et la rebaptisa « Césarée de Philippe » pour la différencier de Césarée maritime. La ville possédait toutes les institutions civiques et culturelles d'une *polis* grecque : gymnases, théâtres, temples, etc.
D'après les estimations des archéologues, la ville s'étendait sur environ 100 hectares. Dans le *hieron* (lieu sacré) de Pan, on a mis au jour des sols et des pierres du Ier s. ap. J.C., la base du stylobate encadrant l'entrée de la porte et se prolongeant le long de la falaise ; ainsi que les niches abritant les statues. Le but de la fouille était de nettoyer l'intérieur de la grotte et de reconstituer le lieu de culte consacré à Pan.
La zone s'étendant à l'ouest de la grotte constituait, selon les chercheurs, le centre civique et culturel de la ville. Les fouilles ont permis de dégager les vestiges d'édifices publics remontant aux époques romaine, croisée et mameluke. Au sud de la grotte ont été découverts les vestiges de l'*agora* (forum) romaine et de la ville byzantine.

AKKO — SAINT-JEAN-D'ACRE

Saint-Jean-d'Acre, qui a repris son nom biblique d'Akko, est un petit port situé à 22 km nord de Haïfa. Tout l'intérêt pour le visiteur réside dans la pittoresque vieille ville retranchée derrière ses remparts. Elle occupe un promontoire qui ferme au nord la baie de Haïfa et affecte la forme d'un triangle dont le sommet s'enfonce au sud dans la mer.

Visite des lieux

À travers le dédale tortueux de ses anciennes rues, Akko a gardé tout le charme et la nonchalance des villes orientales. LES REMPARTS : ils datent, dans leur état actuel, du milieu du XIXe s., mais ils ont été élevés sur les fondations des remparts croisés. On peut les longer en suivant le front de mer jusqu'au chemin de ronde, au sud. De là, en empruntant une ruelle en direction du petit port, on parvient à un beau caravansérail, le KHAN-EL AMDAN, le khan à colonnes, dont on attribue la construction à Djezzar-pacha. C'est un quadrilatère, bordé de galeries avec des piliers à chapiteaux, surmonté d'une tour. Les colonnes furent empruntées aux villes ruinées de la côte, Tyr, Athlit et Césarée. Après avoir passé le port de pêche, on peut suivre à nouveau les remparts vers le nord pour rejoindre le KHAN-CHAWARDA, dont la tour sud date des croisés. Là se trouvait un couvent de clarisses dont les religieuses, lors du siège de 1291, n'hésitèrent pas à se mutiler le visage pour échapper au déshonneur. En reprenant, à gauche, les ruelles qui s'enfoncent vers l'intérieur de la ville, on aboutit à LA GRANDE MOSQUÉE, construite par Djezzar en 1781. Elle occupe le milieu d'une enceinte rectangulaire bordée d'élégantes galeries voûtées. La mosquée est précédée d'un péristyle aux colonnes de porphyre. À droite de l'entrée, sous une coupole, sont les tombeaux en marbre de Djezzar et de Soliman-pacha.

LA CRYPTE DES CHEVALIERS DE SAINT-JEAN. Presque en face de la mosquée de Djezzar se trouve un ensemble impressionnant de vestiges de l'époque croisée, qui ont été dégagés entre 1954 et 1963, au-dessous de l'ancienne prison.

La première salle, appelée « Crypte de Saint-Jean », est en réalité l'une des nombreuses salles, aujourd'hui souterraines, de l'ancien « hospitale » construit par les croisés à Saint-Jean-d'Acre avant la prise de la ville en 1291. Cette crypte, située dans la partie sud de l'hospitale (au Moyen Âge c'est à la fois un hospice, un hôtel et une auberge), était en fait, semble-t-il, le réfectoire de l'ordre des chevaliers de Saint-Jean. Son style est gothique ; la voûte est supportée par trois puissantes colonnes rondes d'un diamètre de près de trois mètres.

Lors du dégagement de la salle, qui était remplie de débris jusqu'à hauteur des chapiteaux des colonnes, on a trouvé deux « fleurs de lis », emblème des rois de France. Elles ont été sans doute apposées en l'honneur de Louis VII, qui dirigea la deuxième croisade (1147-1149).

À l'angle du « réfectoire » se trouvait le « dormitorium », construction antérieure à celle du réfectoire. C'est une grande salle à colonnes — de 30 m × 45 m — qui constituait la plus grande pièce de l'hospitale. Elle est en style roman pur, avec des voûtes en berceau et des nervures transversales.
Le réfectoire et le dortoir étaient disposés autour d'une cour centrale, encore incomplètement dégagée. Un souterrain creusé en partie dans le roc permettait aux chevaliers d'accéder à une poterne donnant sur la mer.

Saint-Jean-d'Acre et la Bible

Lors de l'occupation israélite, Akko fut attribuée à la tribu d'Asher (Jos 19, 30), mais ne fut jamais occupée par elle (Jud 1, 31). À l'époque des Maccabées, la ville est plus d'une fois mentionnée : Jonathan y fut reçu avec honneur par Démétrius II en 145 (1 Mc 11, 22-29). Il y fut plus tard traîtreusement attiré par le général syrien Tryphon et fait prisonnier (1 Mc 12, 43-48). Saint Paul y passa une journée avec la communauté chrétienne au terme de son troisième voyage missionnaire (Ac 21, 7).

Évolution historique et archéologique

Akko est nommée dans les inscriptions de Thoutmès III (XVe s.) et dans les lettres d'el-Amarna (XIVe s.). La situation privilégiée de ce port lui valut de prospérer de bonne heure, à l'instar de Tyr et de Sidon. Après le démembrement de l'empire macédonien, Akko fut souvent l'enjeu des disputes entre Lagides d'Égypte et Séleucides de Syrie. Sous Ptolémée-Philadelphe (285-246), son nom fut changé en celui de Ptolémaïs, nom attesté plusieurs fois dans la Bible. Elle fut élevée au rang de colonie romaine sous Claude (47 ap. J.C.). L'occupation arabe ne nuisit nullement à la prospérité de la ville. Beaudoin Ier, après plusieurs tentatives infructueuses, s'en empara avec l'appui d'une flotte génoise (26 mai 1104), et le port devint le trait d'union entre l'Orient et l'Occident. Akko se rendit à Saladin en 1187, mais Richard Cœur de Lion et Philippe Auguste s'en emparèrent à nouveau (12 juillet 1191) et la ville resta pendant un siècle la capitale du royaume latin. Couvents, églises, palais s'y multiplièrent. La défense était assurée par les chevaliers de Saint-Jean à qui elle dut son nom de Saint-Jean-d'Acre. En 1291, après un siège meurtrier où s'illustrèrent les templiers, la ville tomba aux mains du sultan Malik-el-Aschraf qui la détruisit de fond en comble. Elle végéta pendant plus de quatre siècles, jusqu'au jour où l'émir bédouin Daher-el-Omar la releva de ses ruines (1749). Son successeur, le féroce et énergique Ahmed, dit el-Djezzar, le Boucher, fortifia ses remparts. En 1799, avec l'aide des Anglais, il repoussa avec succès tous les assauts des troupes françaises, commandées par Bonaparte lui-même, et les Français durent se replier sur l'Égypte avec des pertes sévères. En 1832, les Égyptiens d'Ibrahim-pacha en chassèrent les Turcs et ils s'y maintinrent jusqu'en 1840 où les flottes combinées des Turcs, des Anglais et des Autrichiens les contraignirent à la retraite. Les Turcs s'y réinstallèrent et en 1843 ils rebâtirent les remparts. Mais depuis cette époque, et surtout depuis 1918, Akko n'a cessé de perdre de son importance au bénéfice de Haïfa.

LE CARMEL

Lectures bibliques

Le sacrifice du Carmel : 1 R 18, 20-40
La fin de la sécheresse : 1 R 18, 41-46

La chaîne du Carmel s'étire sur 25 km, depuis les monts de Samarie au sud-est, vers le nord-ouest, où elle s'enfonce comme une proue dans la mer, barrant au sud la baie de Haïfa. À son pied et sur ses pentes s'étagent les quartiers de Haïfa, le grand port industriel et commercial d'Israël, dont l'expansion a coïncidé avec le déclin de Saint-Jean-d'Acre.

L'histoire

Le Carmel était déjà habité à l'âge de la pierre : l'exploration de grottes sur les pentes occidentales a livré, outre des dizaines de squelettes, de précieux vestiges de l'outillage préhistorique, silex, couteaux, faucilles...

Chaîne du Carmel

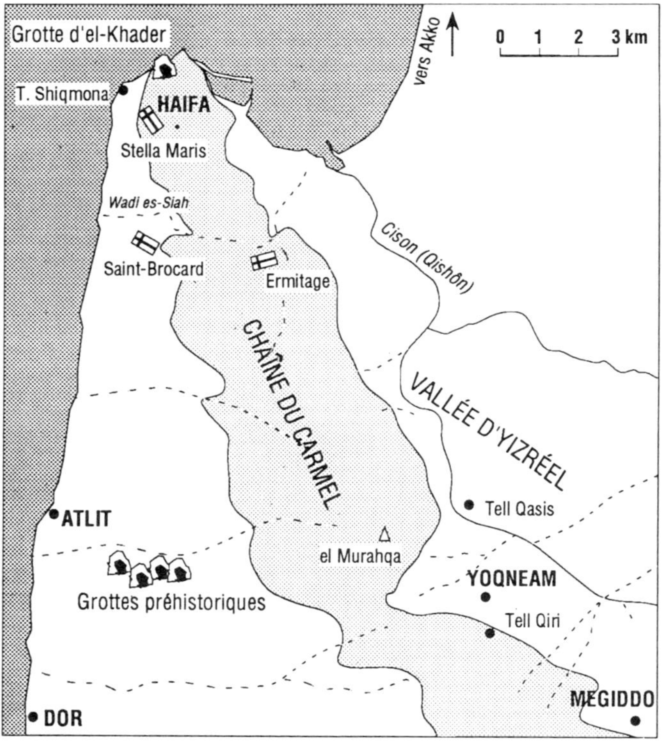

Le Carmel entra dans l'histoire au XVe s. avec la victoire qu'y remporta Thoutmès III sur les Cananéens en 1479. Aux époques grecque et romaine, le caractère sacré du Carmel est souvent attesté : les cultes païens fleurirent autour de la grotte dédiée à Adonis avant d'être définitivement chassés par le souvenir d'Élie.

Avec ses repaires et ses grottes, le Carmel offrait un asile idéal aux anachorètes et de nombreux ermitages s'y implantèrent de bonne heure. La vie mystique au Carmel reçut un nouvel élan à partir des Croisades, avec la naissance de l'ordre des Carmes, fils spirituels d'Élie. Le fondateur fut un Français né en Palestine, saint Brocard, qui reçut vers 1210 du patriarche latin Albert de Verceil la règle qu'il imposa aux ermites rassemblés sous sa houlette. Cette règle fut confirmée en 1226 par le pape Honorius III. Le premier monastère s'établit

dans le ouadi es-Syah, Vallée des Martyrs, à quelque 4 km du sud du couvent actuel : les fouilles y ont mis au jour d'intéressants vestiges.
La ruine du monastère intervint en 1291, après la chute de Saint-Jean-d'Acre. Une restauration précaire fut entreprise en 1631, à l'extrémité du promontoire, par le carme français Prosper de Navarre. Grâce à un firman obtenu sur l'intervention de Louis XV, on put reconstruire en 1767 un nouveau couvent autour de la grotte d'Élie. Il fut incendié en 1799 par les soldats de Djezzar. Le couvent actuel a été bâti, de 1827 à 1851, par le frère Jean-Baptiste, carme français. Un couvent de carmélites s'élève aussi un peu plus haut sur la colline.

Visite des lieux

LE SANCTUAIRE BAHAÏTE. À mi-pente, au milieu d'un jardin persan d'une rare beauté, se détache la coupole dorée du mausolée des bahaïtes. Cette secte d'origine persane, qui se réclame d'une sorte de monothéisme philanthropique, compte plus de 2 millions de fidèles à travers le monde. Son fondateur, Mirza Ali-Mohammed, qui se proclama prophète en 1844, fut exécuté à Tabriz en 1850 et ses restes ont été inhumés sous le mausolée de Haïfa, ainsi que ceux de son deuxième successeur, Abdul Baha, (le Serviteur de la Gloire), mort en 1921.

LE MONASTÈRE DES CARMES (Stella Maris). Sur la pointe ouest du mont Carmel, dominant à la fois la Méditerranée et le port de Haïfa, se dresse le monastère du Mont-Carmel, qui abrite une douzaine de pères carmes, héritiers de la riche tradition de leur ordre sur les lieux mêmes.
La construction en a été commencée en 1839, et la décoration intérieure est typique de la spiritualité carmélitaine avec la grande place accordée à la Vierge du Mont-Carmel et au prophète Élie.
Sous l'autel se creuse une grotte que l'on appelle « grotte d'Élie », à l'origine citerne aménagée ensuite en tombeau. Cette grotte, en raison de son lien avec Élie (le prophète y aurait vécu), est entourée d'une grande vénération par les chrétiens et les musulmans de la région. Beaucoup de chrétiens tiennent à y faire baptiser leurs enfants. Les 19-20 juillet, chrétiens, musulmans et druzes y viennent en pèleri-

nage, dans une ambiance de fête. Une tradition très curieuse a lieu ces jours-là : un père carme coupe quelques mèches de cheveux aux enfants voués par leurs parents au prophète. Il est à noter qu'Élie occupe une place toute particulière dans l'islam, sous le nom de El Khader, le Verdoyant.
Dans l'enceinte du monastère, un petit musée présente des vestiges du passé millénaire du Carmel : documents et objets concernant les origines de l'ordre ; un fragment de pied en marbre, qui porte une inscription grecque « [dédié] à Zeus héliopolitain (dieu du Carmel) », témoigne que le mont Carmel a sans cesse été considéré comme un lieu sacré.
À la sortie de l'église, on aperçoit dans le jardin une pyramide sous laquelle furent enterrés un certain nombre de soldats de l'expédition de Bonaparte à Acre, en 1799. Blessés au cours des affrontements, ils furent massacrés par les Turcs qui chassèrent les religieux.

PANORAMA. Après avoir traversé la route, on bénéficie d'une vue admirable sur la Méditerranée, le port de Haïfa, troisième ville d'Israël en importance.

LA GROTTE DU PROPHÈTE. La deuxième grotte liée au souvenir d'Élie au mont Carmel s'ouvre en contrebas, face au monastère, de l'autre côté de la route. On suit un sentier qui traverse un jardin public ; en obliquant sur la droite, au cours de la descente on parvient à un lieu vénéré depuis l'Antiquité, la « grotte d'Élie ». Une pancarte précise que le prophète y séjourna, avant sa confrontation avec les prophètes de Baal.
Depuis 1948, la grotte est transformée en synagogue. D'abord lieu de culte païen, elle avait été l'objet de vénération de la part des juifs, des chrétiens et des musulmans, comme en témoignent les quelque 150 inscriptions gravées sur les murs, la plupart en grec, et qui commencent souvent par « Souviens-toi ». Elles remontent sans doute à l'époque byzantine.
Sous la maison du gardien, à proximité, se trouve une « chaire d'Élie », dont la présence rappelle la coutume juive qui associe Élie à la circoncision.

LE MONASTÈRE DE SAINT-BROCARD. Pour se rendre à cet endroit considéré comme le lieu de naissance médiéval de l'ordre du Carmel, longer la mer en direction du sud, à partir du couvent de Stella Maris. Le Wadi es-Siah (torrent des ermites ou des pèlerins, en arabe) débouche sur la plaine côtière, environ à 5 km du monastère, à la hauteur d'une caserne. La tradition carmélitaine a appelé « vallée des Martyrs » le Wadi es-Siah pour commémorer les religieux tués sur place en 1238 par les Sarrazins. Quant au monastère lui-même, on lui a donné le nom de saint Brocard, personnage dont on ne sait guère de choses, mais dont le nom est lié à l'implantation du monachisme sur le mont Carmel (historiquement la règle des carmes leur a été donnée par Albert, patriarche latin de Jérusalem (1206-1214), résidant à Acre).

Au creux du vallon se trouvent les ruines du monastère de Saint-Brocard, en belles pierres. On peut voir les murs et les pilastres d'une chapelle rectangulaire, un escalier monumental, des traces de fortification. Deux sources fournissaient l'eau au monastère. La source inférieure est généralement connue sous le nom de « fontaine d'Élie ». Une autre, située plus haut, est parfois appelée « source de saint Brocard ».

EL-MUHRAQA, LE LIEU DE L'EMBRASEMENT. Le dernier site lié à la mémoire d'Élie se trouve à l'extrémité sud du Carmel. On y évoque la lutte entre Élie et les prophètes de Baal (1 R 18). Situé à 20 km environ de Stella Maris, on y accède par une route de crêtes qui permet de traverser la chaîne de part en part. On traverse deux gros bourgs druzes, Isfiya et Daliyat el Karmil. Le nom arabe el-Muhraqa signifie « brûlé ». Lieu sauvage, aux pentes couvertes de broussailles, il évoque à merveille le lieu où Élie fit descendre le feu du ciel. Il correspond d'ailleurs assez bien aux précisions données par le livre des Rois : « De là on voit la mer » (v. 43). Aux trois quarts de la montée, la source jamais tarie de Bir-el-Mansourah a pu fournir l'eau (v. 34). Le Tell-el-Quasis, situé au pied d'el-Muhraqa et près du Kishon, garde le souvenir du massacre des prophètes (v. 40). Enfin, c'est la région du Carmel la plus proche de Yizréel (v. 45).

Un petit couvent carme occupe le sommet ; face au monastère, se dresse une statue d'Élie figuré en exterminateur.

Le panorama que l'on peut admirer du haut de la terrasse du couvent est très évocateur. Des flèches peintes sur le ciment permettent désormais de s'orienter facilement. On repère notamment, au premier plan, le Tell et le village moderne de Yoqnéam. À l'horizon, le Tabor est aisément reconnaissable. Le Kishon est visible grâce au changement de couleur de la végétation.

LE MONT TABOR ET ENVIRONS

Lectures bibliques

La Transfiguration : Mt 17, 1-8 ; Mc 9, 2-8 ; Lc 9, 28-36 ; 2 P 1, 17-18

Description

La masse ronde du mont Tabor (588 m alt.) apparaît comme une vigie avancée des monts de Galilée surveillant au nord-est la plaine d'Esdrelon. Le village arabe de Debouriyeh, au pied de la colline, représenterait la bourgade où Jésus rejoignit ses disciples après la Transfiguration et où il guérit un épileptique (Mt 17, 14-21 ; Mc 9, 14-29 ; Lc 9, 37-43). Une belle route macadamisée, mais abrupte, serpente jusqu'au sommet où elle aboutit à une porte médiévale donnant accès au domaine de la basilique. Le sommet du Tabor se présente comme un plateau long de plus d'1 km sur une largeur moyenne de 400 m, divisé en deux parties par un mur qui court ouest-est, séparant le domaine des grecs orthodoxes, à gauche, du domaine des latins, à droite. Les grecs possèdent une église Saint-Élie, rebâtie au XIXe s. sur les ruines d'un sanctuaire byzantin du VIe ou Ve s. On y montre une grotte dite de Melchisédech qui est censée commémorer la rencontre du prêtre cananéen avec Abraham (Gn 14, 17-20). Dans le domaine des latins, les franciscains ont édifié un couvent et une hôtellerie. À l'est du plateau se dresse, au milieu de ruines byzantines et médiévales, la basilique de la Transfiguration en belles pierres blanches. Deux tours carrées encadrent le portail ; elles abritent chacune une chapelle dédiée respectivement à Moïse et à Élie. Le vaisseau est divisé en trois nefs par des piliers supportant des arceaux en plein cintre. Au-dessous du chœur surélevé, un large escalier descend à une crypte éclairée par un vitrail :

on y a conservé l'abside et l'autel en pierre de l'ancien sanctuaire. Au sud de l'église, une terrasse et les débris de la tour sarrasine constituent un observatoire idéal d'où la vue s'étend au nord jusqu'à l'Hermon, au sud-est jusqu'à la trouée de Beisân, au sud jusqu'au Gelboé et aux monts de Samarie.

Le Tabor et la Bible

Le mont Tabor est riche de souvenirs bibliques. À l'époque des Juges, Débora et Baraq y rassemblèrent leurs troupes d'où elles s'élancèrent pour tailler en pièces l'armée des Cananéens de Sisara sur les deux rives du Qishôn (Jg 4, 12-16). Un lieu de culte païen s'y trouvait encore au VIIIe s. (Os 5, 1). On s'extasiait sur la beauté et la majesté du Tabor (Jr 46, 18). Le Tabor fut surtout le théâtre de la Transfiguration de Jésus. Certes, les évangiles ne nomment pas le Tabor mais la tradition chrétienne, représentée par Origène, Cyrille de Jérusalem et Jérôme, y a localisé l'événement dès les premiers siècles.

Évolution historique et archéologique

Avant l'arrivée des Israélites, il existait sur le Tabor un sanctuaire cananéen dont les vestiges sont encore visibles sous l'église actuelle. Au VIIIe s., Osée y fait allusion (Os 5, 1). À la fin du IIIe s. av. J.C., Antiochus III installa une garnison syrienne sur le sommet. Le Tabor s'appelait alors Atabyrion. Lors de la révolte juive (66-70), Josèphe, un des chefs de l'insurrection, se retrancha sur le Tabor dont il entoura le sommet d'une enceinte. On en voit quelques restes.

Des églises et monastères byzantins y furent construits aux confins des Ve et VIe s. L'Anonyme de Plaisance (570) y visita 3 églises rappelant les 3 tentes de Pierre.

Les croisés relevèrent ces églises sur le même plan. Un couvent fortifié confié aux bénédictins s'installa près de l'église dès 1100. Après le désastre de Hattin, la situation devint plus précaire ; Saint Louis put cependant y venir en 1254. Les sanctuaires furent rasés par Baïbars en 1263. Il fallut attendre 1631 pour que les franciscains pussent à nouveau s'y installer. La basilique actuelle, œuvre des frères Barluzzi, a été édifiée de 1921 à 1924.

NAÏM

Sur le versant nord du mont Moreh, improprement appelé Petit-Hermon, à 400 m de la route qui va d'Affouleh au Tabor, s'étagent les maisons d'un village arabe assez misérable, Neïn, qui a remplacé le Naïm évangélique. À la porte de la cité, Jésus rencontra un cortège qui menait en terre le fils unique d'une veuve. S'en approchant, il dit : « Jeune homme, je te l'ordonne, lève-toi ! Et le mort se dressa sur son séant et se mit à parler. Et Jésus le rendit à sa mère » (Lc 7, 11-17). Sur l'emplacement présumé du miracle s'éleva un sanctuaire byzantin, remplacé ensuite par une église croisée, sur les ruines de laquelle les franciscains construisirent en 1880 la chapelle actuelle.

EN-DOR

À 4 km de Naïm, sur les pentes du mont Moreh, un village arabe aujourd'hui abandonné occupe le site de la biblique En-Dor, célèbre par la visite qu'y fit Saül, la veille du désastre de Gelboé, à la pythonisse (1 S 28, 8-25).

MEGIDDO

Lectures bibliques

La ville de Salomon : 1 R 9, 15-19
La mort d'Ochosias : 2 R 9, 27-28
La mort de Josias : 2 R 23, 28-31
Harmaguedon : Ap 16, 16

Située au débouché de l'étroit défilé reliant la plaine de Yizréel à la plaine côtière, l'antique cité de Megiddo a sans cesse servi de verrou défensif pour barrer la route aux invasions, en provenance surtout de l'Égypte. Des fouilles allant de 1903 jusqu'à nos jours ont permis de dégager 20 niveaux d'occupation, allant du IVe millénaire au IVe s. av J.C.

L'histoire

Comme bien des villes de Palestine, c'est à la charnière du IVe et du IIIe millénaire que prend naissance Megiddo : la ville n'a pas encore de remparts, mais possède déjà un sanctuaire. Les remparts apparaîtront au début du bronze ancien II (2900-2650), ainsi que des temples dont celui de Salomon s'inspirera à Jérusalem. Puis, comme bien des villes de Palestine, la ville entrera en déclin.
À partir de l'an 2000, elle retrouve son importance ; les fouilles ont montré, par ailleurs, de nombreux signes de relations avec l'Égypte (statue et inscriptions). Au XVe s. elle sera le terrain d'affrontements entre une coalition de rois de Syrie et le pharaon Thuthmosis III (1490-1436). Les coalisés se réfugièrent à l'intérieur des murailles de Megiddo, et le pharaon dut mener un siège de sept mois avant que les rebelles ne fassent leur soumission.
Au XIVe s., la ville dépendit de l'Égypte et devint un centre administratif égyptien. C'est probablement sous le règne de Ramsès VI (1142-1135) que Megiddo échappa à la domination des pharaons. L'influence de la civilisation philistine y demeura forte jusqu'à la fin du XIe siècle ; la Bible ne dit pas quand et comment la ville tomba aux mains des Israélites.
Le premier livre des Rois (1 R 9, 15-19) nous donne la première mention de Megiddo : elle est nommée comme une ville du 5e district de Salomon, où le roi exécutera de grands travaux. De l'époque de Salomon datent de grands monuments publics, en particulier des palais et des installations permettant d'accéder à la source, à partir de l'intérieur de la ville.
Sous Roboam, la ville fut détruite par le pharaon Shéshonq Ier, vers 925 av. J.C. Megiddo fut reconstruite au IXe et au VIIIe s. sur un plan totalement différent. Sous le roi Achab furent construits de vastes entrepôts, autrefois appelés « écuries de Salomon ». Le dispositif souterrain d'accès à la source fut repris sur de nouvelles bases.
La ville connut une nouvelle destruction par les Assyriens en 733. Par la suite, bien fortifiée, alimen-

Megiddo

1. Porte du XVIIIe s.
2. Porte du XVIe s.
3. Palais du XVIe s.
4. Porte dite salomonienne
5. Palais salomonien
6. Zone sacrée
7. Tombes royales
8. Maisons à piliers
9. Silo
10. Palais salomonien
11. Bâtiment administratif
12. Entrepôts du temps d'Achab

13 à 15. Système d'accès à la source

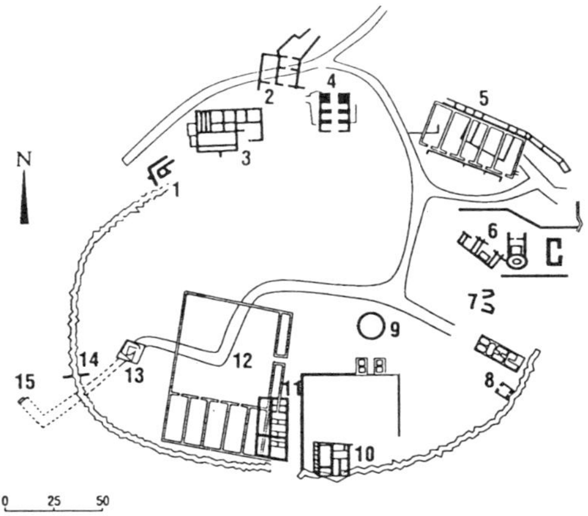

tée en eau, Megiddo constitua une cité refuge. Le roi de Juda Ochosias s'y réfugia et y mourut. En 723, le roi assyrien Téglath Phalazar III dévasta au passage la ville (2 R 15, 29).
En 609, elle est le cadre de la mort dramatique du « roi juste » de Juda, Josias. Cette mort eut lieu lors de sa « rencontre » avec le pharaon Nékao, au moment où celui-ci volait au secours de l'Assyrie, son alliée alors très affaiblie. Josias avait voulu lui barrer le passage.
L'apocalypse situe à Megiddo (Harmaguedon) le rassemblement de tous les rois du monde en vue du combat décisif entre Dieu et Satan à la fin des temps.

La visite

LE MUSÉE. Une visite attentive du petit musée s'impose avant la visite du tell. Un dispositif électronique permet aujourd'hui de découvrir les différents niveaux des principaux monuments.
On se dirige vers le tell en grimpant un sentier qui correspond à la rampe d'accès de la ville ancienne.

LES PORTES DE LA VILLE (1, 2, 3). À droite, la première porte remonte au XVIIe s. (1). Puis on franchit la deuxième porte, édifiée au XVe s. (2) qui resta en service pendant quatre siècles. À l'intérieur du rempart, murs d'un grand bâtiment (3), peut-être un palais du XVIe s., car on y a retrouvé des bijoux et des ivoires sculptés.

LA PORTE SALOMONIENNE (4). Pour y accéder, l'assaillant devait tourner à angle droit ; elle était précédée de deux tours. La porte elle-même se composait de trois paires de « tenailles », laissant un passage de 4,5 m de largeur. Seul un côté a été laissé par les archéologues.

PALAIS ET REMPARTS (5). En montant, sur la gauche, palais du XVIe s. et palais salomonien, dont le mur nord servait de rempart. Un observatoire permet d'admirer la plaine de Yizréel ; au nord, le mont Tabor ; au sud, les hauteurs de Samarie.

ZONE SACRÉE (6). Du haut de l'observatoire, on surplombe la zone sacrée réservée, à partir du IIIe millénaire, aux cultes cananéens. On y voit un ensemble de temples, et en particulier un autel ovale, datant du IIIe millénaire, au sommet duquel on accédait par un escalier. Plusieurs autres temples furent construits postérieurement au nord-ouest du grand autel et restèrent en service jusqu'en 1200.

SILO ET ENTREPÔTS (7, 8, 9, 10). En suivant le sentier vers le sud, on longe successivement l'emplacement de tombes royales cananéennes (7). Avant le silo, maisons à piliers datant de l'époque du royaume d'Israël (8). Le grand silo (9) destiné à entreposer le grain daterait du règne de Jéroboam. D'une profondeur de 7 m, il comportait deux escaliers, l'un pour la descente et l'autre pour la montée.
Derrière le silo, envahi par les herbes, le palais sud salomonien (10), dont les pièces étaient disposées autour d'une cour centrale.

Entrepôts ou écuries ? (11, 12). À l'ouest, un bâtiment administratif (11). L'époque salomonienne a été recouverte par un ensemble de constructions qui constituent l'« énigme de Megiddo ».
Cinq bâtiments en longueur divisés en trois par deux rangées de piliers, où l'on a retrouvé des auges de pierre, ont fait d'abord penser à des écuries, correspondant à la ville construite par Salomon. Mais, comme une partie des « écuries » repose sur un palais de l'époque salomonienne, ces bâtiments ne peuvent qu'être postérieurs. On parle aujourd'hui plutôt à leur propos d'entrepôts de l'époque d'Achab.

Puits et tunnel (13, 14, 15). La visite du tell se termine par la partie la plus impressionnante, le système d'accès à la source de la ville, qui comprend un puits et un tunnel pour accéder à celui-ci.
Comme on le voit pour Hatsor et Jérusalem, le problème principal était de protéger l'accès de la source en temps de siège. Les successeurs de Salomon creusèrent un puits de 30 m (13) au fond duquel on accédait par 183 marches (sous l'escalier moderne, on remarque par endroits les anciennes marches taillées dans le roc). Le puits débouchait dans un tunnel à plan incliné, de 70 m (14). Un décalage sur la droite prouve que deux équipes ont opéré simultanément, en s'attaquant au rocher par les deux extrémités et ont dû rectifier l'orientation. La source, revêtue d'un mur de protection pour éviter qu'elle ne soit découverte par l'assaillant, jaillissait au fond d'une grotte.

LA SAMARIE

Géographie et histoire

La Samarie forme le massif central de la Terre sainte. Par ses collines arrondies et ses fertiles vallées, elle assure la plus agréable des transitions entre l'austère Judée et la verdoyante Galilée. Deux sommets sacrés la dominent : l'Ebal (930 m) et le Garizim (870 m) entre lesquels se creuse le vallon de Sichem et de Naplouse. Elle est d'abord connue dans la Bible sous le nom de « montagne d'Ephraïm », du nom du fils de Joseph dont les descendants arrachèrent aux Cananéens ce territoire au XIIe s. Les tribus confédérées établirent leur centre religieux et politique à Sichem, la cité patriarcale.
Après la mort de Salomon en 930, quand le royaume de David se scinda en deux, les dix tribus du nord formèrent le royaume d'Israël auquel les rois Omri et Achab, vers 880, donnèrent pour capitale une cité qu'ils créèrent sur une colline et qu'ils appelèrent Samarie, « la gardienne ». Le nom passera ensuite à toute la province. Luttes politiques, révolutions de palais, alliances étrangères et rivalité avec Jérusalem entraînèrent rapidement le royaume vers la ruine. En 721, l'Assyrien Sargon II s'emparait de la Samarie dont il déportait l'élite de la population. Il la remplaçait par des colons païens dont les alliances avec les indigènes israélites allaient donner naissance à un nouveau peuple et à une nouvelle secte : les Samaritains. Leur histoire sera une longue tragédie. Le fossé racial et religieux, qui les séparait des Juifs, s'élargira de plus en plus. Les démêlés, lors de la réimplantation en Judée des rapatriés, et de la reconstruction du Temple de Jérusalem (Esd 4), consacreront la rupture. Les évangiles témoignent de cette inimitié séculaire (Lc 9, 52-56 ; 10, 25-37 ; 17, 11-19 ; Jn 4). Sur le Garizim, un temple rival de celui de Jérusalem sera bâti. L'Iduméen Hérode annexera la Samarie à la Judée et transformera la capitale en magnifique cité gréco-romaine. Rome, Byzance, l'Islam pèseront lourdement sur

la province où quelques centaines de personnes constituent aujourd'hui les derniers éléments du peuple schismatique des Samaritains.

SÉBASTE

Lectures bibliques

Fondation de Samarie : 1 R 16, 23-26
Sièges de Samarie par Aram : 1 R 20
Le vol de la vigne de Naboth par Achab : 1 R 21
Jéhu roi d'Israël et la mort de Jézabel : 2 R 9
Jeroboam II roi d'Israël : 2 R 14, 23-29
Oracles d'Amos contre Israël (2, 6-16) ; contre les femmes de Samarie (4, 1-3) ; contre le luxe (6, 1-7)
Chute de Samarie : 2 R 17

Dès qu'on aperçoit la colline de Sébaste, on ne peut qu'admirer celui qui décida d'y bâtir une capitale. La position est merveilleuse au croisement des grandes voies et dans ce vallon, riche de vignes et d'oliviers, que protège un cirque de montagnes abruptes. La Bible et l'archéologie nous permettent de suivre l'évolution historique de cette ville dont l'importance fut si grande, et qui n'est plus qu'un humble village musulman près des ruines prestigieuses. Il a cependant gardé le nom de Sebastiyeh.

Visite des ruines

La montée de la colline conduit aux aires du village. Elles occupent l'emplacement du *forum* édifié par Hérode : c'est une plate-forme artificielle (128 m × 72 m) bordée de portiques à colonnes. À l'est, on trouve les vestiges de la *basilique* destinée aux services publics : justice, banque, commerce, affaires. C'est un rectangle (68 m × 32 m) divisé en 3 nefs par une double colonnade corinthienne et terminé en hémicycle à 4 sièges. À 80 m au nord et au-dessous du forum, on aperçoit les ruines du *stade* qui fut l'un des plus luxueux de l'époque (225 m × 55 m). Tous ces monuments hérodiens furent restaurés ou amplifiés pendant la période romaine.

Un sentier mène vers l'ouest sur l'*acropole*. On arrive d'abord devant une tour ronde dont il reste 19 assises : c'est un magnifique témoin de la cité hellénistique. Plus au nord, ruines d'un *théâtre*. Enfin au cœur de la cité, voici le *temple d'Auguste* : il comprend une cour carrée (70 m) avec un autel entouré de stèles votives. De là part un escalier monumental (25 m de large et double volée de 24 marches) qui conduit à la cella du dieu. Des bâtiments destinés aux prêtres et aux pèlerins se dressaient sur le pourtour.

Sous le Temple, un quartier de la ville hellénistique a été mis au jour. Il était lui-même bâti sur les ruines du *palais d'Omri* que ses successeurs, Achab et Jéroboam II, avaient développé. Dans les salles israélites, on a trouvé 65 ostracas (tessons qui servaient de bulletins d'expédition pour des jarres de vin et d'huile) et près de 200 lamelles d'ivoire qui servaient à la décoration des meubles et des murs : on évoque les invectives d'Amos contre ceux qui se font des « demeures d'ivoire » et des « maisons d'ébène ». Elles ont bien disparu (Am 3, 15). Cette acropole, dès l'époque d'Omri, fut entourée d'une double *enceinte* dont on aperçoit encore des blocs bien appareillés.

De l'acropole on descend vers la *porte de l'Ouest* à deux tours romaines en bon état. De là part vers l'est une longue rue à colonnades, large de 12,50 m, qu'on suit encore sur plus de 800 m. On visite les ruines de la petite église dont la crypte présente des fragments de fresques de la vie de saint Jean-Baptiste. Enfin on revient sur la place du village pour visiter l'ancienne *église du Précurseur* construite au XIIe s. sur l'emplacement d'un sanctuaire du IVe s. Du monument roman il reste une partie de la façade et les piliers composites. Les absides ont fait place à la *mosquée*

Évolution historique

La capitale israélite (880-721). C'est le roi Omri qui, vers 880, fait entrer Samarie dans l'histoire : « Il acheta la colline de Shomron à Shemer pour 2 talents d'argent et il appela la ville qu'il construisit, d'après le nom du propriétaire, Shomron » (I R 16, 24) ou Samarie, c'est-à-dire le poste de garde. Son fils Achab (869-850) poursuivit les constructions, mais en épousant Jézabel, la fille du roi de Sidon, il aggrava le schisme et bâtit en pleine capitale un temple au dieu Melqart dont il favorisa le culte. Élie se fit le vengeur du vrai Dieu et le général Jéhu, oint par Élisée, soumit la capitale et la famille royale à une épuration radicale. L'un des plus grands rois, Jéroboam II (786-746), se heurta à l'intransigeance du prophète Amos, un berger du désert judéen, qui reprochait à la bourgeoisie de Samarie ses injustices criantes, son luxe scandaleux avec les demeures d'ivoire, son culte formaliste. Le chaos intérieur se creuse de plus en plus. La menace assyrienne se rapproche. En 723, Salmanasar V assiège la capitale qui résiste trois ans. Sargon s'en empare. Après deux siècles d'existence, le royaume de Samarie disparaissait de l'histoire.

LA CITÉ SAMARITAINE (721-63). Dans une inscription qui confirme le récit biblique, Sargon déclare : « Je rebâtis la ville de Samarie plus grande qu'elle ne le fut auparavant. J'installai une population de contrées que j'avais moi-même conquises. » Mais la cité reste en veilleuse pendant des siècles. Alexandre le Grand, en 331, lui redonne vie en y installant une colonie macédonienne et en y construisant de puissantes *tours* dont il reste un magnifique spécimen. Vers 107, l'Asmonéen de Jérusalem, Jean Hyrcan, après un an de siège, prend et ruine à nouveau la ville. Il faudra attendre la venue des Romains pour que la vie reprenne sur la colline.

LA CITÉ ROMAINE (Ier s. av. J.C.-IVe s. ap. J.C.). Maître de Jérusalem en 63, Pompée s'empare de Samarie. En 30, l'empereur Auguste l'offre à Hérode. Celui-ci en fait une merveilleuse cité romaine qu'il dédie à son bienfaiteur en lui donnant le nom de Sébaste (Auguste) et qu'il peuple de 6 000 vétérans. Il édifie un immense temple consacré à Rome et à Auguste. Désormais la ville ressuscitée ne va cesser de s'enrichir de tous les monuments de style classique qui ornent les cités impériales : sanctuaires et basiliques, théâtre et forum, stade, rue à colonnades. Le tout est enserré dans un puissant rempart qui prend toute la colline (80 hectares, alors que le rempart primitif n'enfermait que 10 hectares). Ce rempart est percé de majestueuses portes flanquées de tours circulaires. La nouvelle ville prit le nom de Flavia Neapolis (Ville neuve, Nablis, Naplouse).

SICHEM

Lectures bibliques

Abraham à Sichem : Gn 12, 6-9
La grande assemblée de Sichem : Jos 24

Visite des lieux

À l'entrée orientale de la passe et au pied du mont Ébal, près de la bourgade de Balata, Sichem est la première cité de l'histoire patriarcale en Terre sainte. Depuis 1914, les campagnes de fouilles se sont multipliées à Sichem. En voici les résultats les plus importants et les plus visibles :

— Du XVIIIe s. av. J.C. : un *palais* entouré d'un mur.

— Du XVIIe s. av. J.C. : un *rempart* casematé en appareil cyclopéen dont la hauteur atteint encore par endroits 10 m avec, au nord-ouest, une puissante porte à triple tenaille flanquée de tours.

Sichem et le mont Garizim

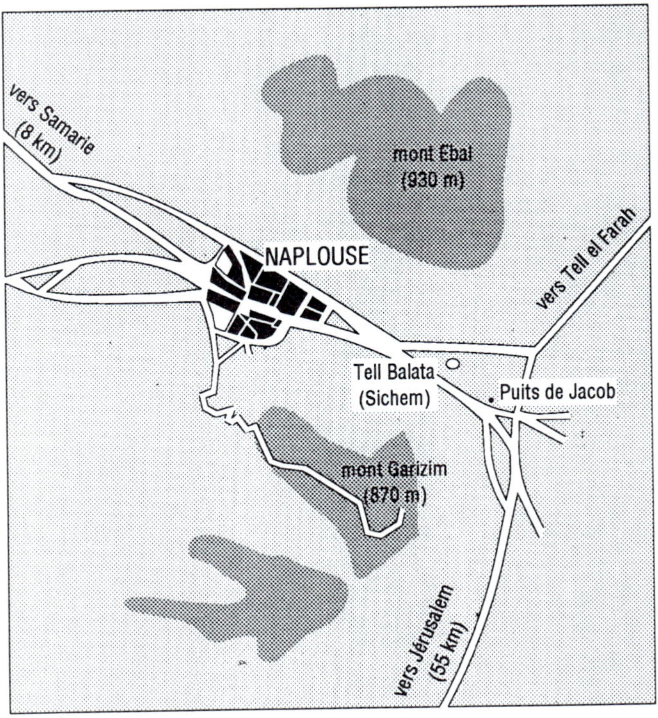

— De la même époque, mais plusieurs fois remanié, sur un remblai tassé entre les épaisseurs des premières murailles de l'ouest, se situe le *Temple* avec un pronaos de 7 m × 5 m, une cella de 15 m × 11 m, et des murs d'une épaisseur de 5,20 m. On l'identifie au temple du « Baal de l'Alliance » dont il est question dans la geste d'Abimélek (Jg 9, 4).

Sichem et l'histoire

Sichem était habitée quarante siècles avant le Christ. À son arrivée de Mésopotamie, Abraham campe près de la ville cananéenne fortifiée et dresse le premier autel à Dieu, faisant ainsi de Sichem une cité sanctuaire pour les Hébreux (Gn 12, 6 s.). Jacob séjourne longtemps dans la région, fait alliance avec les habitants, maintient par un autel le culte au « Dieu d'Israël » et achète un terrain (Gn 33, 18-20) où sera ensevelie la momie de Joseph ramenée d'Égypte (Jos 14, 32). Au début de la conquête de Canaan (XIIe s.), c'est à Sichem que Josué conduit les tribus pour créer une fédération et célébrer l'Alliance avec Dieu, dont la scène grandiose des bénédictions et des malédictions se situe en cet amphithéâtre naturel que forment les pentes de l'Ébal et du Garizim (Jos 24). Sous les Juges, Israélites et Cananéens tantôt cohabitent en paix et tantôt s'entretuent avec férocité dans la cité dont un fils de Gédéon, Abimélek, s'est fait proclamer roi (Jg 9). De Sichem partira le mouvement de révolte contre les rois de Jérusalem à la mort de Salomon (930) ; avec Jéroboam, le roi du schisme, elle deviendra la capitale du royaume du nord (I R 12). Mais la création d'une nouvelle capitale à 10 km au nord amorcera le déclin que consommera la fondation de la cité romaine de Neapolis (Naplouse).

LE GARIZIM

Les Samaritains

Des Samaritains dont nous avons rappelé les origines, il reste encore plus de 300 descendants dans un humble quartier de Naplouse agrippé aux premières pentes du Garizim. Survivants de tant de tragédies, ils forment une secte fermée et farouchement conservatrice. De l'ensemble des livres de la Bible, ils ne retiennent que les cinq premiers, ce Pentateuque dont ils montrent dans leur synagogue un exemplaire qu'ils disent avoir été écrit par l'arrière-petit-fils d'Aaron, alors que les spécialistes le datent du XIIIe ou XIVe s. ap. J.C. Peuple du livre, ce « petit reste » garde encore le rite le plus solennel de la religion de l'Israël du désert : la Pâque. Chaque année, sur le Garizim, le grand prêtre, les prêtres et les fidèles samaritains immolent l'agneau pascal « entre les deux soirs », suivant les rites décrits dans le livre de l'Exode (12).

La route qui passe devant la synagogue des Samaritains escalade le Garizim. Du sommet (870 m) la vue est merveilleuse sur la Samarie et sur le vallon de Sychar. Les légendes samaritaines placent ici les sacrifices d'Adam et des Patriarches. En réalité, le culte y fut inauguré vers l'an 410 av. J.C. par un grand prêtre de Jérusalem que Néhémie avait chassé pour collaboration avec le satrape de Samarie, Sânballat. Un temple rival de celui de Jérusalem y fut construit par la suite. En 175, Antiochus Épiphane substitua au culte du vrai Dieu celui de Jupiter. En 132, Jean Hyrcan l'Asmonéen détruisit le sanctuaire. En 474 de notre ère, l'empereur Zénon offrit la montagne sacrée aux chrétiens byzantins. Ceux-ci élevèrent un sanctuaire dédié à Marie, Mère de Dieu (Théotokos), et l'empereur Justinien l'entoura d'une enceinte fortifiée. Les ruines témoignent de la beauté du monument : au centre du quadrilatère (70 x 64) ayant à chaque angle une tour s'inscrit la basilique octogonale (37 x 30) avec déambulatoire et abside saillante à l'est.

LE PUITS DE JACOB

Lecture biblique

La rencontre avec la Samaritaine : Jn 4

Visite du sanctuaire

À 300 m est du tell de Sichem, on aperçoit un mur qui protège une église grecque inachevée. Dans la crypte se trouve le puits de Jacob.
Dès le IVe s., les pèlerins signalent à cet endroit une église en forme de croix dont le centre est le puits. Au XIIe s., les croisés élèvent sur les ruines du sanctuaire précédent une église à trois nefs dont le chœur est posé sur la crypte du puits. Cette disposition a été maintenue par la restauration grecque dont les travaux sont arrêtés depuis 1914. Très étroit à son orifice, le puits s'élargit et acquiert un diamètre de 2,50 m. Il est taillé dans la roche calcaire. Sa profondeur dépasse les 30 m. La tradition le fait remonter au patriarche Jacob (Jn 4, 5). Celui-ci, à son retour de Mésopotamie, se fixa un certain temps dans cette région avec ses nombreux troupeaux ; ses enfants continueront à y venir.
Plus tard, Jacob s'attarda longuement dans cette contrée et y acheta un terrain : « Jacob... arriva sain et sauf dans la ville de Sichem qui est au pays de Canaan et il campa devant la ville. Pour cent pièces d'argent il acquit un champ de la main des fils de Hamor, père de Sichem, une parcelle du champ où il avait planté sa tente. » Il érigea là un autel qu'il appela « El, Dieu d'Israël » (Gn 33, 18).
On remarquera que l'Ancien Testament ne parle jamais d'un puits qui aurait été creusé par le patriarche Jacob, mais seulement d'une « parcelle de champ » qu'il avait achetée à la population cananéenne. C'est la tradition, vivante à l'époque évangélique, qui attribuera au patriarche le creusement de ce puits, situé à un important croisement de routes, et qui constitue d'ailleurs le seul point d'eau de la région.

Souvenir évangélique

La célébrité du puits vient de saint Jean (4) qui rapporte l'entretien de Jésus avec la Samaritaine, cette femme venue du village voisin de Sychar, probablement l'actuel Askar à 1 km sur les pentes de l'Ebal. Cet entretien marque comme le coup d'envoi de la mission évangélisatrice et de la religion en esprit et en vérité. La personne de Jésus ne cesse de grandir depuis sa plus simple humanité jusqu'à la révélation de son titre de « Sauveur du monde ».

Évolution historique

Un tel lieu, si précis dans sa localisation, ne pouvait manquer d'être vénéré par les chrétiens. Il semble qu'au IVe siècle, l'évêque Germain, contemporain de l'empereur Constantin, y ait d'abord bâti un baptistère. Quel lieu pouvait mieux évoquer « la source jaillissant en vie éternelle », l'eau du sacrement chrétien de régénération, le baptême ? Puis sur ce baptistère transformé en crypte fut bâtie une église dédiée au Saint-Sauveur. Ce vocable rappelait qu'après l'épisode de la rencontre avec la Samaritaine, les habitants du pays dirent à la femme : « Nous savons désormais qu'il est vraiment le Sauveur du monde. »

Vers 670 ap. J.C., un pèlerin du nom d'Arculfe visita les lieux : c'est l'un des plus précieux témoins des localisations des sanctuaires quelques années après la conquête de la Palestine par les Arabes. Selon ses dires, le sanctuaire du puits de Jacob avait la forme d'une croix dont le centre était occupé par le puits. Mais la margelle du puits évangélique avait été transportée par l'empereur Justinien (527-565) à Constantinople, où on pouvait la vénérer dans l'église Sainte-Sophie. Elle disparut sans laisser de trace après la transformation de l'église en mosquée en 1453.

Puis, à l'époque des croisés, les bénédictines installées dans la région relevèrent l'antique église, et l'édifice, en forme de croix comme autrefois, resta deux siècles debout.

Ce n'est qu'en 1860 que les grecs orthodoxes acquirent la propriété où était creusé le puits. Ils avaient entrepris avant la Première Guerre mondiale la restauration de l'église des croisés, mais les travaux en furent arrêtés en août 1914. Ils n'ont jamais été repris depuis.

Mais, sauf aux années d'exceptionnelle sécheresse,

l'eau du puits de Jacob est toujours là, aussi fraîche et limpide que ce jour où un homme fatigué de la route vint s'asseoir sur sa margelle.

SILO

L'antique ville de Silo, récemment fouillée par les archéologues israéliens, se trouve à 2 km de la route qui monte de Bethel vers Naplouse. Dans les débuts de l'installation des Israélites en Canaan, elle joua un rôle de premier plan comme centre de vie religieuse et politique. Pendant près de deux siècles, elle garda l'arche d'alliance (1 S 4, 3 s.), et c'est dans ce sanctuaire que la prière d'Anne obtint la naissance de Samuel (1 S 1 et 3). Entre l'an 1000 et 300 av. J.C., Silo tombe dans l'oubli. De l'époque grecque on voit les vestiges d'une villa et d'un rempart. Des tombeaux taillés dans le roc s'échelonnent au flanc de la vallée. Enfin, on remarque les restes de deux églises byzantines et d'une synagogue.

BÉTHEL

L'actuelle bourgade de *Beitin* est bâtie sur l'antique Béthel. Cet important lieu de culte cananéen entre dans l'histoire biblique avec le patriarche Abraham qui plante sa tente dans les environs et dresse un autel au Seigneur (Gn 12, 8). C'est là que Jacob, fuyant la colère de son frère Esaü, a le songe de l'échelle et reçoit l'assurance des promesses divines : « Que ce lieu est redoutable ! s'écrit-il à son réveil. C'est ici la maison de Dieu, c'est ici la porte du ciel » (Gn 28, 17). Les rois schismatiques de Samarie en feront le sanctuaire rival de celui de Jérusalem avec son temple, son veau et son sacerdoce (1 R 12, 26-33). Il fut aussitôt condamné par un prophète (1 R 13). Amos (3, 3-15 ; 5, 4-6 ; 7, 10-17) et Osée (6, 7-11) combattront ce sanctuaire royal. Les fouilles ont mis à jour le haut lieu cananéen avec une roche qui servait d'autel. Dès le IVe s. de notre ère s'élevaient une église en l'honneur du songe de Jacob et un monastère.

ÉPHRAÏM

Telle une proue de navire en plein désert et dominant superbement la Judée, la vallée du Jourdain et les monts de Moab, Éphraïm garde surtout le souvenir d'avoir servi de refuge à Jésus quand ses adversaires le traquaient après la résurrection de Lazare : « Il se retira dans la région voisine du désert, en une ville appelée Éphraïm, et il y resta avec ses disciples » (Jn 11, 54). C'est aujourd'hui un village comportant une forte minorité chrétienne, situé à 20 km au nord-est de Jérusalem et protégé à l'ouest par l'imposant site de el-Asour (1 011 m) où Absalon possédait des domaines et des troupeaux (2 S 13, 23-37). Il s'appelle Tayibeh, nom qui lui fut donné sous Saladin. Au sommet du village, on voit les *ruines du château médiéval de Saint-Hélyas* qui fut donné par Baudouin IV, en 1185, à Boniface de Montferrat. Au sud-est, on a mis au jour une *église byzantine* à plan tréflé, remaniée par les croisés : l'unique abside est en partie debout. Elle fut probablement construite pour commémorer la retraite du Christ dans cette solitude quelques jours avant sa Passion.

LE FOSSÉ JORDANIEN

Géographie et histoire

Le trait le plus original de la structure de la Terre sainte est le profond sillon qui entaille le massif montagneux du nord au sud sur plus de 400 km. Cette longue dépression atteint son maximum de profondeur, de largeur... et de chaleur entre le lac de Tibériade et la mer Morte. C'est la vallée du Jourdain qu'on désigne sous le nom de Ghor. Sa largeur augmente peu à peu vers le sud : 7 à 8 km au nord, et 25 à Jéricho. Sa profondeur, au-dessous de la Méditerranée, est de 210 m à l'issue du lac de Tibériade, de 395 m à l'entrée de la mer Morte. Les effondrements successifs du Fossé et l'activité volcanique se manifestent par des épanchements basaltiques et des sources thermales sulfureuses. Le climat est tropical : étés torrides et rigoureusement secs, hivers aux rares pluies. Les terrasses marneuses seraient fertiles si elles n'étaient imprégnées de sel. Une très forte irrigation est nécessaire. D'excellents résultats sont obtenus au sud du lac de Tibériade, mais la région de la mer Morte, en dehors de quelques oasis, est d'une implacable aridité. Et cependant, cette vallée du Jourdain a été, dans la préhistoire, une « civilisation pilote » avec une nette avance, à plusieurs reprises, sur les vallées du Nil et de l'Euphrate. Les explorations archéologiques récentes révèlent en effet que ni l'Égypte, ni la Mésopotamie, pour les périodes situées entre 10 000 ans et 5 000 ans avant notre ère, n'ont rien de comparable à ce que manifeste la vallée du Jourdain. Celle-ci apparaît, avec l'Anatolie, comme le plus ancien foyer de culture méditerranéenne.

LE JOURDAIN

Lectures bibliques

Le passage du Jourdain : Jos 5
La guérison de Naaman le Syrien : 2 R 5
Le baptême de Jésus : Mt 3, 13 ; Mc 1, 9-11 ; Lc 3, 21-22 ; Jn 1, 29-34

Le cours du fleuve

Le Jourdain est fils de l'Hermon aux neiges éternelles (2 814 m). De ses trois sources jusqu'à l'embouchure dans la mer Morte, il mesure, à vol d'oiseau, 183 km. En fait, simplement entre le lac de Tibériade et la mer Morte, pour un parcours de 100 km, il s'étire en un ruban de 320 km. D'avion, la vue de ces méandres, signalés par une coulée de végétation tropicale où naguère encore rôdaient des fauves, est extraordinaire. Cette descente de près de 600 m lui a valu son nom : Jourdain (le descendeur). Dans le Ghor, sur la rive droite, il reçoit deux rivières importantes : le *nahal Harod* qui arrose la vallée de Beth Shân (Beisan ou Scythopolis), et le *wadi Fara* dont la vallée fut de tout temps empruntée par les caravanes pour traverser la Samarie. Sur la rive gauche, trois affluents : le *Yarmouk* qui descend du Hauran ; le *wadi Zerqa*, le célèbre Yabboq de la Bible où, toute une nuit, Jacob lutta contre l'Ange (Gn 32, 23-33) ; le *wadi Nimrin*, qui ouvre une voie importante de communication vers Amman, traversant le Jourdain au pont Allenby. Le Jourdain n'est qu'un fleuve modeste qui, par suite de son cours encaissé dans la fosse désertique, a toujours été une frontière qu'on franchit ou qu'on défend âprement, mais jamais une rivière qu'on longe : il n'est même pas navigable.

Le Jourdain et la Bible

Sa traversée par les tribus israélites sous la conduite de Josué après le long exode du désert (vers 1 200) en a fait le *fleuve sacré*. En le franchissant, en effet, le peuple de Dieu a été exorcisé des tentations du désert et est entré en possession de la Terre promise. Aussi les écrivains inspirés ont-ils décrit cette traver-

Vallée du Jourdain

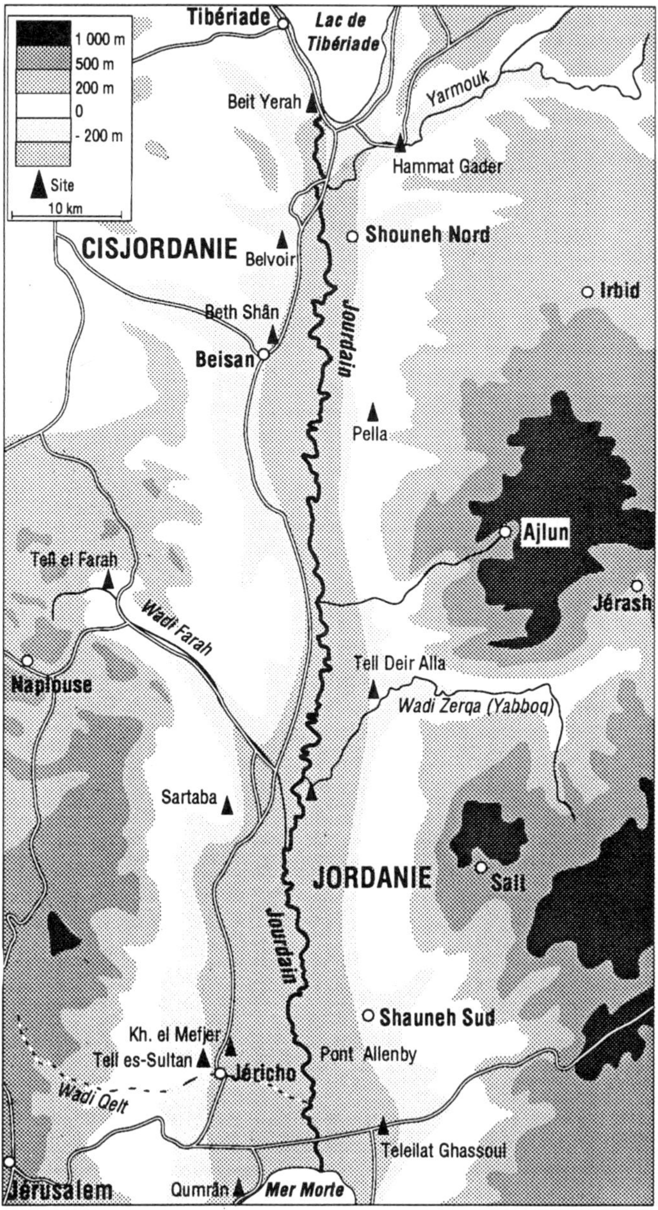

sée comme une solennelle procession liturgique derrière l'Arche d'Alliance portée par les prêtres (Jos 3-4). Sur ses rives, pour marquer l'ère nouvelle, les Israélites reçurent la circoncision et mangèrent la Pâque (Jos 5, 2-12). Ses gués seront souvent empruntés par les fugitifs et les réfugiés : David, Abner. La geste prophétique d'Élie et d'Élisée, tous deux originaires de cette région, illustre le caractère sacré du Jourdain : sur ses rives, Élisée vit son maître s'envoler sur un char de feu (2 R 2, 1-18) et, dans ses eaux, il envoya se purifier le Syrien Naaman (2 R 5). Désormais le Jourdain apparaîtra comme source et symbole de conversion, de purification et de vie. Aussi, Jean Baptiste inaugurera-t-il sa prédication pénitentielle sur ses bords, et Jésus, par son baptême, fera de l'eau le sacrement de la vie nouvelle (Lc 3, 1-38 ; Jn 1, 19-51).

LIEU DU BAPTÊME DE JÉSUS. Depuis le IIIe s., les pèlerins situent le baptême de Jésus au gué franchi par les Hébreux, à 6 km au nord de l'embouchure, près du Qasr El-Yahoub ou monastère grec de Saint-Jean Baptiste. Sur la rive orientale, l'empereur Anastase (vers 500) édifia, sur un bras dérivé du fleuve, un oratoire dont une arche est encore visible. Cet endroit traditionnel du Baptême n'est plus accessible au pèlerin depuis 1967, du fait de la proximité avec la frontière jordanienne. De nombreux pèlerins, surtout des protestants « évangéliques », aiment venir se faire baptiser à un endroit aménagé par un kibboutz voisin, là où le Jourdain sort du lac de Tibériade.

BETH SHÂN

Lecture biblique

La mort de Saül : 1 S 31

À 37 km au sud-est de Nazareth et à 65 km au nord de Jéricho, le site de la Beth Shân biblique, sur les remparts de laquelle fut exposé le cadavre du roi Saül, se trouve à la jonction des deux grandes routes du nord de la Palestine : l'une, nord-sud, se dirige vers la Beqaa libanaise et la Syrie ; l'autre, est-

Beth Shân - Plan de la ville

(*Le Monde la Bible*, n° 66, Israël Antiquities Authority.)

1. Nahal Harod
2. Tell
3. Le théâtre
4. Les bains
5. Odéon, période byzantine
6. Rue à colonnades byzantine
7. Le temple
8. Le nymphée
9. Rue à colonnades romaine
10. Monument élevé au carrefour
11. La basilique
12. Portique romain et bassin
13. Rue byzantine bordée de boutiques
14. Le tétrapyle
15. Fontaine publique
16. Voie d'accès à degrés
17. Propylées
18. Odéon romain
19. Monument d'Antonius.

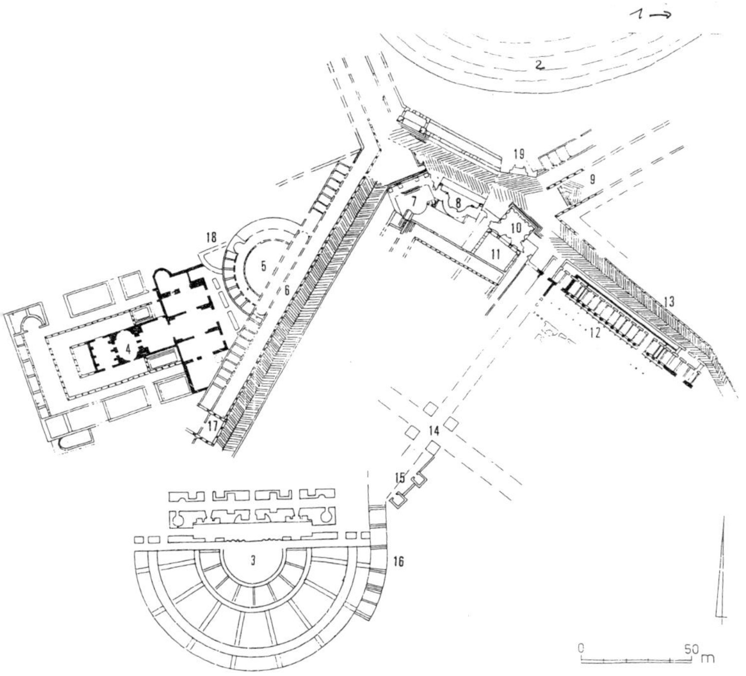

ouest, est la seule route de vallée entre la côte et le Jourdain. Il y a encore quelques années, on n'apercevait que le tell de la ville ancienne et le théâtre gréco-romain. Aujourd'hui grâce aux archéologues, c'est une splendide ville romano-byzantine qui apparaît avec sa rue à colonnes, ses temples et ses bains publics.

L'histoire

Le site a été occupé depuis la fin du IVe millénaire (l'eau y abondait), mais nous n'avons de mention certaine d'une occupation qu'avec des textes égyptiens gravés sur les murs du grand temple d'Amon à Karnak vers 1460 av. J.C. C'est Thutmosis III (1504-1450) qui exploita et organisa les possessions asiatiques de l'Égypte vaincues par ses prédécesseurs, dont Beth Shân. La ville fut un siège de garnison et de fonctionnaires égyptiens. La présence égyptienne se manifeste par une abondance remarquable de fragments d'architecture, d'inscriptions et d'objets (dont une statue de Ramsès III).
À l'arrivée des Israélites, au XIIe s., Beth Shân et sa région furent attribués à la tribu de Manassé, mais celle-ci ne put s'emparer de la ville (Jg 1, 27). Ce sont les Philistins qui réussirent à la prendre au XIe s.

LE CADAVRE DE SAÜL SUR LES REMPARTS. En 1004 eut lieu un combat entre les Israélites et les Philistins sur le mont voisin de Gelboé, et les Philistins vainqueurs exposèrent le cadavre du roi Saül sur les murs de la ville (1 S31, 10). À cette occasion, David composa sa célèbre élégie sur la mort de Jonathan, fils de Saül, tué lui aussi au combat (2 S1, 17-27). Le premier livre des Rois nous apprend que Beth Shân faisait partie du royaume de Salomon (1 R 4, 12). Puis, la ville entre dans une période obscure dont elle n'émerge à nouveau qu'au IIIe siècle av. J.C., sous le nom de Scytopolis (ville des Scythes, probablement à cause de la présence d'archers scythes). On l'appelait aussi Nysa, du nom de la nourrice de Dionysos, qui, d'après certaines sources littéraires, avait été inhumée dans la ville.

L'ÂGE D'OR BYZANTIN. En 63 av. J.C., Pompée incorpora la ville à la Décapole (ensemble de dix villes gréco-romaines, la plupart au-delà du Jourdain). La ville connut alors un grand essor dont témoignent la

qualité et l'ampleur des vestiges datant de cette période et de la période byzantine qui lui succéda (le théâtre pouvait contenir près de 6 000 spectateurs). Nous savons par les textes que la ville s'était spécialisée dans le tissage de haute qualité.
Après la conquête arabe en 636, elle déclina peu à peu. Devenue la seigneurie d'Adam de Béthune pendant la première croisade, elle fut définitivement ruinée par les musulmans conduits par Saladin après la bataille de Hattin (1187), qui mit un terme au royaume latin de Jérusalem.
Il a fallu attendre les lendemains de la création de l'État d'Israël, en 1949, pour que naisse une ville nouvelle portant le nom de Beth Shân (15 000 habitants) et que les fouilles commencent de dégager la ville ancienne.

La visite du Tell

Le tell (Tell el-Hosn, tell de la forteresse) domine à une hauteur de 80 m le lit du wadi Harod. Il a été fouillé pour la première fois par une mission américaine, de 1921 à 1923, avec les méthodes approximatives de l'époque ; deux équipes israéliennes ont repris les recherches en 1989, et ont déjà mis au jour un temple datant du XVIe s. av. J.C. Dans un niveau correspondant au Fer 1 (XIe s., correspondant à l'époque de Saül) ont été découvertes d'énigmatiques traces d'incendie indiquant une destruction violente.

VISITE DE LA VILLE ROMANO-BYZANTINE[1]

(3) Le *théâtre romain*. Ses dix gradins de pierre basaltique pouvaient accueillir près de 6 000 spectateurs, ce qui en fait le plus spacieux de tous les théâtres de Palestine (90 m de diamètre). On y accédait par 9 vomitoria. Il fut construit vers 200 ap. J.C. Il a été en partie restauré, et on y donne actuellement des spectacles.
(4) *L'établissement de bains byzantin*. C'est un ensemble complet, qui comporte également une palestre, pour les exercices de gymnastique.
(5) *Place byzantine* de forme circulaire. Elle a pris

1. Les chiffres entre parenthèses renvoient au plan.

en grande partie la place d'un *odéon romain* (18) ; à cet endroit a été découverte une très belle mosaïque représentant Tyché, déesse de la Fortune.
(6) Une *rue à colonnes*, pavée de basalte, conduisait au théâtre. On a retrouvé les trottoirs, des fûts de colonnes bordant la rue. Un égout recouvert était creusé tout au long de la rue.
(7) *Le Temple*. Un large escalier conduit de la rue à colonnes à un temple romain, peut-être consacré à Dionysos.
(8) Le *nymphée*. Au sud-est du temple un nymphée, fontaine publique avec niche circulaire, comportant deux étages de colonnes en façade.
(9) *Rue romaine, à colonnes*.
(10) *Monument* au carrefour de deux rues. Cette construction marquait le centre de la ville.
(11) *Basilique*. Les murs de ce monument, cœur de la vie civique, étaient recouverts de marbre et le toit reposait sur de grandes colonnes.
(12) *Portique romain*. Au sud-est de la basilique, rangée de colonnes monolithiques de la période romaine.
(13) *Rue byzantine* bordée de boutiques.
(14) *Tétrapyle*.
(15) *Fontaine publique*.
(16) *Rampe* à degrés permettant d'accéder au théâtre.
(17) *Propylées*.
(18) *Odéon romain*.
(19) *Monument d'Antonius*.

JÉRICHO

Lectures bibliques

Visite des espions à Jéricho : Jos 2
Prise de la ville : Jos 6
Guérison de l'aveugle Bartimée : Mc 10, 46-52 ; Mt 20, 29-34 ; Lc 18, 35-43
Zachée : Lc 19, 1-10

Dans la vallée de sel, de soufre et de bitume, Jéricho est l'oasis par excellence. Abritée par les falaises de Judée contre les vents et la pluie de l'ouest, irriguée par plusieurs sources et pourvue d'une couche de

limons fertiles, elle fut de tout temps la clé du massif cananéen et la ville d'hiver des Palestiniens : à 300 m au-dessous du niveau de la Méditerranée, elle est la cité la plus basse du monde.
Pour embrasser d'un seul coup d'œil l'ensemble de l'oasis, on montera d'abord sur un petit observatoire non aménagé, situé au nord de l'oasis (près de la route venant de Beth Shân) (les cars peuvent y stationner), d'où l'on repère facilement :
— le *Tell es-Sultan*. (au premier plan), immense tertre éventré par les fouilles, qui marque l'emplacement de l'ancienne Jéricho, où, sans doute à partir du Xe millénaire av. J.C., les hommes venus du désert ont construit auprès d'une source l'une des plus anciennes villes du monde ;
— l'*oasis* elle-même, luxuriante, avec ses palmiers, ses flamboyants et ses bougainvillées, où s'étale la ville moderne : c'est là aussi, sans doute, que se trouvait la ville au temps de Jésus ;
— au sud-ouest, au-delà de l'oasis, le *palais d'hiver d'Hérode* ;
— enfin, à 2 km au nord-est, le *palais d'Hisham* calife ommeyade du VIIIe siècle.

L'histoire

LA VILLE PRIMITIVE

La Jéricho ancienne, au nord de la ville actuelle, se présente aujourd'hui sous la forme d'un énorme tell de 307 m sur 161 m dans les entrailles duquel les archéologues — John Garstang (1930-1936) et surtout Kathleen Kenyon (1952-1958) — se sont efforcés de lire l'histoire de la cité à travers quelque vingt strates successives.
Au pied du tell, jaillit la source principale de la région, la *Fontaine d'Élisée*, dont le prophète purifia les « eaux malsaines » (2 R 2, 19-22). C'est la présence de cette source aux eaux abondantes (aujourd'hui captées) qui dut être à l'origine du premier village de sédentaires.

PÉRIODE NÉOLITHIQUE (de 10 500 à 6 000 av. J.C.) : Cette période se caractérise par le passage d'une économie de chasseurs et de cueilleurs à une économie de bergers et de paysans. À la fin du IXe millénaire, Jéricho est déjà un vrai village de sédentaires.

On a repéré, sur 4 m d'épaisseur, des vestiges de constructions superposées datant de cette époque.
Au VIIIᵉ millénaire, on construit des maisons circulaires en briques crues, à demi enterrées, auxquelles on accède par quelques marches. L'agglomération, peut-être entourée d'un mur (haut de 5,75 m), était flanquée d'*une tour* haute de 7,75 m, extrêmement spectaculaire et qui reste une énigme.
On y accédait par un escalier intérieur de 22 marches. Les risques d'éboulement ne permettent plus malheureusement de descendre jusqu'au pied de la construction et de gravir cet escalier intérieur, et il faut se contenter d'admirer d'en haut la construction. Aujourd'hui encore, on ignore tout de sa fonction.
La découverte de cette tour et du rempart du VIIIᵉ millénaire a amené un certain nombre d'archéologues à décerner à Jéricho le titre de « plus ancienne ville du monde ». Mais d'autres estiment qu'il est anachronique d'appeler ville ce qui n'était qu'une simple bourgade. La ville, au sens strict du terme, n'apparaîtra en Palestine qu'au IVᵉ millénaire (*cf.* Arad, Gezer, Megiddo, Hazor), avec la diversité économique et sociale des habitants, marquée par la diversification des bâtiments eux-mêmes (bâtiments officiels, palais, temples).

BRONZE ANCIEN (3100-2200 av. J.C.) : C'est au IVᵉ millénaire que Jéricho deviendra une véritable ville, ceinte de remparts de briques crues, sur fondation de pierre, renforcés de tours. Au total, le rempart a connu en certains endroits 17 destructions et reconstructions. On observe que les maisons, sans aucun plan à l'origine, s'ordonnent peu à peu. De plan rectangulaire, elles sont sans doute recouvertes de roseaux sur une armature de bois.
À la fin du Bronze ancien, vers 2 300, Jéricho connaîtra une catastrophe. La ville est détruite, comme d'ailleurs plusieurs sites de Palestine. Elle est abandonnée de ses habitants, et des semi-nomades s'y installent. De cette époque datent de très nombreuses tombes (on en a mis au jour 346), la plupart en forme de puits.

BRONZE MOYEN (2200-1550 av. J.C.) : Pendant cette période, la vie urbaine connaît une renaissance en Palestine. Jéricho est de nouveau ceinturée de remparts en briques semblables à ceux du Bronze

ancien. À la fin du XVIIIe siècle, la ville s'agrandit et les remparts sont remplacés par un système défensif plus important et complètement différent.
Cette Jéricho du Bronze moyen, avec ses boutiques au rez-de-chaussée et, à l'étage, les habitations et les ateliers d'artisans, devait ressembler à n'importe quelle bourgade ou ville moderne du Proche-Orient, par exemple à l'ancienne Vieille Ville de Jérusalem.
Ces bâtiments furent complètement détruits par un violent incendie vers 1550 av. J.C. Peut-être faut-il y voir la main des Égyptiens qui, après avoir renversé les chefs Hyksos (les étrangers fondateurs en Égypte de la 15e dynastie), les auraient poursuivis jusqu'en Palestine. Quoi qu'il en soit, Jéricho fut détruite et demeura à l'abandon pendant près de 150 ans.

BRONZE RÉCENT (1550-1200) : Cette période a suscité un intérêt particulier car on la met en rapport avec l'histoire de Josué et la conquête de Canaan (On situe généralement, en effet, l'entrée des Hébreux en Terre promise vers l'an 1200).
Quelle fut la situation de Jéricho entre sa destruction en 1550 et l'arrivée des Hébreux ? Les fouilles ont montré que la ville ne fut habitée entre ces deux dates que sur une toute petite portion. Elles ont mis en évidence que la seule construction importante fut à cette époque ce que les archéologues ont appelé le « bâtiment du milieu », sans doute un petit fortin. Pour parler clairement, on n'a pas trouvé de vestiges de remparts correspondant à une destruction qui aurait eu lieu vers 1200, autrement dit lors du passage des Hébreux. À cette date, même le « bâtiment du milieu » était abandonné depuis trois quarts de siècle. Au mieux Jéricho n'était qu'un minuscule village. Rien à voir donc avec la peinture qu'en donne le livre de Josué, une ville avec des remparts impressionnants.
L'absence de remparts contemporains de Josué plongea les biblistes dans la stupeur. Comment interpréter le fameux passage : « Dès que le peuple entendit le son de la trompe, le peuple cria avec un grand cri, et le rempart s'écroula sur place » (Jos 6, 20), puisque apparemment il n'y avait plus le moindre rempart ? Les exégètes se sont alors attachés à étudier le caractère spécifique du récit. En fait celui-ci n'a pas pour premier but de raconter la prise de la ville ; il veut nous rappeler le déroulement d'une

procession liturgique et guerrière autour du site. Pourquoi cette « liturgie » ? Sans doute pour célébrer une grâce inattendue accordée par le Seigneur : les tribus ont trouvé détruite la première des villes de Canaan, qu'elles redoutaient tout particulièrement.
Par la suite Jéricho suivit le destin du royaume d'Israël. Elle fut restaurée sous le roi Achab vers 870 par Hiel de Béthel (I R 16, 34). La ville reçut la visite d'Élie (2 R 2, 4).

La Jéricho hérodienne

Ayant reçu d'Antoine en cadeau la région de Jéricho, Cléopâtre la vendit à Hérode le Grand. Celui-ci bâtit à l'ouest de la Jéricho moderne, au débouché du wadi Qelt, une résidence d'hiver avec cirque, palais, théâtre, hippodrome, piscine et villas luxueuses, au milieu de merveilleux jardins. C'est là qu'il mourut en 4 av. J.C. dans d'atroces souffrances.
La ville souvent traversée par Jésus lorsqu'il se rendait de Galilée à Jérusalem, où il rendit la vue à l'aveugle Bar-Timée (Mc 10, 46-52) et convertit le publicain Zachée (Lc 19, 1-10) se trouvait-elle à cet endroit ? Les fouilles effectuées dans le secteur du palais d'Hérode n'y ont révélé que les vestiges du complexe hérodien, qu'avait précédé un palais sans doute d'époque asmonéenne. Aucune trace d'agglomération. Contrairement à ce qu'on a pu penser parfois, la ville du temps de Jésus ne doit donc pas être cherchée à cet endroit, mais sans doute à l'emplacement de la ville moderne, à l'est de Tell es-Sultan.

Le palais d'hiver d'Hérode. À l'ouest de l'oasis, sur les deux rives du wadi Qelt, le site de Tel Abu Alayiq (dont l'accès et la visite ne sont malheureusement pas facilités de nos jours) marque l'emplacement des palais, lieux de résidence hivernale, élevés d'abord par les Asmonéens, et plus tard par Hérode.

Sur la rive nord du wadi, Alexandre Jannée (103-76 av. J.C.) construisit un premier palais. Hérode, lorsqu'il devint le seul propriétaire de Jéricho à la mort d'Antoine et de Cléopâtre, édifia son propre palais au-dessus de la construction asmonéenne, mais en conserva la piscine. C'est dans cette piscine qu'il provoqua la noyade de son beau-frère, le jeune

Bethléem. A l'arrière-plan les monts de Moab

L'une des sources du Jourdain

Le désert de Juda, près de la mer Morte

Barque des pêcheurs sur le lac de Tibériade

Le mont des Oliviers, avec vue sur Jérusalem

Olivier près de Gethsémani

Escalier de l'époque de Jésus (St Pierre en Gallicante)

Façade de la Basilique du Saint-Sépulcre

grand prêtre Aristobule II. Sur cette même rive, Hérode construisit un autre palais somptueux, avec ses deux cours entourées de colonnades et ses bains, fort bien conservés.

SUR LA RIVE SUD, après y avoir construit un premier palais, le roi y aménagea un ensemble destiné à l'agrément, comprenant une piscine, un jardin encaissé et une rotonde surélevée où l'on pouvait capter la moindre brise du soir pendant les étés étouffants. On accédait à cette « aire de loisirs » par un pont enjambant le wadi.

LA JÉRICHO BYZANTINE

L'une des périodes les plus prospères de l'histoire de Jéricho, évêché depuis 325, fut la période byzantine. Ses évêques assistèrent aux grands conciles du IVe siècle, et la ville compta de nombreux monastères et sanctuaires. Mais l'invasion des Perses et des Arabes fut fatale à la ville chrétienne.

LA JÉRICHO ARABE

À l'est de l'oasis (Khirbet el-Mefjer), on peut encore admirer un magnifique palais ommeyade, commencé par le calife Hisham (724-743) et continué par son successeur le calife al-Walid II (743-744). Il s'agit d'un palais d'hiver à deux étages, de bains et d'une mosquée, qui comptent parmi les chefs d'œuvre de l'art arabe primitif. On admirera en particulier une splendide mosaïque, celle de l'« Arbre de vie », dans un petit édifice qui fut sans doute un hammam.

ENVIRONS DE JÉRICHO

LE MONT DE LA QUARANTAINE. À l'ouest de la vieille Jéricho, une falaise abrupte porte en son flanc un *monastère grec orthodoxe* fut construit au XIXe s. devant les grottes qui servirent de cellules et d'oratoires aux cénobites des premiers siècles. Depuis le IVe s., on y commémore la retraite, le jeûne et la tentation de Jésus. D'où le nom arabe de djebel Qarantal (mont de la Quarantaine) (Mc 1, 12-13 ; Lc 4, 1-13 ; Mt 4, 1-11). Sur le sommet, on situe la forteresse de Dok où Simon Maccabée fut assassiné en 135 av. J.C. (1 M 16, 11-24). On y voit également une église inachevée qui devait vénérer le mystère de la Tentation du Christ.

SAINT-GEORGES DE KOZIBA. Une route moderne, qui suit le wadi Qelt, permet aujourd'hui d'accéder facilement au monastère orthodoxe de Saint-Georges de Koziba, fondé en 450 par un moine égyptien du nom de Jean le Kozbite. Détruit lors de l'invasion arabe au VIIe s., il est à nouveau occupé par quelques moines orthodoxes.

NEBI MOUSSA. La grande route asphaltée permet d'apercevoir à gauche (9 km de Jéricho) les dômes blancs de Nebi Moussa (prophète Moïse). Ce lieu de pèlerinage musulman recouvre, selon une tradition apocryphe, le tombeau de Moïse.

L'AUBERGE DU BON SAMARITAIN. À gauche de la route, à environ 10 km de Jérusalem, un ancien caravansérail turc a reçu le nom traditionnel d'*Auberge du Bon Samaritain*. Il permet de lire dans un lieu approprié (« Un homme descendait de Jérusalem à Jéricho... Lc 10, 30 ») l'épisode évangélique.

LA MER MORTE

Ses eaux

La mer Morte, dont le bleu est tellement vif entre les falaises fauves des monts de Moab et de Judée, fascine par le mystère qu'elle semble recouvrir et dont la Bible se fait l'écho. En fait, elle n'est qu'un vestige de l'immense nappe qui jadis emplissait toute la dépression. Elle mesure 76 km sur 16. En fait, par suite du pompage intensif au lac de Tibériade, la partie septentrionale a disparu, et la mer Morte se réduit progressivement comme une peau de chagrin. Elle est peut-être appelée à disparaître totalement à très long terme. Sa surface est à moins

La mer Morte

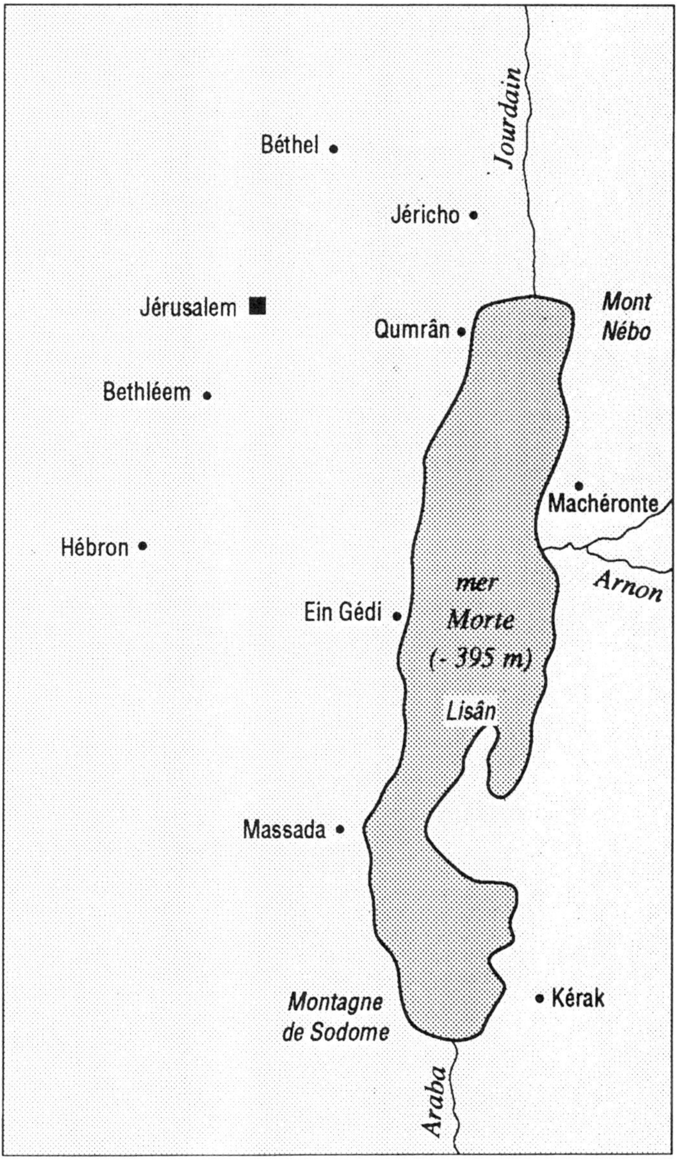

Jourdain
Béthel
Jéricho
Jérusalem
Qumrân
Mont
Nébo
Bethléem
Machéronte
Hébron
Arnon
mer
Morte
(- 395 m)
Ein Gédi
Lisân
Massada
Kérak
Montagne
de Sodome
Araba

395 m, sa plus grande profondeur au nord est de 400 m. Soumise à une très forte évaporation, elle s'enrichit constamment en sels. Elle abonde en chlorures de sodium, de magnésium, de potassium, de calcium, en bromures, sulfates et carbonates. L'eau est pratiquement saturée de sel : il y en a six fois plus que dans celle de l'océan, 33,2 %. D'où cette absence totale de vie animale et végétale : c'est vraiment la mer Morte. Les Hébreux l'appelaient la mer de sel, la mer de la steppe (Araba), la mer de l'Est. Les Arabes l'appellent la mer de Lot. Des études récentes ont cependant prouvé que des micro-organismes, donc des organismes vivants, se meuvent dans les fonds. Par suite de sa densité, le corps humain y flotte sans effort.

Ses rives

En longeant la mer Morte, de nombreux sites bibliques surgissent dans les falaises grandioses qui s'élèvent à 1 200 m et que trouent des canyons profonds comme des abîmes.

En descendant la rive orientale, nous apercevons :

Le mont Nébo, magnifique observatoire d'où Moïse, avant de mourir, contempla la Terre sainte où il n'entrerait pas (Dt 32, 48-52 ; 34). Au IVe s., il attira les chrétiens byzantins qui construisirent des monastères et des sanctuaires dont on admire encore les absides, le baptistère et les mosaïques.

Machéronte. Plus au sud et presque au même niveau, se détache un mamelon semblable à celui de l'Herodium, près de Bethléem. C'était un des sommets fortifiés par Hérode. Dans les prisons de ce château fort fut décapité Jean Baptiste à la demande d'Hérodiade, femme du tétrarque Hérode Antipas (Mc 6, 17-29).

Kérak. Après l'Arnon, cette crevasse à parois verticales qui divise en deux le pays de Moab, on aperçoit Kérak, l'ancienne capitale des Moabites, Qir Moab (Jer 48, 16), célèbre au Moyen Âge par sa forteresse et par son seigneur, Renaud de Châtillon, principal responsable de la chute du royaume franc de Jérusalem.

La Lisân. Le vocable arabe signifie langue. C'est en effet la forme de cette presqu'île qui divise en deux bassins la mer Morte.

En remontant la rive occidentale, moins élevée mais plus déchiquetée, nous voyons :

Le djebel Ousdoum ou montagne de Sodome, immense bloc de 6 km de long, formé d'une couche de sel de 50 m que recouvrent du gypse, de l'argile et du calcaire. Dans ce site impressionnant, la tradition biblique situe l'emplacement des cités maudites de Sodome et de Gomorrhe qui furent ensevelies sous une pluie de soufre et de feu (Gn 18, 1-29). Les aiguilles de sel ont fait naître des légendes dont la plus célèbre est celle de la femme de Lot changée en statue de sel (Gn 19, 26). Les Israéliens ont installé des usines qui exploitent les richesses de la mer Morte : on estime qu'elle contient 2 milliards de tonnes de potasse, 900 millions de tonnes de bromure et de magnésium.

Massada. Plus au nord, le calcaire forme des redans naturels escarpés. Sur l'un d'eux se dresse fièrement la forteresse de Massada qui est, elle aussi, une construction hérodienne.

Ein-Gedi (la source du chevreau) à 7 km au nord est une délicieuse oasis sur la rive de la mer Morte.

QUMRÂN

Au nord-ouest de la mer Morte se développe une petite plaine que barre la falaise taillée par le wadi Qumrân. Nous sommes dans le domaine des esséniens qu'ont rendu célèbres depuis 1947 les découvertes de leur monastère et de leur bibliothèque.

Les grottes et les manuscrits

C'est en recherchant une brebis égarée qu'un jeune bédouin, en 1947, pénétra dans une grotte de la falaise et y découvrit deux jarres contenant sept manuscrits bien conservés. Des autres grottes de la région, les bédouins, puis les archéologues, retirèrent d'autres manuscrits malheureusement très abîmés, souvent réduits en fragments minuscules. On a pu compter que la bibliothèque contenait six cents manuscrits. Les plus anciens datent du IIIe s. av. J.C., les plus récents du Ier s. de notre ère. Ils contiennent surtout

Qumrân - Plan du monastère essénien

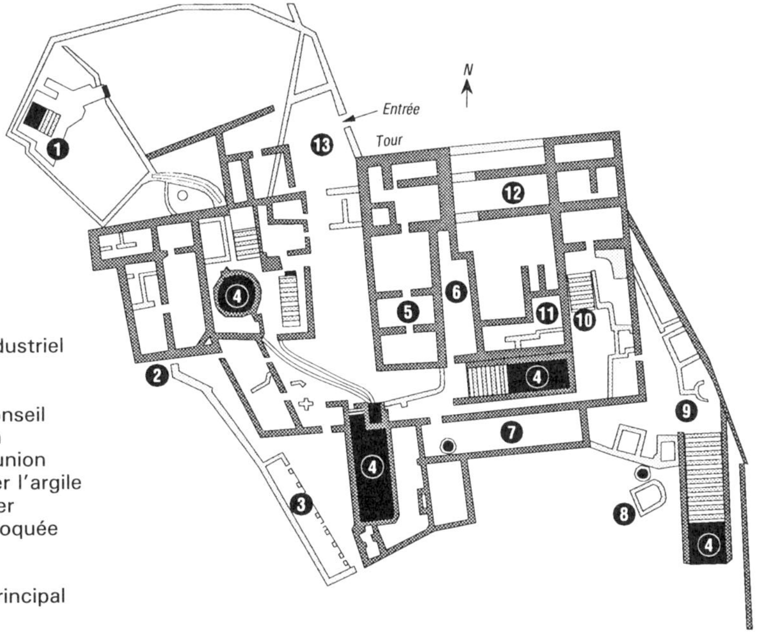

1. Piscine
2. Quartier industriel
3. Étable
4. Citernes
5. Salle du Conseil
6. Scriptorium
7. Salle de réunion
8. Aire à fouler l'argile
9. Four à potier
10. Citerne disloquée
11. Teinturerie
12. Cuisine
13. Bâtiment principal

les textes de l'Ancien Testament : tous les livres sont représentés, sauf le livre d'Esther. On rencontre aussi des livres juifs qui ont été écrits pendant la période entre l'Ancien et le Nouveau Testament (livre d'Hénoch, des Jubilés...). Enfin des livres propres à la communauté qui vivait à cet endroit.

Les esséniens

Pratiquement tous les spécialistes admettent maintenant que ces gens étaient des esséniens, secte juive que l'on connaissait déjà par des témoignages d'écrivains de l'antiquité (Pline l'Ancien, Philon, Flavius Josèphe). Cette secte s'est constituée au cours du IIe s. av. J.C., en opposition à la famille sacerdotale des Asmonéens, qui avait usurpé la fonction de grand prêtre après sa victoire sur les Séleucides. Ses membres se retirèrent alors au désert pour former « la communauté de l'Alliance ». On ignore le nom et la vie de leur chef que les écrits de Qumrân appellent « le Maître de justice ». Ils vivront là jusqu'en l'an 68 ap. J.C., sauf une interruption entre 31 av. J.C. et les premières années de notre ère. En 68, ayant pris part à la résistance contre les Romains, la communauté sera exterminée et son monastère détruit. C'est sans doute à ce moment que les manuscrits ont été cachés dans les grottes.

Les écrits nous permettent de reconstituer la vie de la communauté. L'austérité était très grande, aggravée encore par le climat de la région. Ses membres vivaient dans le célibat et sous le régime de la communauté des biens. Ils pratiquaient l'observation la plus stricte de la Loi et recherchaient la pureté absolue à travers des ablutions et des bains rituels, ce qui explique la présence de nombreuses piscines à Qumrân. Leur vie était consacrée aux travaux manuels, à l'étude de la Bible et à la prière. Deux ans de noviciat étaient obligatoires avant l'intégration complète à la communauté. Le candidat pouvait alors participer aux bains et aux repas communautaires qui avaient un caractère religieux.

Les grandes lignes de la chronologie du site de Qumrân peuvent être ainsi résumées :

781-740 av. J.C.	La Ville-du-Sel est bâtie par Ozias pour être abandonnée, on ne sait quand, au cours des décennies qui suivirent.
134-104	Sous Jean Hyrcan, probablement, les esséniens relèvent les ruines pour fonder leur premier établissement.
103-67	Sous les règnes d'Alexandre Jannée et de son épouse Alexandra, ils l'agrandissent et l'embellissent, jusqu'à son apogée.
67-31	Au temps d'Hyrcan II et d'Aristobule II et au début du règne d'Hérode, le site reste habité, mais avec une moindre activité, semble-t-il. Cette habitation est interrompue par la catastrophe du tremblement de terre du printemps de l'an 31.
4 av.-6 ap. J.C.	Les Esséniens se réinstallent, sous le règne d'Archélaüs, et rebâtissent sur les ruines.
66	La révolte juive éclate.
68	La 10e légion conquiert la région de Jéricho. Un petit poste de troupes auxiliaires est aménagé dans les ruines de l'établissement. Ils y restent au-delà de 79.
135	Pendant la seconde révolte (131-135), des Juifs réoccupent les ruines et y laissent quelques pièces caractéristiques.

LE MONASTÈRE ESSÉNIEN

TOUR. La tour, près de l'entrée principale, constitue le meilleur point d'observation pour embrasser l'ensemble des ruines du monastère (13). Ancienne tour de défense, élevée par les Israélites à l'âge du fer, elle fut restaurée pendant la deuxième occupation de la communauté. Elle était la seule construction à émerger du sable à l'arrivée des archéologues en 1948.

AQUEDUC ET CITERNES : L'œil peut suivre le tracé de l'AQUEDUC qui amenait l'eau captée par les Esséniens à partir des falaises. À son entrée dans le complexe du monastère, on trouve un ensemble de citernes et de bassins de décantation (1).
Au cours de la visite, il est fascinant de suivre le tracé des conduites d'eau qui traversaient littéralement le monastère, remplissant citernes et bains rituels,

fournissant l'eau à la teinturerie et à l'atelier du potier et se perdant dans le désert à l'autre extrémité du monastère, par un petit caniveau encore très visible.
Au sud, toujours du côté de la falaise, se trouvait le « QUARTIER INDUSTRIEL » (2) comprenant ÉCURIE (3), constructions abritant des réserves gardées dans les silos : dattes, figues, blé. On voit encore les moulins de basalte et le four à cuire le pain.
On descend de la tour pour suivre le parcours fléché qui conduit le visiteur à travers le bâtiment principal du monastère, séparé du quartier industriel par une grande place. On rencontre d'abord une salle en longueur, à destination inconnue, mais qui comportait à l'étage une pièce à laquelle les archéologues ont donné le nom de SCRIPTORIUM (6). C'était sans doute la salle où les scribes recopiaient les manuscrits trouvés dans les grottes avoisinantes.
La preuve de la destination de cette salle supérieure a été la découverte dans les décombres de fragments d'une table recouverte de plâtre et de deux encriers.
À côté, la SALLE DE CONSEIL, bordée de banquettes de pierre (5).
Le RÉFECTOIRE, qui servait aussi de salle de réunion (7), a été facilement identifié grâce à la présence dans une salle attenante d'un dépôt de vaisselle. Le sol du réfectoire était à pente légèrement inclinée, de manière à faciliter l'écoulement de l'eau lors du nettoyage de la pièce. Si les membres de la communauté habitaient par petits groupes ou isolément sous des tentes ou des cabanes à proximité du monastère, ils prenaient leur repas en commun (un seul par jour), comprenant du pain, du vin et un plat unique — parfois viande de mouton, de bœuf ou de chèvre). Certains de ces repas devaient avoir une signification religieuse, car on a retrouvé dans les salles voisines de nombreux ossements soigneusement rangés dans des jarres.
Cette salle servait aussi pour les réunions liturgiques avec les lectures (il y a une sorte de tribune du haut de laquelle on lisait d'abord l'Écriture en hébreu, puis en traduction araméenne (targum). On y ajoutait des cantiques et des hymnes. Certains morceaux étaient chantés par toute l'assistance, mais la présidence était réservée aux prêtres, premiers gardiens de l'Alliance et seuls intermédiaires entre Dieu et le peuple.

Près de cette salle à double fonction se trouve une RESSERRE, où l'on entreposait la vaisselle de la communauté. On a notamment retrouvé un « stock » de 210 assiettes et de 75 gobelets.

On peut alors sortir du complexe du monastère pour se diriger vers la GROTTE IV où ont été retrouvés 4 000 fragments de manuscrits. La marne qui se délite de plus en plus empêche malheureusement l'accès à cette grotte, creusée artificiellement et qui a servi d'habitation.

On revient vers le monastère ; on passe à côté d'une GRANDE CITERNE (4). Tout près se trouve un ATELIER DE POTERIE (8 et 9). Il s'agit d'un ensemble comprenant un bassin où était lavée l'argile, une cuve pour la malaxer et un tour dans une dépression circulaire ; un peu plus loin, deux fours, l'un pour la « vaisselle » ordinaire ; l'autre pour les jarres (comme celles qui contenaient les rouleaux).

Plus loin, on trouve une PISCINE très bien conservée, puis la célèbre CITERNE DISLOQUÉE à la suite, sans doute, du tremblement de terre de 31 av. J.C. (10). À proximité, on situe l'emplacement de la teinturerie (11) ; plus au nord, la cuisine (12).

On peut ressortir alors du complexe pour visiter le CIMETIÈRE situé à l'est. Les archéologues ont repéré 1 100 tombes environ, orientées nord-sud. Des galets signalent (de moins en moins nettement) la présence des tombes. 41 tombes ont été ouvertes ; le cadavre était inhumé à plus d'1 m de profondeur. Dans ces tombes, on a trouvé des squelettes de 7 femmes et de 2 enfants, preuve qu'au moins pendant une partie de son histoire, la communauté n'était pas exclusivement formée de « célibataires ».

Intérêt des manuscrits de Qumrân

Les manuscrits bibliques découverts à Qumrân nous ont montré avec quelle attention les textes de la Bible étaient recopiés, car les manuscrits les plus anciens que nous possédions, qui datent du IXe s. de notre ère, sont pratiquement identiques à ceux de Qumrân, pourtant de mille ans plus anciens. Les différences sont infimes, mais elles ont parfois permis aux spécialistes de mieux comprendre certains textes. Les livres propres à la communauté ont éclairé notre connaissance du judaïsme à l'époque de Jésus.

Des points de contact se sont manifestés entre Qumrân et le Nouveau Testament. Plusieurs tiennent au fait que tous deux participent à l'atmosphère religieuse de cette époque, faite de l'attente anxieuse du Jugement de Dieu considéré comme imminent. On a voulu faire de Jean Baptiste, qui baptisait à quelques kilomètres de Qumrân, un ancien du monastère où l'on pratiquait aussi les bains de purification. Mais à Qumrân, on réitère souvent ces bains, tandis que Jean ne le donne qu'une fois. Surtout Jean appelle tous les hommes à la conversion, tandis qu'à Qumrân on exclut du salut tous ceux qui n'appartiennent pas à la communauté. Entre Jésus et les esséniens, on ne peut faire de rapprochements. Mais les pratiques de l'Église et celles de Qumrân présentent quelques ressemblances, ainsi les repas communautaires et la mise en commun des biens. Il est possible d'ailleurs que des esséniens se soient convertis au christianisme, et on a émis l'hypothèse que l'épître aux Hébreux leur était destinée. C'est surtout en saint Jean que l'on trouve les ressemblances les plus frappantes, comme l'opposition entre la vérité et le mensonge, la lumière et les ténèbres. Mais il faut souligner surtout combien l'esprit de Qumrân, fait d'exclusivisme et de condamnation pour les pêcheurs, et même pour les infirmes, est à l'opposé de l'esprit du Christ qui appelle à lui tous les pécheurs.

EIN GEDI

Le long du rivage désolé de la mer Morte, l'apparition de l'oasis d'Ein Gédi est comme un bain de fraîcheur. Le mot signifie en hébreu « source des bouquetins ». Aux temps bibliques, Ein Gédi devint synonyme de beauté (Si 24, 14). Le Cantique des Cantiques fait allusion à ses vignes (1, 14). C'est là que se situe l'un des épisodes les plus dramatiques de la vie de David pourchassé par le roi Saül : le jeune proscrit caché dans une grotte refusa de tuer le roi et se contenta de couper un pan de son manteau (1S 24, 1-23)

La présence de l'eau poussa les hommes de la fin

du Néolithique à construire un temple sur le plateau, au-dessus de la chute d'eau ; il s'agissait sans doute du sanctuaire central pour toute la région. On ignore la raison de l'abandon de ce sanctuaire ; au sud, à quelques kilomètres de là, a été découvert un amas de plusieurs centaines d'objets en cuivre (actuellement exposés au musée d'Israël à Jérusalem), sans doute le trésor du sanctuaire. Ces objets ont pu être datés, et il a été prouvé qu'ils sont de la même époque que le sanctuaire néolithique.

MASSADA

Sur la route qui va de Qumrân à Sodome, à environ 15 km au sud de l'oasis d'Ein Gedi, on voit, à l'ouest, se détacher, des premiers contreforts de la montagne, le rocher de Massada, le haut lieu le plus émouvant de l'histoire d'Israël. C'est ici que 960 Juifs comprenant hommes, femmes et enfants, résistèrent pendant quatre ans, de 69 à 73 ap. J.C., à toute une légion romaine, et, plutôt que de se rendre à l'ennemi, préférèrent se suicider. Massada est devenue le symbole de la volonté d'Israël de défendre son pays jusqu'à la mort, et les jeunes recrues de l'armée viennent prêter serment sur le sommet de la citadelle en jurant : « Jamais plus Massada ne tombera. »

Historique

Hérode le Grand remarqua l'importance stratégique de cette forteresse naturelle qui pouvait recevoir une garnison importante. Elle est, en effet, bordée à l'est par un à-pic de 400 m, de 100 m à l'ouest ; son sommet mesure 580 m du nord au sud, et 280 m dans sa plus grande largeur. Mais Hérode ne se contenta pas de bâtir d'immenses entrepôts et un rempart tout autour du sommet. Il y construisit aussi des villas et des palais somptueux où lui-même et sa cour pouvaient jouir du luxe auquel ils étaient habitués.
Après la mort d'Hérode, une garnison romaine s'installa à Massada. Elle fut anéantie en 66 par Mena-

Forteresse de Massada

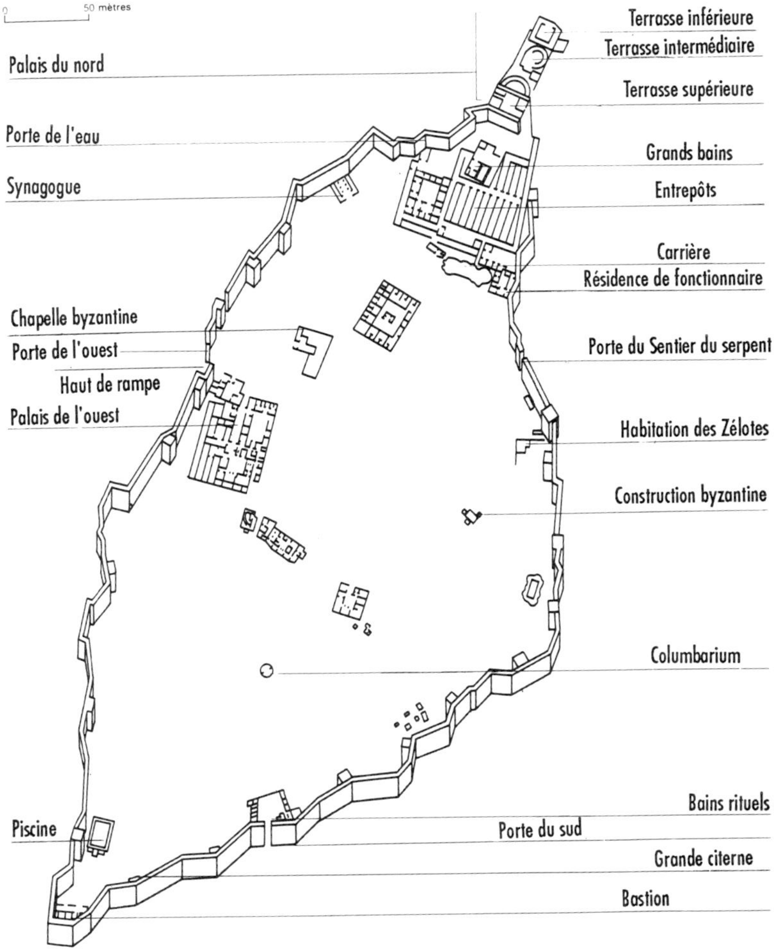

hem, l'un des chefs de la révolte juive. En 69, un millier de zélotes, le parti qui avait le plus vigoureusement conduit la résistance contre les Romains, se réfugièrent à Massada sous la conduite d'Éléazar ben Yaïr. Jérusalem fut prise en 70, Massada continua à résister. Le général Flavius Silva vint en personne mettre le siège devant la forteresse avec la 10e légion. Il commença par établir tout autour une muraille fortifiée et des camps aux endroits stratégiques pour empêcher les assiégés de s'enfuir. Sur le côté ouest, là où l'à-pic est le moins élevé, des milliers d'esclaves juifs durent élever une rampe avec de la terre et des pierres pour permettre aux soldats romains de donner l'assaut.
Les derniers moments de Massada nous ont été transmis par l'historien juif Flavius Josèphe qui recueillit les témoignages des seuls survivants, deux femmes et trois enfants. Ni les vivres ni les armes ne manquaient à l'intérieur des entrepôts. Mais, mois après mois, la rampe s'élevait inexorablement jusqu'au jour où les Romains purent édifier à son sommet une tour et, à l'aide d'un bélier, crever le rempart. Les Romains se préparaient à donner l'assaut le lendemain. Pendant la nuit, Éléazar ben Yaïr réussit à convaincre ses compatriotes « qu'une mort dans la gloire était préférable à une vie dans l'infamie, et que la résolution la plus magnanime serait de refuser de survivre à la perte de la liberté ». Alors ils s'égorgèrent mutuellement. Le lendemain, quand les Romains franchirent la muraille, ils ne trouvèrent que des cadavres.
Massada fut ensuite occupée par une petite garnison romaine. Puis des moines byzantins s'y installèrent et bâtirent une église. Le site tomba ensuite dans un oubli presque total jusqu'à ce que les fouilles menées de 1963 à 1965 et reprises ces dernières années, vinssent ressusciter cet épisode extraordinaire de l'histoire d'Israël.

Visite

On monte aujourd'hui à Massada par un téléphérique qui surplombe le sentier du Serpent, seul chemin possible autrefois sur la face est. À l'ouest, un chemin plus facile a été aménagé qui utilise la rampe bâtie par les Romains. Nous nous contenterons de signaler les principaux monuments avec leurs caractéristiques.

MUR A CASEMATES. Le téléphérique s'arrête à une vingtaine de mètres du sommet que l'on atteint par un escalier. Tout autour de la citadelle s'élevait un mur à casemates, c'est-à-dire un double mur divisé en chambres par des murs de séparation. Les zélotes y logèrent pendant le siège et on y a découvert de nombreux ustensiles de leur vie quotidienne, mais aussi des fragments de manuscrits bibliques et un bain rituel, car les assiégés gardèrent jusqu'au bout une fidélité scrupuleuse aux prescriptions de la loi juive.

ENTREPÔTS. En se dirigeant vers le nord, on pénètre dans la région des entrepôts, longues salles rectangulaires bâties en pierres grossières. La plupart ont été reconstituées, certains ont été laissés volontairement dans l'état où les ont trouvés les fouilleurs. À la fin du siège, les entrepôts n'étaient pas vides, mais les zélotes y mirent le feu avant de se tuer, tout en en gardant quelques-uns intacts pour prouver aux assaillants que ce n'était pas la faim qui les avait conduits au suicide.

GRANDS BAINS. On y retrouve tous les éléments des bains romains dans un excellent état de conservation : *apodyterium, tepidarium, frigidarium, caldarium*. Celui-ci est particulièrement bien conservé : on voit comment l'air chaud circulait sous le plancher surélevé par des petits piliers, puis le long des murs à travers des tuyaux d'argile ; il suffisait de verser de l'eau sur le plancher pour avoir un bain de vapeur.

LA VILLA D'HÉRODE. Elle se trouve à l'extrémité nord de Massada. Elle comporte trois étages. L'étage supérieur comprenait quatre chambres avec mosaïques et peintures, et un portique semi-circulaire d'où l'on a une vue magnifique sur les environs : il était réservé à Hérode et à son épouse. L'étage intermédiaire est occupé par un bâtiment circulaire qui devait servir à la détente. L'étage inférieur était décoré somptueusement comme le montrent les peintures et comprenait même un bain. Les cadavres de trois défenseurs de Massada reposaient sous les décombres à cet endroit. Un escalier intérieur creusé dans la pierre reliait les trois étages de la villa.

SYNAGOGUE. En se dirigeant vers le sud, on trouve à gauche un bâtiment important réservé à l'administration, et, un peu plus loin auprès du rempart, on atteint la synagogue bâtie par Hérode puis transformée par les zélotes. Sous le plancher, on a trouvé des fragments de manuscrits des livres du Deutéronome et d'Ézéchiel.

CHAPELLE BYZANTINE. L'abside est bien conservée. La belle mosaïque avec des médaillons enserrant des fruits de toutes sortes peut être datée du Ve s. Des moines sont venus ici chercher la solitude. Ils abandonnèrent le site au moment de la conquête du pays par les Perses ou par les Arabes.

PALAIS DE L'OUEST. C'est le plus grand bâtiment de Massada. Il comprenait trois ailes, deux affectées principalement aux communs et aux entrepôts, la troisième étant le lieu de résidence du roi et de sa cour. On peut y voir une magnifique mosaïque en couleur en partie conservée, une salle à colonnes qui fut sans doute la salle du trône, des baignoires particulières, des fourneaux, etc.

JÉRUSALEM

GÉNÉRALITÉS

Lectures bibliques

Psaumes : chant de pèlerinage : 84 (83) ; Sion mère des peuples : 122 (121)
Prophètes : Éclatante résurrection de Jérusalem : Is 60 et 62 ; Règne de Dieu à Sion : Mi 4

Site géographique

La Jérusalem ancienne occupait une partie du plateau calcaire sur lequel se dresse l'actuelle Vieille Ville. Le plateau, qui s'affaisse rapidement vers le sud, est serré entre deux vallées abruptes, le Cédron à l'est, la Géhenne à l'ouest, les deux ravins se rejoignant au sud de la piscine de Siloé. Ainsi isolé des collines avoisinantes, le plateau n'est accessible de plain-pied que par le nord. Une troisième vallée, le Tyropéon, presque entièrement comblée aujourd'hui, divise le plateau en deux collines d'inégale importance. Le tracé en est encore perceptible depuis la Porte de Damas jusqu'au « puits de Job » où les trois vallées se rejoignent. C'est dans ce modeste périmètre que s'implanta et se développa par étapes la Jérusalem biblique.

Évolution topographique

L'indigence des vestiges archéologiques et l'imprécision des textes ne permettent pas de retracer avec certitude les étapes du développement de la ville. On peut cependant tenter d'en fixer les principaux jalons.

LA JÉRUSALEM PRIMITIVE. Elle était située sur la colline d'Ophel, « la tumeur ». Ce mince éperon rocheux, resserré entre Cédron et Tyropéon, constituait une forteresse naturelle pratiquement inexpugnable. L'indispensable ravitaillement en eau était fourni par la source de Gihôn, située hors des remparts, mais

Plan de la vieille

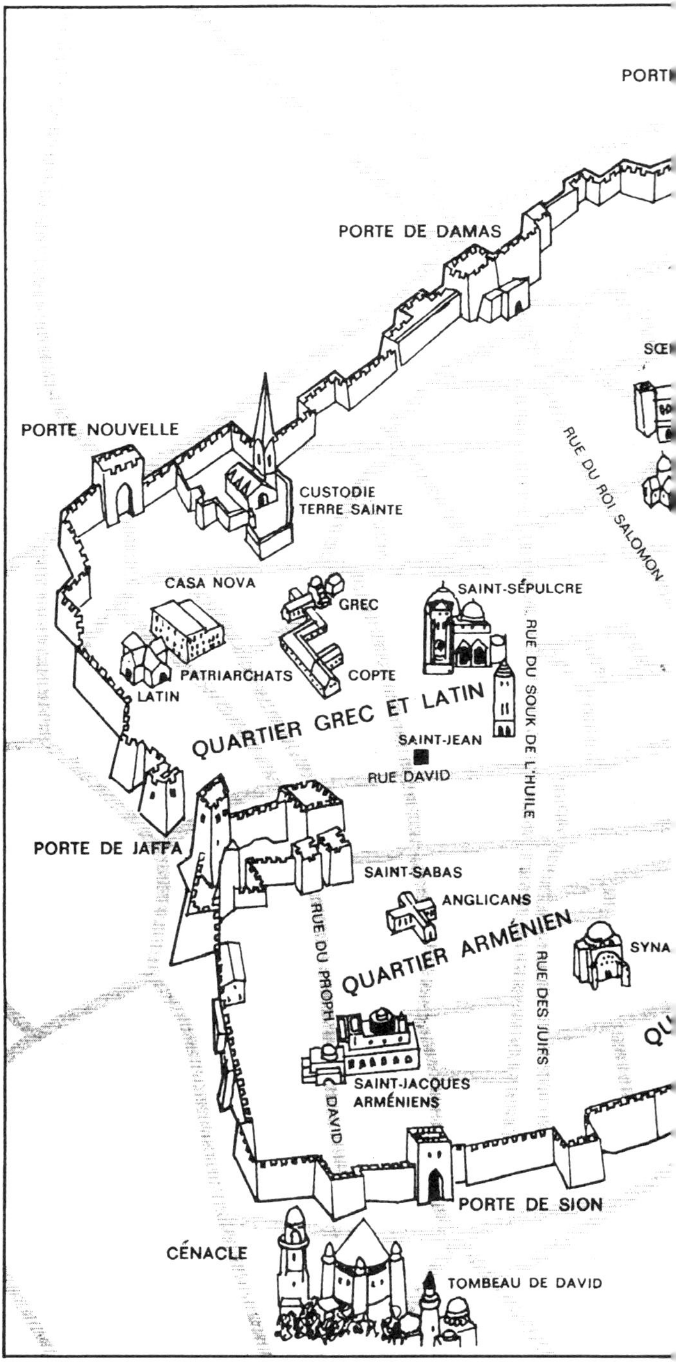

de Jérusalem

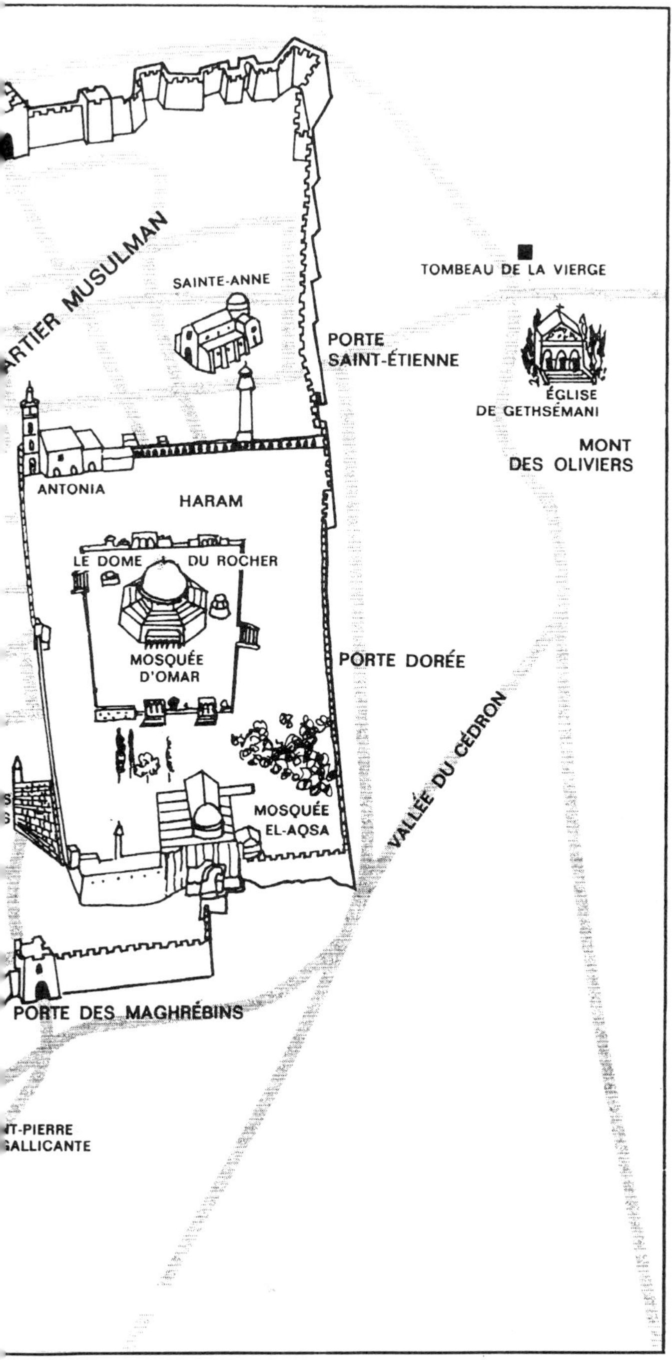

reliée secrètement à la ville par un tunnel et un puits vertical de 13 m. Des Sémites occupaient cette acropole dès le début du IIIe millénaire. Quand David s'en empara, par surprise, elle était aux mains des Jébuséens. Elle portait déjà le nom de « Sion », vocable d'étymologie incertaine, peut-être « citadelle ». Elle devint désormais la « Cité de David ».

De David au Christ. La ville commença à s'étendre vers le nord de la colline, où Salomon fit édifier son palais et le Temple à l'emplacement de l'actuelle mosquée d'Omar. La limite nord de la ville s'arrêtait à la hauteur de la porte Dorée actuelle.
Dès l'époque royale, pense-t-on, des quartiers nouveaux s'édifièrent par-delà le Tyropéon sur la colline occidentale et on les entoura de remparts à l'ouest et au nord. La limite septentrionale de cette enceinte aurait suivi un tracé assez droit allant de la Citadelle au Haram, à la hauteur de la porte de la Chaîne. L'extension continue de la ville vers le nord obligea à construire une nouvelle ligne de remparts. Son tracé, assez déconcertant, reliait, moyennant une série de décrochements successifs, le site de l'actuelle Citadelle à la tour Hananéel, soit à l'angle nord-ouest du Haram, laissant à l'extérieur des murs le site du Golgotha. Hérode fortifia ces remparts en les dotant de deux forteresses, le Palais royal à l'ouest et l'Antonia au nord-ouest du Temple. Telle est la Jérusalem que connut Jésus.

Du Christ a nos jours. Sous Agrippa Ier (41-44), on entreprit d'édifier un nouveau rempart plus au nord. Il coïncidait sensiblement avec la muraille actuelle, de la porte de Jaffa à la tour des Cigognes, face au Musée palestinien. Il n'était pas encore achevé quand survint la ruine de Jérusalem en 70. La physionomie des lieux fut souvent modifiée par la suite. En 135, Hadrien édifia à Jérusalem une cité gréco-romaine qu'il appela Colonia Aelia Capitolina. Elle laissait hors les murs les anciens quartiers du sud. Son périmètre correspondait à peu près à celui de la Vieille Ville actuelle, dans laquelle le plan de la cité romaine reste encore sensible. L'impressionnante enceinte actuelle date de Soliman le Magnifique.

JÉRUSALEM ET L'HISTOIRE

Avant J.C.

vers 1000	David s'empare de Sion (2 S *5*, 6-12) et y transfère l'Arche (2 S *6*, 12-23).
vers 960	Salomon construit son palais et le Temple (1 R *6* et *7*).
vers 700	Ezéchias creuse le tunnel de Siloé (2 R *20*, 20) et construit une muraille (2 Ch *32*, 1-5).
598 et 587	Jérusalem est prise par les Chaldéens et ses habitants sont déportés (2 R *24*, 10-16 et *25*, 1-21).
538	Premier retour des déportés (Esd *2*, 1-2).
515	Achèvement du nouveau Temple (Esd *6*, 14-18).
445	Néhémie reconstruit les remparts (Ne *6*, 15).
vers 170	Antiochus IV édifie la forteresse Acra à l'ouest du Temple (1 M *1*, 29-35). Les Asmonéens auront là leur palais.
164	Judas Maccabée libère la colline du Temple (1 M *4*, 36 s.).
142	Simon Maccabée s'empare de l'Acra (1 M *13*, 49-52).
63	Pompée s'empare de Jérusalem et démantèle les remparts. Hérode le Grand (37 av. J.C.-4 av. J.C.) édifie l'Antonia et le Palais royal et entreprend la reconstruction du Temple.

Au tournant de notre ère.

30	Mort de Jésus.
41-44	Hérode-Agrippa Ier entreprend la construction d'une enceinte.
49	« Concile » apostolique de Jérusalem (Ac *15* ; Ga *2*, 1-10).
70	Jérusalem est détruite et ses murs démantelés.
132	Deuxième révolte juive (Bar Kokhéba). La ville est transformée en colonie romaine (Colonia Aelia Capitolina).

Époque byzantine

325	Constantin construit une basilique à l'emplacement du Calvaire et du tombeau du Christ.
362	L'empereur Julien l'Apostat veut reconstruire le Temple, mais échoue dans son projet.
451	Le concile de Chalcédoine érige Jérusalem en patriarcat.
529	Construction par Justinien de l'église Sainte-Marie-la-Neuve (Nea).
614	Destruction de la ville par les Perses.

Époque arabe

636	Le calife Omar s'empare de la ville. Il autorise le culte chrétien dans le Saint-Sépulcre. L'esplanade du Temple devient lieu saint musulman.
687	Le calife Abd el Malik fait construire le « Dôme de la Roche » (mosquée d'Omar).
705	Début de la construction de la mosquée el Aqsa.
1009	Le calife fatimide Hakim détruit une partie du Saint-Sépulcre.

Royaume franc et période ottomane

15 juillet 1099	Godefroy de Bouillon et les croisés s'emparent de Jérusalem.
1187	Après la défaite des croisés à Hattin, prise de la ville par Saladin.
1229	À la suite d'un accord entre l'empereur Frédéric II et le sultan d'Égypte, Malik, Jérusalem est remise entre les mains des Francs.
1244	Prise de Jérusalem par les Turcs.
1291	Chute de Saint-Jean-d'Acre. Fin du royaume franc.
1516	Début de la domination ottomane (turque). Soliman le Magnifique construit les remparts actuels ; début d'une occupation qui durera quatre siècles. La France, la Russie, l'Allemagne exercent un protectorat sur les Lieux saints.

Époque moderne

1917	Entrée des troupes anglaises à Jérusalem sous le commandement du général Allenby.
14 mai 1948	Fin du mandat anglais ; proclamation de l'État d'Israël par Ben Gourion. Guerre avec les pays arabes.
Février 1949	À l'issue des combats, Jérusalem est divisée et séparée par un *no man's land* (la vieille ville est entre les mains des Jordaniens).
Juin 1967	Jérusalem réunifiée.
1980	Proclamation, par Israël, de Jérusalem comme capitale de l'État.

DU MONT SION AU SAINT-SÉPULCRE

LE MONT SION CHRÉTIEN

Lectures bibliques

La dernière Cène : Mt 26, 17-29 ; Mc 14, 12-25 ; Lc 22, 7-38 ; Jn 13, 1-17, 26
Apparition du Ressuscité : Lc 24, 36-49 ; Jn 20, 19-29
Élection de Matthias et descente de l'Esprit : Ac 1, 12-2, 41

Un site complexe

Cette colline, aujourd'hui en dehors des remparts, au sud-ouest de la Vieille Ville est, pour le pèlerin, l'un des endroits les plus déroutants de Jérusalem. On y évoque :
— l'endroit traditionnel du dernier repas de Jésus avec ses disciples : le Cénacle ;
— l'endroit où Marie s'endormit dans le Seigneur : l'église de la Dormition ;
— l'endroit où David fut enseveli : le tombeau de David.
Comment expliquer ces souvenirs en apparence quelque peu disparates ? En fait, il existe entre eux un certain lien logique. Il faut partir du mot même de « Sion ». Celui-ci a d'abord désigné la petite colline de l'Ophel, que David prit aux Jébuséens et dont il fit sa capitale. Historiquement, c'est bien sur cette colline d'apparence modeste, aujourd'hui ravinée par les fouilles, sur la pente de la vallée du Cédron, qu'il faut situer toute l'histoire des rois de Juda, depuis David jusqu'à la prise de la ville par Nabuchodonosor. Puis, lorsque Salomon construisit le temple au nord de l'Ophel, sur la colline du Moriah, c'est à l'ensemble des deux hauteurs que s'attacha le nom de Sion. Enfin, ce fut tout Jérusalem qui devint la « sainte Sion ».
Nombre de psaumes ont chanté ses beautés. Elle est non seulement la cité du roi, mais surtout celle de Dieu, le lieu de sa présence. C'est une mère, qui enfante les peuples :
« Sion, chacun lui dit : Mère ! car en elle chacun est né » (Ps 87, 5).

Lorsque, à la fin du siècle dernier, les Juifs créèrent un mouvement de retour vers la terre de leurs ancêtres, ils lui donnèrent tout naturellement le nom de « sionisme », de retour à Sion.
Alors, pour quelle raison désigne-t-on aujourd'hui sous le nom de « mont Sion » une hauteur qui se trouve à l'opposé du vrai « mont Sion » primitif ? C'est que, au cours des siècles, on a perdu de vue l'humble petite colline de l'est. Et on s'est dit : Sion n'a pu se trouver que sur la colline de l'ouest, plus élevée, donc plus prestigieuse. On peut considérer que, au début de l'ère chrétienne, le nom de Sion ne s'applique plus qu'à la région sud de la grande colline située en grande partie en dehors des remparts.
Or, cette nouvelle colline de Sion est essentielle pour l'histoire de l'Église, qui se considère comme l'héritière de l'ancienne Sion. Et elle est essentielle aussi pour les juifs qui y vénèrent, comme nous l'avons vu, le tombeau de David.

D'ABORD LE SOUVENIR DE LA PENTECÔTE. Très tôt, cette colline de l'est devint le centre de rassemblement et de prière de ceux qui avaient cru que le Messie promis était Jésus de Nazareth. Il s'agit là d'une tradition très ancienne. Après que Jésus eut quitté cette terre, ce fut à cet endroit que l'on situa la « chambre haute » où les apôtres et la Vierge reçurent l'Esprit Saint. Le premier souvenir chrétien attaché au site fut donc, non pas la Cène, mais la Pentecôte. La communauté primitive de Jérusalem bâtit une « petite église » que, au dire de saint Épiphane, on voyait encore en l'an 135. Voici ce texte important où il est dit que, à Jérusalem, tout était en ruine à cette date, « excepté quelques petites maisons et la petite église de Dieu, sur les lieux où les disciples, revenus du mont des Oliviers après l'Ascension du Rédempteur, étaient montés dans la chambre haute. C'est ici qu'elle avait été construite, c'est-à-dire sur le mont Sion. » Une grande église fut construite à cet emplacement vers le milieu du IVe s.

ENSUITE, LE SOUVENIR DU CÉNACLE. Mais voici qu'une autre tradition vient se superposer à la première. On en vint à imaginer que, sur cette colline de Sion, s'élevait aussi le Cénacle, l'autre « salle haute » où

Jérusalem au temps de Jésus

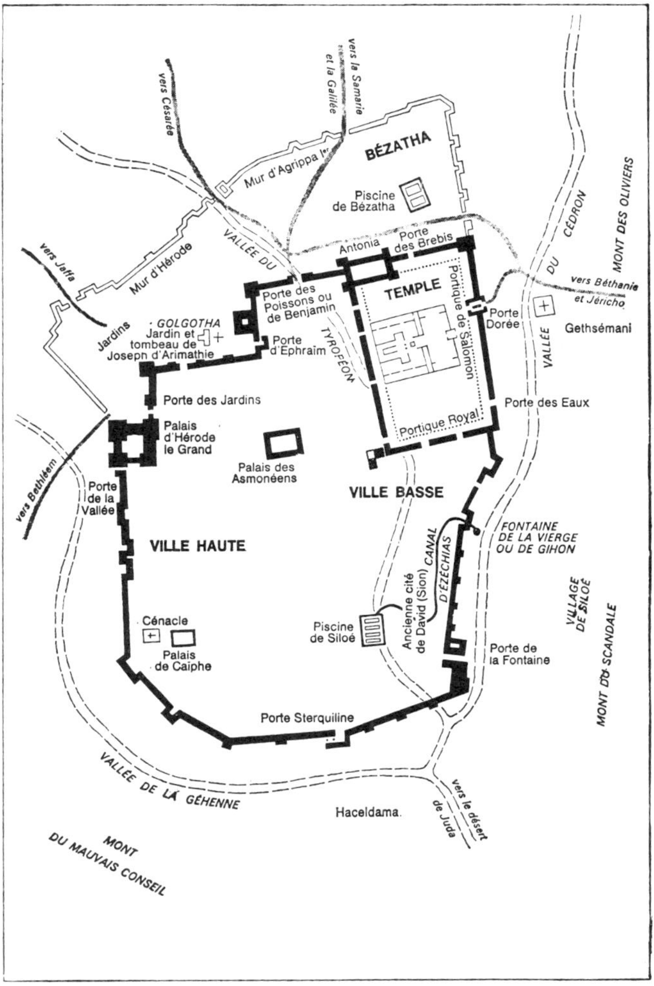

Jésus avait pris son dernier repas avec les apôtres et institué l'Eucharistie. La tradition sur le lieu de la Cène, flottante jusque-là (on en célébrait le souvenir au Saint-Sépulcre, voire à Béthanie) se fixa définitivement au mont Sion au VIe s. Et déjà à cette époque, on associait la dormition de la Vierge au double souvenir de la Pentecôte et de la Cène ; les chrétiens trouvaient en effet normal que la Vierge, qui avait reçu l'Esprit Saint sur cette colline de Sion, se soit « endormie » dans le Seigneur au même endroit.

ENFIN, LE « TOMBEAU DE DAVID ». Un troisième souvenir est venu s'agglutiner au mont Sion, c'est le tombeau de David. On voit apparaître cette évocation vers le Xe s. Et l'on comprend bien pourquoi. Puisque que l'on croyait que le nouveau mont Sion était la véritable cité de David, là où il avait vécu, là où il avait son palais, on en était venu à se persuader que son tombeau se trouvait également à cet endroit.

Évolution historique et archéologique

PÉRIODE PRÉ-BYZANTINE. Très tôt le mont Sion devint le centre de la communauté chrétienne. Une petite église, encore debout en 135, aux dires d'Épiphane, y avait été bâtie sur le lieu où les disciples s'étaient retrouvés après l'Ascension. Le souvenir de la Pentecôte était donc déjà attaché à ce lieu.

PÉRIODE BYZANTINE. Une vaste église y fut érigée vers le milieu du IVe s. On y recueillit en 415 les restes du diacre Étienne qui furent ensuite transférés dans la basilique élevée en 439 par Eudocie sur le lieu même de son martyre (actuelle École biblique). La tradition sur le lieu de la Cène, flottante jusque-là, s'y fixa définitivement à la fin du VIe s. La basilique, incendiée par les Perses en 614, fut restaurée peu après par le patriarche Modeste ; déjà à cette époque on associait la Dormition de la Vierge au double souvenir de la Pentecôte et de la Cène.

PÉRIODE CROISÉE. Une tradition avait commencé à prendre corps au Xe s, qui situait à cet endroit la tombe de David. La localisation, dénuée de tout fondement, fut à l'origine de violentes dissensions entre chrétiens et musulmans. La basilique avait été détruite à nouveau en 1009 par Hakim. Sur ses ruines, les croisés élevèrent une église aux vastes proportions sous le vocable de Sainte-Marie du Mont-Sion. Le Cénacle était sans doute intégré à l'église. Celle-ci fut détruite en 1244 par les Kharesmiens et ne fut plus jamais relevée.

PÉRIODE MODERNE. En 1335, les franciscains purent s'installer au mont Sion. Avec l'aide d'architectes croisés de Chypre, ils rebâtirent la chapelle que nous voyons aujourd'hui. Elle devint mosquée à partir de Soliman (1524), et elle resta longtemps interdite aux chrétiens. On y accède à nouveau librement depuis 1948. L'église de la Dormition, quant à elle, ne date que de 1910.

Visite des lieux

C'est au Cénacle et autour du Cénacle que la tradition chrétienne, suppléant au silence désespérant des textes du Nouveau Testament, a localisé les souvenirs les plus précieux concernant la fondation de l'Église :

— La dernière Cène et l'institution de l'Eucharistie ;
— les apparitions de Jésus ressuscité ;
— l'élection de Matthias et la descente de l'Esprit saint.

LE TOMBEAU DE DAVID. Au rez-de-chaussée d'un bâtiment datant du Moyen Âge, et dont fait partie le Cénacle (à l'étage), les juifs vénèrent le tombeau de « David le roi ».
Il va de soi que David fut en réalité enseveli dans la ville sur la colline orientale (1 R 2, 10), et ce n'est que tardivement (après le Xe s.) qu'on localisa son tombeau sur la colline occidentale. Ce tombeau, ainsi que la présence légendaire d'un trésor, fut le début des tribulations pour les franciscains qui furent chassés du bâtiment qu'ils avaient rénové au début du XIVe s. Les musulmans s'emparèrent du tombeau du Nébi Daoud (prophète David) ; après 1948, le mont Sion resta entre les mains des Israéliens.
Certains voient dans la salle où se trouve le tombeau une très ancienne synagogue, lieu de culte judéo-chrétien. Ils en trouvent la preuve dans la petite niche qui s'arrondit derrière le cénotaphe, où l'on serrait sans doute les rouleaux de la Loi.

LE CÉNACLE. Situé à l'étage, le Cénacle se présente aujourd'hui comme une salle haute, d'un style gothique, caractéristique du XIVe s.

Au sud, un *mihrab* (niche indiquant la direction de la Mecque) rappelle que cette salle servit de mosquée après que les franciscains eurent été chassés de l'endroit par les musulmans, au XIVe s.
La chapelle actuelle est une salle voûtée d'ogives, de 14 m × 9 m, partagée en deux nefs par des colonnes à chapiteaux gothiques. Dans l'angle sud-est, un escalier de huit marches donne accès à la « chambre haute ».

LA DORMITION. L'église de la Dormition (ou Assomption) de Marie est à quelques pas du Cénacle. C'est une rotonde prolongée par un chœur profond. Murs et pavements sont revêtus de mosaïques. La crypte, vaste et obscure, contient un gisant rappelant le trépas de la Vierge.
Elle a été construite entre 1900 et 1910, sur un terrain cédé par le sultan Abdulhamid à l'empereur Guillaume II, sur le plan de la cathédrale d'Aix-la-Chapelle. On notera le grand pavement de mosaïque décoré sur le rebord extérieur des signes du zodiaque, puis à mesure que l'on se rapproche du centre, des prophètes et des saints.
Une communauté de bénédictins a la charge du sanctuaire.

SAINT-PIERRE EN GALLICANTE

Lectures bibliques

Souvenirs de la nuit de la Passion : Mt 26, 57-75 ; Mc 14, 55-72 ; Lc 22, 54-65 ; Jn 18, 24-27 ; Ps 88

Visite des lieux

À l'est du Cénacle, sur les pentes abruptes qui descendent vers le Tyropéon, l'ÉGLISE SAINT-PIERRE EN GALLICANTE se dresse au milieu d'intéressants vestiges de la Jérusalem juive et byzantine. À signaler la toute récente découverte, dans la propriété, d'une magnifique mosaïque byzantine, représentant la déesse Terre. L'église a la forme d'une croix avec un octogone en son centre. Les murs sont décorés de mosaïques évoquant les scènes du procès de Jésus devant Caïphe. La crypte comprend notamment deux grottes curieuses : la première comporte

une large ouverture d'où le regard plonge sur une seconde grotte en contrebas dont la voûte est percée d'un orifice circulaire assez large pour le passage d'un homme. On distingue sur les parois plusieurs croix peintes au minium, signes d'une vénération ancienne. Cette disposition a amené à interpréter la grotte profonde comme une prison qu'un corps de garde pouvait surveiller commodément de l'étage supérieur grâce au judas. On l'appelle la prison du Christ. Il est toujours impressionnant d'y entendre la lecture du Psaume 88, que l'on met sur les lèvres du Seigneur enchaîné.
Au nord de l'église, une belle voie à degrés, exhumée sur 70 m, est une ancienne rue juive qui reliait le Tyropéon à la Ville Haute. À 80 m sud de l'église, une terrasse constitue un observatoire idéal pour apprécier la topographie de la Jérusalem ancienne, et aussi pour méditer sur la Passion.

Saint-Pierre et l'Évangile

Le site est lié aux souvenirs de la Passion. De Gethsémani, Jésus fut emmené chez le grand prêtre qui résidait dans la Ville Haute. On peut présumer que le cortège aura gravi la voie à degrés qui s'amorce dans le Tyropéon. Le nom de Gallicante, « chant du coq », évoque le repentir de Pierre après sa faute. Le lieu du repentir est-il aussi le lieu du reniement et le site serait-il celui du palais de Caïphe ? La tradition n'est pas assez explicite pour trancher la controverse sur cette localisation. Le témoignage des pèlerins les plus anciens pencherait pour la localisation de ce palais à Saint-Pierre en Gallicante, plutôt qu'à la propriété voisine des Arméniens, l'autre lieu traditionnel. En ce cas, il conviendra d'évoquer ici non seulement le repentir de Pierre, mais aussi son reniement et les outrages infligés à Jésus la nuit de sa Passion.

Évolution historique et archéologique

Après la destruction de Jérusalem, le site fut laissé longtemps à l'abandon. On y construisit, sans doute aux confins des Ve-VIe s., un premier sanctuaire dédié à saint Pierre. Il connut le sort commun des autres monuments de Jérusalem : destructions, suivies de restaurations, souvent de fortune. Les croisés le

tenaient en grande dévotion et lui donnèrent le nom de Gallicantus. La trace de ce sanctuaire disparaît au début du XIVe s. L'église actuelle, rebâtie par les assomptionnistes, fut consacrée le 11 septembre 1931.
On notera qu'en 1990, lors de travaux d'aménagement au sud de Jérusalem (au sud-est du monastère des Clarisses), a été découvert un tombeau d'époque hérodienne ; l'un des ossuaires comporte une inscription dans laquelle certains ont voulu lire « Joseph, fils de Qayyafa ». Il s'agirait donc du tombeau de la famille du grand prêtre Caïphe. Mais cette interprétation ne fait pas l'unanimité parmi les spécialistes.

LA CITADELLE

Visite de la citadelle

Près de la porte de Jaffa s'élève une citadelle dont la construction actuelle remonte à Soliman le Magnifique et à laquelle la tradition a donné le nom de *tour de David*. La visite de la citadelle offre trois itinéraires :
— le tour des remparts qui permet une vue magnifique sur Jérusalem, l'ancienne et la nouvelle ville ;
— un musée de l'histoire de Jérusalem avec maquettes, audiovisuels, dioramas... depuis l'époque cananéenne jusqu'à aujourd'hui, et qui constitue une excellente initiation à l'histoire de Jérusalem ;
— un parcours archéologique qui montre l'enchevêtrement complexe des transformations que la citadelle a connues depuis la période asmonéenne, et avec Hérode surtout qui y bâtit un magnifique palais, puis au temps des croisés, des Mameluks et des Ottomans. Pendant l'été, un son et lumière permet de revivre cette histoire.

Histoire de la citadelle

Cette partie de Jérusalem était déjà occupée au siècle qui précéda la prise de la ville par Nabuchodonosor ; les asmonéens y bâtirent au moins deux tours en même temps qu'ils consolidèrent les remparts. Hérode agrandit ces deux tours et en ajouta une troisième, plus haute, que l'on identifie habituellement à celle qui subsiste, et reconnaissable à sa construction typiquement hérodienne, les deux autres ayant disparu complètement. Il les appela Phasaël, du nom de son frère aîné ; Mariammé, du nom de sa seconde femme (après l'avoir aimée éperdument, Hérode l'avait accusée d'infidélité et mise à mort) ; et Hippicus, du nom de l'un de ses amis. Ces tours étaient destinées à protéger son palais qui jouxtait la citadelle du côté sud. Les fouilles archéologiques n'ont presque rien retrouvé de ce palais, sinon l'existence d'une plate-forme de 200 m de long et de 60 m de large qui servait de soubassement au palais et aux jardins. Flavius Josèphe nous a laissé la description des splendeurs de ce palais : « On y voyait d'immenses salles capables de tenir cent lits de convives où brillaient les pierres les plus variées et où s'accumulaient les objets les plus rares et une ornementation d'une magnificence incomparable. Les jardins étaient couverts de vertes pelouses et de bosquets touffus pourvus d'agréables promenades et de fontaines aux bassins d'airain. » Les Romains détruisirent le palais en 70, Hadrien rasa les tours qui étaient devenues les repaires des bandes de Bar-Kokhéba, les croisés achevèrent la destruction pour y bâtir un palais royal. La citadelle telle qu'elle apparaît actuellement est le résultat de transformations successives jusqu'à la période ottomane. Soliman le Magnifique, le constructeur du rempart, lui donna sa forme définitive. Le minaret près de la mosquée fut bâti en 1635.

La citadelle et le Nouveau Testament

Il faut sans doute identifier le palais d'Hérode avec le prétoire de Pilate où Jésus fut condamné à mort. Flavius Josèphe affirme que le palais était la résidence des procurateurs romains : de fait, les autorités romaines avaient l'habitude de s'installer au palais des anciens maîtres du pays pour signifier quels étaient les nouveaux maîtres. C'est donc ici qu'il faudrait situer le Gabbatha ou Place Haute vers lequel la foule peut accéder facilement en montant des bas quartiers de la ville (Mc 15, 8).

LE QUARTIER JUIF

Histoire du quartier

Le quartier juif appelé aussi Ville Haute est situé au sud de la Vieille Ville ; il est délimité par les remparts, le quartier arménien et le mur occidental. Dès le VIIIe s. av. J.C., la cité de David s'étendit sur cette colline au-delà du Tyropéon. Un rempart fut bâti par Ézéchias quand les Assyriens menacèrent Jérusalem. Le quartier, détruit par Nabuchodonosor, ne fut rebâti que par les asmonéens ; sous Hérode, il devint un quartier résidentiel pour l'aristocratie et les grandes familles sacerdotales. Il fut rasé par les Romains en 70, qui y établirent un camp militaire. Les Byzantins urbanisèrent de nouveau le quartier en prolongeant jusque-là le *cardo* d'Aelia Capitolina, comme le montre la carte de Madaba, et y bâtirent une nouvelle église, la Nea. Après la conquête arabe en 638, les juifs qui, depuis Hadrien, n'avaient pas droit de séjour à Jérusalem furent de nouveau autorisés à s'y installer, mais les croisés les massacrèrent ainsi que les musulmans lors de la conquête de Jérusalem. Saladin permit aux juifs d'y revenir ; ils s'installèrent sur le mont Sion puis dans ce quartier. Ce furent d'abord des séphardites venant d'Espagne après leur expulsion en 1492, puis de Turquie, Grèce et Italie où ils s'étaient réfugiés ; puis vinrent les askénases d'Europe centrale. Durant la guerre d'indépendance en 1947, le quartier fut le centre de violents combats entre Israéliens et Arabes. Plusieurs centaines d'habitants furent tués et les Israéliens durent abandonner le quartier dont maisons et synagogues furent détruites. Après la réunification de la ville en 1967, les autorités israéliennes décidèrent de rebâtir le quartier et d'en faire un centre d'études religieuses et un site touristique. Près de 5 000 juifs y vivent actuellement.

Visite du quartier

En circulant dans le dédale des rues et des places aménagées avec beaucoup de goût, on rencontre plusieurs vestiges de l'histoire mouvementée de ce quartier :

ÉPOQUE ISRAÉLITE. De l'époque biblique on a dégagé les restes d'un « mur large », 7 m de large sur 40 m de long, que l'on considère comme le rempart bâti par Ézéchias pour protéger ce nouveau quartier de Jérusalem. De cette époque on a dégagé aussi une *tour* (8 m × 4,5 m) qui défendait ce mur : des têtes de flèches en fer et en bronze ont été trouvées qui proviennent probablement du siège de la ville par Nabuchodonosor en 586. Dans le même secteur, on voit les restes d'une autre tour remontant à l'époque asmonéenne.

ÉPOQUE HÉRODIENNE. La visite des maisons de cette époque permet de se rendre compte du luxe de ce quartier habité par les grandes familles sacerdotales : surface imposante, pièces nombreuses et vastes, ornées de fresques ou de stucs, mosaïques, tables en pierre... Le nombre des bains rituels indique le souci de pureté légale de la religion juive à cette époque. Dans une autre maison, on a mis au jour une couche de cendres qui remontent certainement à la destruction de Jérusalem par les Romains.

ÉPOQUE BYZANTINE. La partie du *cardo* dégagée par les fouilles prolonge vers le sud le *cardo* d'Aelia Capitolina d'Hadrien. Au sud, une première section découverte, 150 m sur 22,5 m, montre deux rangées de colonnes, une canalisation souterraine, l'emplacement des boutiques. Plus au nord, une autre section a été couverte pour le commerce touristique : on y voit une dizaine de colonnes, dont trois intactes, une partie du pavement originel, les trous où étaient enfoncées les poutres pour soutenir le toit. La mosaïque de Madaba reproduite dans le *cardo* permet de se représenter Jérusalem à l'époque byzantine au temps de Justinien (527-565) avec le *cardo* central qui se prolonge jusqu'à la basilique de l'Anastasis, et avec l'église la *Nea* bâtie aussi par Justinien en l'honneur de Marie et dont les fondations ont été découvertes par les fouilles récentes.

SYNAGOGUES. On note un ensemble de synagogues de rite sépharade : la synagogue Yohanan-Ben-Zakkai où selon la légende le grand maître aurait eu son école avant la destruction du Temple, la synagogue d'Élie ainsi nommée parce que le prophète y serait venu pour compléter le chiffre dix nécessaire à la prière communautaire, la synagogue d'Istanbul bâtie par des émigrants de cette ville. Les askénazes ont depuis 1400 un centre à eux dans ce quartier avec plusieurs écoles midrashiques. Détruit à plusieurs reprises et entièrement en 1947, il a été rebâti depuis 1967. La synagogue Hurva (la ruine) se rattache au rite askénaze.

Vue générale de la Cité de David

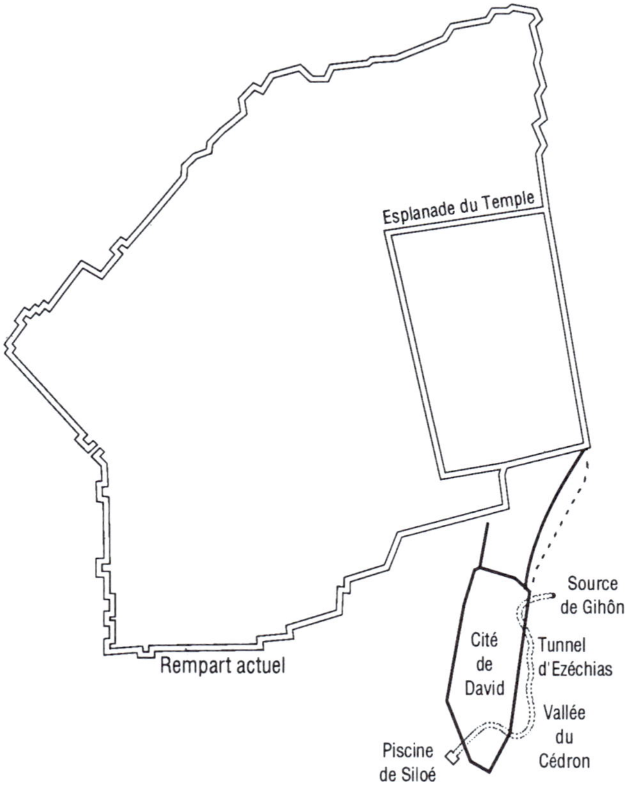

LA VALLÉE DU CÉDRON

La vallée du Cédron prend naissance au nord de Jérusalem ; elle se creuse rapidement pour devenir un ravin, fossé naturel isolant la ville ancienne du mont des Oliviers. Au sud de l'Ophel, elle rencontre le Tyropéon, puis la Géhenne, et les trois vallées n'en forment plus ensuite qu'une pour se diriger vers la mer Morte.

LA FONTAINE DE JOB. Le Bir-Ayoub, « puits de Job », est situé au point de jonction des trois vallées. Il est mentionné plusieurs fois dans la Bible sous le nom « frontière » entre Juda et Benjamin (Jos 15, 7 s.). Près de ce puits se déroula, vers 970, la tentative de coup d'État manqué d'Adonias (1 R 1, 9 s., 41-49).

HACELDAMA. L'Haceldama, le Champ du Sang, a été localisé par la tradition dès le IVe s. autour du monastère grec de Saint-Onuphre. On y voit encore une ancienne nécropole juive et chrétienne, au débouché de la Géhenne. La réputation de la vallée maudite n'était plus à faire depuis que les Israélites y avaient placé le brûloir de Tophèt où des enfants étaient sacrifiés par le feu (Jr 7, 30-32 ; 2 R 23, 10). Les grands prêtres songèrent naturellement à cet endroit mal famé lorsqu'ils décidèrent d'acheter « le champ du potier pour la sépulture des étrangers » avec les trente pièces rapportées par Judas. C'est aussi l'endroit que choisit, dit-on, l'apôtre félon pour se pendre (Mt 27, 3-10 ; Ac 1, 18 s.).

LA PISCINE DE SILOÉ. En remontant toujours la vallée du Cédron, face au village de Silwân, on contourne l'éperon rocheux au sud de la colline de l'Ophel, où se dressait autrefois la capitale de David et des rois de Juda. Un escalier permet d'accéder à l'eau, d'où émergent des bases de colonne. C'est tout ce qui reste de la basilique chrétienne élevée en souvenir de la « piscine de Siloé », où Jésus envoya un aveugle de naissance se laver.

Cette piscine est le débouché de la source de Gihôn, située à environ 500 m plus au nord, qui s'y écoulait à travers le fameux tunnel d'Ézéchias dont nous parlerons plus loin. Elle reçut le nom de Shiloah (que nous appelons Siloé). Le mot vient du verbe hébreu *Shalah*, qui veut dire « envoyer » (l'eau était « envoyée » de la fontaine de Gihôn jusqu'à la piscine de Siloé). Mais le tunnel avait fini par tomber dans l'oubli : on ignorait que l'eau de Siloé provenait de Gihôn, et on était persuadé qu'une source jaillissait dans la piscine. L'historien juif Josèphe, qui écrivait au Ier siècle de notre ère, parle de la « fontaine de Siloé ».

Sous les rois de Juda, la piscine de Siloé eut une importante fonction liturgique. Pendant la fête de Soukkot (Tentes ou Tabernacles), les prêtres du

Temple y venaient en procession pour y puiser l'eau destinée aux ablutions. Selon la tradition, l'eau avait également des propriétés thérapeutiques.
C'est donc à cette piscine de Siloé que Jésus envoya un aveugle de naissance : « Il fit de la boue avec de la salive et lui dit : Va, lave-toi à la piscine de Siloé, mot qui signifie ''envoyé'' » (Jn 9, 6-7).
Comment se présentait la piscine au temps du Christ ? Nous ne possédons aucune indication à ce sujet. Mais, d'après un témoignage, l'empereur Hadrien, au début du IIe siècle, l'entoura d'un quadruple portique. L'endroit avait été transformé en un sanctuaire dédié aux nymphes de Jérusalem.
Après que l'Empire romain eut été christianisé, les disciples de Jésus ne pouvaient manquer d'élever un monument sur un site marqué par un miracle. C'est ce qu'ils firent, sans doute au Ve siècle. Ils y élevèrent une basilique à coupole au-dessus de la piscine elle-même. Celle-ci était divisée en deux parties, séparées par une barrière : les hommes se baignaient dans l'une, les femmes dans l'autre.
Un pèlerin, l'Anonyme de Plaisance, nous dit qu'« un grand nombre de guérisons a été opéré par cette eau, et des lépreux ont même été guéris ».
Cette église, dédiée au « Christ illuminateur », fut détruite par les Perses en 614. L'invasion arabe qui survint une vingtaine d'années plus tard ne laissa pas le loisir de la restaurer. L'endroit fut transformé par les musulmans en hôpital ; aujourd'hui, une petite mosquée, flanquée d'un minaret, s'élève au-dessus du site.

LA SOURCE DE GIHÔN ET LE TUNNEL D'ÉZÉCHIAS. Après avoir quitté la piscine de Siloé, on reprend le fond de la vallée du Cédron ; la colline que nous longeons sur la gauche est l'Ophel. Derrière une grille descend un escalier ; c'est au fond de la cavité que jaillit la source de Gihôn, dont le nom signifie précisément la « Jaillissante ». Il s'agit en fait d'un siphon qui, pendant une demi-heure, déverse l'eau en quantité suffisante pour alimenter une agglomération de 2 500 personnes ; une fois son « jaillissement » terminé, Gihôn arrête son activité pendant quatre heures. La population cananéenne de Jérusalem avait repéré cet endroit et on peut même supposer que c'est la présence de cette source, intermittente mais jamais tarie, qui les poussa à bâtir leur ville sur la colline. Gihôn était d'autant plus précieuse qu'il n'existait que deux sources d'eau vive dans un rayon de 5 km autour de Jérusalem. Mais l'autre, Aïn Rogel, située plus bas, dans la vallée du Cédron au confluent de la Géhenne, était trop éloignée pour être à l'abri d'un agresseur.

Du temps de Salomon (965-928 av. J.C.), des travaux furent entrepris pour favoriser l'approvisionnement en eau de la ville en expansion ; le roi fit creuser un tunnel à flanc de colline ; des vannes permettaient, grâce au trop-plein, d'irriguer les champs en contrebas ; le tunnel débouchait dans un grand bassin, aujourd'hui jardin planté de figuiers (Birket el-Hamrah). Au sud de l'Ophel, on remarque l'endroit où le tunnel perce la colline.

Lorsqu'apparut à l'horizon la menace assyrienne, Ézéchias fut obligé de protéger la source : « Observant que Sennachérib, en arrivant, se proposait d'attaquer Jérusalem, il décida avec ses officiers et ses preux d'obstruer les eaux des sources qui se trouvaient à l'extérieur de la ville [...]. Ceux-ci lui prêtèrent leur concours et beaucoup de gens se groupèrent pour obstruer toutes les sources : ''Pourquoi, disaient-ils, les rois d'Assyrie trouveraient-ils à leur arrivée des eaux abondantes ?'' » (2 Ch 32, 2-4).

Après avoir camouflé la source de l'eau de la ville, Ézéchias « fit l'étang et l'aqueduc et amena les eaux dans la ville » (2 R 20, 20). C'est le livre des Chroniques qui nous livre de manière lapidaire la nature des travaux d'ingénierie d'Ézéchias : « C'est Ézéchias qui obstrua l'issue supérieure des eaux du Gihôn et les dirigea vers le bas de la Cité de David, à l'ouest » (2 Ch 32, 30).

Deux équipes de mineurs entreprirent de percer le roc de l'Ophel, l'une au nord et l'autre au sud. Les ouvriers durent tâtonner pour se rejoindre, comme en témoignent les entailles encore visibles vers le milieu du tunnel. Celui-ci mesure 512 m de long, et affecte curieusement la forme d'un S (de la source ou débouché, la distance est d'un peu plus de 300 m en ligne droite). La hauteur varie entre 1,10 m et 3,40 m, avec une pente très faible (0,4 %), suffisante pour l'écoulement de l'eau.

Le voyage à travers le tunnel, qui n'offre en soi aucun danger, est actuellement interdit pour des motifs de sécurité.

Puis, au cours des siècles, l'existence même du tunnel tomba dans l'oubli ; c'est pourquoi Flavius Josèphe parle de la « source de Siloé », ignorant qu'il ne s'agissait que d'un déversoir.
Il fallut attendre 1880 et la découverte inattendue par un gamin arabe de la « plaque commémorative » des mineurs d'Ézéchias pour que la conjonction se fasse entre Gihôn et la piscine de Siloé. Cette précieuse inscription, en hébreu archaïque (qui ne donne d'ailleurs pas le nom d'Ézéchias) dit ceci : « ... le tunnel ! Voici l'histoire de sa construction. Les mineurs creusèrent avec leurs pics les uns vers les autres ; et lorsqu'il ne resta que trois coudes entre les deux équipes, on entendit la voix d'un mineur qui appelait l'autre. Le rocher fut traversé par le bruit de part en part. Alors, le jour où ils traversèrent le rocher, les mineurs se rencontrèrent, et l'eau coula de la source au bassin, 1 200 coudées. La hauteur du rocher au-dessus de la tête des mineurs était de 100 coudées. »
L'inscription originale est actuellement exposée au musée archéologique d'Istanbul (la Palestine se trouvait à l'époque sous la domination ottomane). Le Louvre en possède une réplique.

La Cité de David

Lectures bibliques

Prise de la ville par David : 2 S 6, 6-10
L'arche à Jérusalem : 2 S 2
Prophétie de Natan : 2 S 7, 1-17
L'adultère avec Bethsabée : 2 S 11

À quiconque s'intéresse à l'histoire ancienne de Jérusalem, s'impose la visite de la Cité de David, aujourd'hui englobée dans un parc naturel, aménagé pour la visite, à la suite des fouilles de l'archéologue israélien Yigal Shiloh (pour avoir une bonne vue d'ensemble de la modeste colline où se déroula l'histoire de Juda, depuis sa capture par David vers l'an 1000 à sa prise par Nabuchodonosor en 586, on peut se rendre à la *maison d'Abraham* dans la partie sud du mont des Oliviers).

Histoire

La toute première implantation humaine daterait de 5 500 ans, sur l'éperon rocheux situé au sud du mont du Temple. Il s'agit d'un triangle enserré, à l'est par la profonde vallée du Cédron, et à l'ouest par le Tyropéon (vallée des Fromagers, aujourd'hui pratiquement comblée). La première mention de la ville se trouve dans des textes égyptiens du XXe s. av. J.C.

Avant l'arrivée des Hébreux dans le pays, l'éperon est occupé par une peuplade jébuséenne. Mais son importance est si réduite que Josué néglige d'en faire le siège, si bien que l'agglomération ne devint le lot d'aucune tribu. Cette situation intéressa David lorsqu'il entreprit de se créer un royaume. Il voulut alors s'emparer d'Urushalim (Jérusalem). « David avec ses gens marcha sur Jérusalem contre les Jébuséens qui habitaient le pays, et ceux-ci dirent à David : ''Tu n'entreras pas ici ! Les aveugles et les boiteux t'en écarteront.'' Mais David s'empara de la forteresse de Sion : c'est la cité de David [...]. Puis David construisit un mur sur son pourtour, depuis le Millo vers l'intérieur » (2 S 5, 6-12).

Capitale politique, Jérusalem devait devenir aussi capitale religieuse avec la présence de l'Arche d'Alliance.

Deux autres épisodes de la vie de David sont à situer sur l'Ophel. Au roi qui « habite une maison de cèdre » et qui voudrait que Dieu habite aussi une belle maison, le prophète Nathan révèle que c'est Dieu lui-même, renversant la situation, qui promet de faire une « maison » à David, c'est-à-dire de maintenir toujours ses descendants sur le trône d'Israël (2 S 7, 1-17).

L'adultère commis avec Bethsabée s'inscrit lui aussi dans la configuration géographique de la ville en pente : le regard peut plonger. « Il arriva que le soir, David s'étant levé de sa couche et se promenant sur la terrasse du Palais, aperçut de sa terrasse une femme qui se baignait. Cette femme était très belle » (2 S 11).

Il en est de même pour la conspiration d'Absalon, fils de David, qui « se tenait au bord du chemin qui mène à la porte » pour recruter des clients pour son ambition ; David, sentant que son fils allait l'emporter « sortit à pied avec tout le peuple et s'arrêta à la

dernière maison » (2 S 15, 13-30). Après la défaite et la mort d'Absalon, David « rentra dans son palais de Jérusalem » (2 S 20, 3).
Puis viennent la vieillesse et la mort : « David se coucha avec ses pères et on l'ensevelit dans la Cité de David. Le règne de David sur Israël a duré 40 ans : à Hébron, il a régné sept ans, à Jérusalem, il a régné 33 ans » (1 R 2, 10).
Au sud de l'Ophel se trouve une carrière qui a détruit en partie deux grands tunnels s'enfonçant sous la colline. Certains spécialistes ont pensé que c'est dans ces cavités que furent ensevelis David et les rois de Juda jusqu'à la prise de Jérusalem par les Babyloniens. L'exploitation de cette carrière semble remonter à l'époque romaine, car les pierres ont servi à construire Aelia Capitolina au IIe s. ap. J.C. Mais certains indices ont amené Y. Shiloh à dater cette carrière des VIe-IVe s. avant notre ère. Ce qui pose une énigme : comment se fait-il que les juifs aient détruit les tombes de leurs grands rois David et Salomon ? Avait-on oublié que les tombes se trouvaient là ?

Visite des lieux

Voici les principaux résultats des fouilles brièvement décrits à partir de l'observatoire aménagé.

LA STRUCTURE À DEGRÉS :

Cette étrange construction, conservée sur une hauteur de 16,50 m, était sans doute destinée à soutenir un bâtiment massif, peut-être le palais royal. On est ici au point le plus élevé de la colline. On la fait remonter actuellement au Xe s. ; elle appartenait donc à la ville israélite. Cette structure s'appuyait en fait sur une autre plus ancienne de l'époque cananéenne et servit peut-être de plate-forme artificielle à la citadelle des Jébuséens. Au VIIe s., elle fut entaillée par deux terrasses et la construction de maisons que nous allons maintenant décrire.

LA TERRASSE SUPÉRIEURE :

Maison d'Ahiel. Une maison à 4 pièces a été dégagée, appelée « maison d'Ahiel », à cause de la découverte d'une inscription portant ce nom. La maison était dotée de toilettes « à la turque » (une

dalle percée d'un trou) dans une pièce carrée située plus au nord.
Maison brûlée. De l'autre côté d'un étroit passage se trouve une pièce du VIIe s., dévastée par les Babyloniens en 587/586 av. J.C. Les archéologues l'ont appelée « maison brûlée » à cause du nombre considérable d'objets carbonisés qu'ils y trouvèrent.

La terrasse inférieure :

Maison aux bulles. Elle contenait cinq bulles d'argile ayant servi à sceller des rouleaux de papyrus. Ces petits cylindres d'argile cuits par l'incendie témoignent de la destruction de la ville par les Babyloniens.

Les nouvelles fouilles permettent de se rendre compte de l'évolution de la ville à partir du moment où Néhémie entreprit de restaurer Jérusalem. Néhémie, inspectant les ruines de la Cité de David après l'exil, raconte avoir dû mettre pied à terre à cause de l'amoncellement de ruines qui s'y trouvaient (Ne 2, 13-15). Il abandonna ce versant oriental et fit construire une nouvelle ligne de défense au sommet de la pente, donnant ainsi à la ville des limites plus modestes, sans doute mieux adaptées à une population moins nombreuse. À l'origine, la structure à degrés se trouvait à l'intérieur du mur d'enceinte de la ville, situé à peu près à mi-pente. Maintenant extérieure au rempart, elle devenait une réelle source de danger. La structure fut alors recouverte d'un glacis destiné à empêcher les assaillants de gravir trop facilement la pente.
À l'époque hellénistique puis romaine, les murailles conservèrent ce nouveau tracé. Les deux tours furent reliées par cette impressionnante ligne de défense, large de 5 m et pourvue de redans, exactement comme dans la citadelle israélite d'Arad. Des maisons de la même époque ont été construites contre la face interne du mur. Elles ont la même structure que la « maison d'Ahiel » et témoignent de l'extension que connut Jérusalem sous le règne d'Ézéchias (*cf.* 2 Ch 32, 5-30 ; Is 22, 9-11). La ville, qui s'étendait sur 15 hectares deux siècles auparavant, en couvrait alors plus de 60 et n'avait pas sa pareille en Palestine !

LE PUITS DE WARREN. C'est à une vingtaine de mètres de ces ruines que se creuse le « puits de Warren », fouillé pour la première fois par Charles Warren en 1876. Dans un petit musée aménagé juste à côté du puits, des schémas expliquent très clairement le fonctionnement de l'un des plus anciens systèmes d'approvisionnement en eau de la ville. Les Israélites, peut-être même avant eux les Jébuséens, s'étaient servis d'une pente naturelle du rocher, qui fut aménagé en escalier, pour accéder à l'eau de Gihôn. Les eaux de la source furent déviées vers la base du puits vertical naturel. Il s'agit donc de l'aménagement le plus ancien permettant d'accéder à l'eau de la source, à partir de l'intérieur même de la colline.

LES TOMBEAUX DE LA VALLÉE DU CÉDRON

Sur la pente orientale de la vallée du Cédron, on aperçoit un certain nombre de monuments funéraires, auquel l'imagination populaire a attribué des « locataires » prestigieux. En réalité, toute cette région, occupée aujourd'hui en partie par le village arabe de Silwân, est un immense cimetière. Certaines chambres funéraires dateraient du IXe-VIIe s. av. J.C. Quatre monuments s'imposent au regard, du sud au nord.

La TOMBE DE LA FILLE DU PHARAON, qu'on prendrait au premier abord pour une petite maison du village de Silwân si elle n'était dépourvue de fenêtres. Ce monument date du IXe s. avant l'ère chrétienne et était au départ sommé d'une pyramide analogue à celle de la tombe de Zacharie ; les blocs de pierre furent enlevés pour d'autres constructions ; à la période byzantine, un moine y installa son ermitage.

La PYRAMIDE DE ZACHARIE, surmontée d'une pyramide monolithique. Une inscription en hébreu sur l'architrave indique que ce monument, ainsi que les catacombes dont il indiquait la direction plus au nord, appartenaient à la famille sacerdotale des Bené-Hézir (deuxième moitié du IIe s. av. J.C.).

Le TOMBEAU DE SAINT JACQUES, orné d'une colonnade à la frise dorique.

Le TOMBEAU D'ABSALON est un édifice séparé du banc rocheux, coiffé d'un curieux bonnet en forme d'entonnoir (cette couverture est en maçonnerie, à la différence du monument lui-même). L'édifice a

été évidé pour contenir une tombe mais servait surtout de « néfesch », monument funéraire destiné à accompagner la catacombe à huit compartiments creusés dans la colline. Il daterait du Ier s. de notre ère.
Ces monuments composent un paysage qui n'a pas dû se modifier substantiellement depuis l'époque évangélique. Au cours de ses nombreux va-et-vient à Jérusalem et dans la vallée du Cédron, Jésus a aperçu bien des fois le tombeau dit de Zacharie.
Sous le nom de VALLÉE DE JOSAPHAT, « Yahvé juge », la vallée du Cédron est devenue le lieu symbolique du jugement à la fin des temps, à partir d'un passage du prophète Joël : « En ces jours-là [...] quand je rétablirai Juda et Jérusalem, je rassemblerai toutes les nations, je les ferai descendre à la vallée de Josaphat ; là, j'entrerai en jugement avec elles [...] » (Jl 4, 1-2). Cette interprétation explique l'implantation du vaste cimetière juif sur les pentes du mont des Oliviers, comme d'ailleurs aussi les tombes chrétiennes grecques orthodoxes au fond de la vallée, et les tombes musulmanes, en contrebas de l'esplanade du Temple.

COUVENT DE L'ECCE HOMO — LE LITHOSTROTOS

Visite des lieux

Le couvent de l'*Ecce homo* tenu par les sœurs de Notre-Dame de Sion est ainsi appelé parce que, depuis le Moyen Âge, le site du prétoire où Pilate condamna Jésus à mort et prononça « *Ecce homo* (voici l'homme) » (Jn 19, 5) fut localisé dans la forteresse hérodienne de l'Antonia au nord-ouest du Temple. Les frères André et Marie de Ratisbonne, fondateurs des sœurs de Sion, achetèrent ce terrain en 1857. La localisation du prétoire à cet endroit fut confortée par la présence de « l'Ecce homo » dont la grande arche enjambe la rue et dont une petite fut enchâssée dans la basilique bâtie en 1862, et surtout par la découverte du *Lithostrotos*.
Cet ensemble architectural illustrait le récit de la condamnation de Jésus par Pilate dans l'évangile de Jean : « Pilate fit amener Jésus dehors ; il s'assit sur le siège du Juge à l'endroit appelé ''Place pavée'' (Lithostrotos) qu'on appelle « Gabbatha » en

hébreu » (19, 13). Les jeux tracés sur le Lithostrotos furent interprétés comme ceux des soldats romains gardiens de l'Antonia. Sur le Lithostrotos aussi, on pouvait rappeler la scène de dérision racontée par les évangiles (Mt 27, 27), l'imposition du manteau rouge et de la couronne d'épines, les génuflexions devant le « roi des Juifs ». L'aménagement des lieux, notamment de l'arc de l'Ecce homo et du Lithostrotos, permet, de fait, l'évocation de ces moments tragiques de la Passion de Jésus.

Histoire du site

Depuis l'installation des sœurs de Sion, les progrès de l'histoire et de l'archéologie ont permis de mieux connaître l'évolution du site. La première question qui se pose est de savoir si le procurateur romain lors de sa venue à Jérusalem pour les fêtes s'installait à l'Antonia près du Temple ou dans le palais d'Hérode. Mais nous savons que les autorités romaines avaient l'habitude de s'installer dans les palais des anciens maîtres du pays : il faudrait alors situer la comparution de Jésus devant Pilate dans le palais d'Hérode au sud de la citadelle. D'autre part l'interprétation des fouilles archéologiques a amené à une estimation plus fondée de l'évolution du site.
Les fouilles ont montré que l'endroit a été profondément transformé par Hérode quand il bâtit la forteresse Antonia à l'angle nord-ouest du Temple. Il nivela le côté sud de la colline de Bethesda et en utilisa une partie comme carrière ; au nord de l'Antonia, il creusa un fossé et dans ce fossé une piscine, le *Struthion*, que l'on identifie à la double citerne trouvée sous le couvent de l'Ecce homo. La forteresse Antonia fut rasée en 70. En 135, l'endroit fut intégré dans les plans de la nouvelle ville Aelia Capitolina et un forum y fut établi. Pour cela le fossé fut comblé et recouvert d'un beau pavement (le Lithostrotos), la piscine du Struthion que l'on visite dans le couvent fut aussi recouverte de deux voûtes pour soutenir le pavement (elle fut divisée, dans le sens de la longueur, par un mur à arcades qui servit de point d'appui pour les voûtes). Le forum fut décoré par un arc monumental dont deux arches ont été conservées. À l'époque byzantine, le site fut souvent modifié, mais la tradition n'y localisa aucun événement évangélique jusqu'au Moyen Âge.

Saint-Sépulcre

Le Golgotha à l'époque du Christ

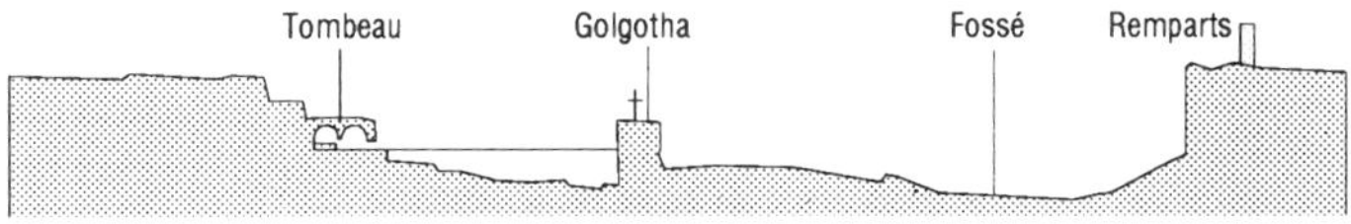

Complexe constantinien

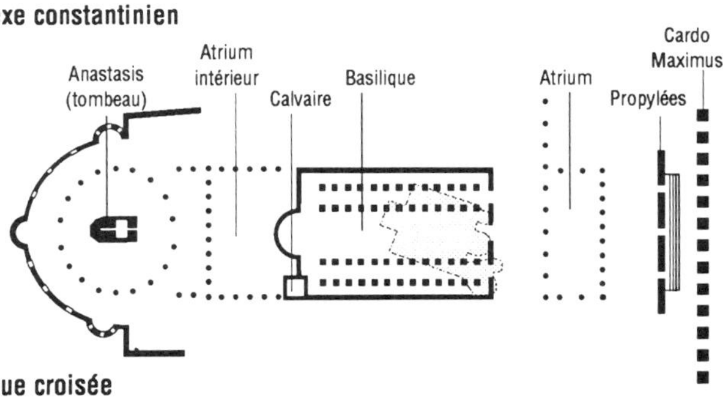

Basilique croisée

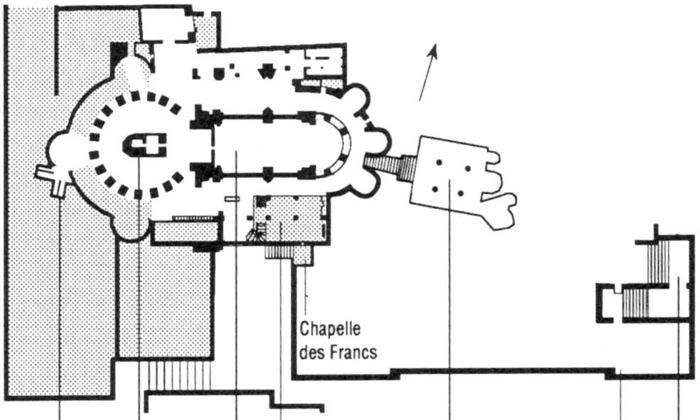

LE SAINT-SÉPULCRE

Le Saint-Sépulcre est un monument complexe qui ne se livre pas d'emblée. S'il est un haut lieu auquel il faille se préparer — historiquement et spirituellement —, c'est bien celui-là. Au Saint-Sépulcre, le visiteur arrive en général avec, dans son imaginaire, une colline isolée, située en dehors des remparts, un caveau creusé dans le roc, un jardin planté d'arbres. Et voilà qu'il se trouve devant une église, de surcroît pleine de dédales et de recoins obscurs, elle-même resserrée dans des couvents. Et en pleine ville !

Or tout ceci, paradoxalement, milite en faveur de l'authenticité des Lieux saints. Lorsque l'architecte de Constantin, au IVe s., choisit pour vénérer les lieux de la Passion et de la mort de Jésus, il s'arrêta à un endroit improbable, depuis des siècles situé en pleine ville. Et pourtant c'est là qu'il bâtit une splendide basilique. Ce lieu témoigne d'une incontestable continuité dans la vénération du Sépulcre du Christ.

Le P. Vincent, célèbre archéologue de la Terre sainte, disait déjà en 1939 : « Depuis 45 ans, j'étudie les Lieux saints. Chaînon par chaînon, j'ai reconstitué toute la tradition du Saint-Sépulcre et du Calvaire. Je suis plus sûr de leur authenticité que de celle du tombeau de Napoléon » (*Vie intellectuelle*, octobre 1939, p. 22).

Mais c'est la préparation spirituelle qui donne la véritable clé du Saint-Sépulcre. La foi chrétienne est passage de la mort à la vie, à travers la Passion et la Résurrection de Jésus.

CHRONOLOGIE

avril 30	Mort de Jésus sur le Golgotha.
42 ap. J.C.	Les lieux de la mort et de l'ensevelissement sont englobés à l'intérieur des remparts.
135	L'empereur Hadrien construit le forum et le Capitole d'Aelia Capitolina sur le Golgotha.
325	L'empereur Constantin fait construire une rotonde (l'Anastasis), un atrium et une basilique.

1009	Destruction de l'édifice par le calife Hakim.
17 juillet 1099	Prise de Jérusalem par les croisés.
15 juillet 1149	Consécration de la basilique des croisés.
1808	Incendie.
1927	Le bâtiment est étayé sous le mandat anglais.
1961	Début effectif de la restauration du Saint-Sépulcre.

Les données évangéliques

La Passion et la mort de Jésus s'insèrent dans la géographie de la Jérusalem du Ier s. Les évangélistes nous fournissent suffisamment d'informations sur l'événement pour que nous puissions nous faire une idée précise du lieu et de sa configuration. Voici les données évangéliques :

Sur le Calvaire :
— Le lieu s'appelle Golgotha. « Ils se saisirent donc de Jésus. Portant lui-même sa croix, Jésus sortit et gagna le lieu dit du Crâne qu'en hébreu on appelle Golgotha » (Jn 19, 16 b-17).
— Il est proche de la ville. « L'endroit où Jésus avait été crucifié était proche de la ville » (Jn 19, 41-42).

Sur le Tombeau :
— Il se trouve tout près, dans un jardin.
Près du Golgotha s'étend un jardin qui contient un tombeau creusé dans le roc (Mt 27, 60 ; Mc 15, 60) et situé dans un jardin (Jn 19, 41). Joseph d'Arimathie dépose le corps de Jésus dans ce tombeau qui *n'a jamais servi* (Lc 23, 53).
À l'intérieur, sur le côté droit, il y a un banc (Mc 16, 5). Il est fermé par une lourde pierre qu'il faut rouler (Mt 28, 2 ; Mc 16, 5 ; Lc 24, 2 ; Jn 20, 1).
Pour faire droit à l'usage juif qui interdisait la présence de tombeaux à l'intérieur d'une agglomération, le tombeau devait se trouver en dehors de la ville. Ce que confirme Jn 19, 20.
Et de fait, le tracé des remparts à cette époque, tel qu'on a pu le reconstituer, laisse le Golgotha à l'extérieur des murs. La présence près du Tombeau de tombes hérodiennes va dans le même sens.

L'histoire.

ÉPOQUE ROMAINE. À partir de l'érection, par Agrippa Ier (41-44), d'une nouvelle enceinte, le Golgotha se trouva englobé dans le périmètre de la cité. Lors de la construction d'Aelia Capitolina (132), le site du Golgotha fut réservé au forum où on édifia un temple de Vénus. Les travaux de remblayage entrepris à cette occasion masquèrent les lieux primitifs, sans que la localisation du Calvaire fût pour autant perdue de vue. Des pèlerins affluèrent d'ailleurs très tôt et, chose remarquable, on ne songea jamais à créer ailleurs quelque Golgotha factice [1].

PÉRIODE BYZANTINE. Dès 325, des fouilles faites sous le forum par l'évêque Macaire mirent au jour le saint Tombeau. Avec la venue à Jérusalem de sainte Hélène commença la construction du grandiose sanctuaire constantinien. Il comprenait un ensemble d'édifices juxtaposés, disposés selon un axe longitudinal. Au-dessus du Tombeau préalablement isolé du rocher, on édifia une vaste rotonde couronnée d'une coupole : ce fut l'Anastasis (Résurrection). Devant l'Anastasis, un large atrium à portiques s'étendait vers l'est, englobant le Calvaire. Venait ensuite une basilique romaine à cinq portiques, le Martyrium, dont la chapelle de la Croix constituait la crypte. Un second atrium enfin rejoignait le Cardo Maximus, Grande Rue de la ville, où était l'entrée principale du sanctuaire. Le tout était échelonné d'est en ouest sur quelque 100 m. Consacré en 335, le sanctuaire constantinien fut incendié en 614 par Chosroès II. L'higoumène Modeste relevait l'Anastasis dès 630, le reste étant aussi réédifié tant bien que mal. En 967, nouvel incendie provoqué par des musulmans fanatiques, prélude au saccage perpétré en 1009 par Hakim, qui s'acharna particulièrement sur le Tombeau. Une restauration hâtive fut entreprise en 1048 sous Constantin Monomaque qui fit rebâtir la rotonde, et restaurer plus ou moins sommairement les chapelles de la Croix et du Calvaire.

1. Le « Garden Tomb » (Tombeau du jardin) que l'on montre au nord de la porte de Damas n'a aucune authenticité (il n'a été « découvert » qu'au siècle dernier par un major anglais, Gordon ; par contre il est intéressant de visiter ce tombeau, creusé dans un jardin, qui permet d'évoquer les sépultures juives anciennes.

LE SANCTUAIRE CROISÉ. La basilique actuelle, œuvre des croisés, fut conçue de façon qu'elle englobât les trois chapelles existantes. La rotonde fut simplement réparée et on bâtit une église nouvelle, faite d'un large transept qui s'appuie sur la rotonde et d'une nef limitée par une double rangée de piliers et se terminant en abside. On ménagea un déambulatoire autour du sanctuaire et le tout fut couronné d'une gracieuse coupole. Commencé en 1130, l'édifice fut consacré le 15 juillet 1149, soit 50 ans jour pour jour après l'entrée des croisés à Jérusalem. La grandiose basilique a mal vieilli : aux injures du temps, aux séismes et aux incendies se sont ajoutées les interminables disputes entre confessions chrétiennes rivales qui interdisaient toute réfection sérieuse. Aussi est-ce avec joie que le monde chrétien salua l'entreprise de restauration entamée, après accord entre les confessions intéressées, en vue de rendre au monument son élégance première.

LES CONFESSIONS RELIGIEUSES AU SAINT-SÉPULCRE

Trois confessions religieuses ont une situation privilégiée en tant que gardiennes du Lieu saint : les grecs orthodoxes, les latins (franciscains), les arméniens. Ce sont elles qui ont signé la décision de restaurer le Saint-Sépulcre.

Les *latins* occupent le transept nord (chapelle de l'Apparition) ; les *arméniens*, le transept sud et la chapelle Sainte-Hélène ; les grecs, la nef centrale (catholicon).

Ces trois confessions se répartissent les horaires diurnes et nocturnes pour leurs services religieux respectifs. Grecs et latins se partagent la chapelle du Calvaire.

Quant aux Coptes (chrétiens d'Égypte), ils disposent d'une petite chapelle accolée au chevet de l'édicule du Tombeau ; les chrétiens syriens ont une chapelle qui s'ouvre sur un tombeau dit de Joseph d'Arimathie. Les éthiopiens ont leur couvent au-dessus de la chapelle Sainte-Hélène.

Pour tous les visiteurs occidentaux non prévenus, la désunion des chrétiens est un douloureux sujet d'étonnement. Grecs, latins, arméniens, voire syriens, coptes et éthiopiens y apparaissent au premier abord comme des frères qui, s'ils ne se haïssent plus au grand jour, semblent s'ignorer superbement en vaquant, imperturbables, à leurs propres liturgies. Mais on évitera de crier trop vite au scandale.

Cette division est le reflet de la division réelle, non encore totalement surmontée, vécue à la fois dans la souffrance et l'espérance, qui est celle des Églises chrétiennes d'aujourd'hui. La diversité liturgique est en soi un facteur de richesse ; elle est le reflet de l'universalité même de la foi chrétienne. Et comment ne pas être sensible à l'acharnement des chrétiens à être présents au Saint-Sépulcre ? À côté des communautés « puissantes » (orthodoxes, latins, arméniens), les plus pauvres sont là, Coptes et Abyssins, qui doivent se contenter soit d'une chapelle minuscule, soit d'un antre poussiéreux.
Grâce à eux, grâce aussi à la communauté locale de langue arabe, le Saint-Sépulcre reste vivant et ne devient pas un musée.
Enfin, un grand progrès s'est manifesté entre communautés surtout après le voyage de Paul VI à Jérusalem en 1965. Ce rapprochement s'est traduit de la manière la plus concrète qui soit, par la restauration en commun de l'édifice pour les trois grandes confessions « gardiennes » du Saint-Sépulcre.

Visite du Saint-Sépulcre

Le parvis. On accède au Saint-Sépulcre par une petite place dallée (de 20 m sur 20 m), bordée sur trois côtés :
— au fond par la façade de la basilique ;
— à gauche par des chapelles grecques orthodoxes ;
— à droite par le couvent Saint-Abraham.
C'est le meilleur endroit pour prendre conscience de l'emplacement respectif des lieux majeurs englobés dans le même monument : le Calvaire sur la droite de la façade et le Tombeau.

La façade. La façade comprend, au rez-de-chaussée, deux portes jumelles auxquelles correspondent au premier étage deux fenêtres, avec même disposition et même ornementation. Elle présente des arcs en ogive, mais il s'agit d'une œuvre romane, non dépourvue d'une robuste beauté. La *porte de droite* est fermée depuis la reprise de Jérusalem par Saladin en 1187. À gauche, *le clocher roman* œuvre des croisés, comportait à l'origine cinq étages : il en a perdu trois lorsqu'il s'est écroulé, en 1545, écrasant le baptistère voisin.

Entrée de la basilique. On pénètre dans la basilique par le côté sud et on débouche dans un portique rectangulaire qui comprend en fait deux parties bien

distinctes : le narthex et le transept sud de la basilique.
Il y a une dizaine d'années encore, à la fin des travaux de restauration du catholicon (ou chœur des grecs), le visiteur pouvait, dès l'entrée, embrasser d'un seul coup d'œil la disposition d'ensemble de l'œuvre des croisés. Le mur élevé par les grecs orthodoxes autour du catholicon est venu malencontreusement briser l'espace et rendre plus malaisé le déchiffrement du monument. On voit donc en pénétrant :
— juste en face un mur couvert de tableaux (catholicon, ou chœur des grecs) ;
— à droite, la plate-forme du Calvaire ;
— à gauche, l'ouverture qui mène à la rotonde de l'Anastasis (tombeau), lequel se trouve à 25 mètres.
Au centre, la *Pierre de l'onction* (2,70 m de long, 0,30 m de hauteur) sur laquelle le corps du Christ aurait été sommairement embaumé en vue de son ensevelissement.
Les chandeliers qui l'entourent et les lampes qui y brûlent appartiennent aux communautés latine, grecque, arménienne, copte et syrienne qui possèdent l'endroit en commun.

LA CHAPELLE D'ADAM. Avant de monter sur la plate-forme du Calvaire, on entrera d'abord, au rez-de-chaussée, dans la chapelle dite d'Adam. Cette chapelle permet de se rendre compte de la matérialité du rocher original du Calvaire, piton de malaky, creusé, aménagé au fil des siècles.

LE CALVAIRE. On montera ensuite à la plate-forme du Calvaire, à laquelle on accède par un escalier très raide. Le sommet est à 4,70 m au-dessus du pavage de l'entrée et, repose, pour un quart environ, sur le rocher et, pour le reste, sur des piliers.
En haut de l'escalier, l'espace est réparti entre deux chapelles, à droite celle des latins et à gauche celle des orthodoxes.
— On arrive d'abord dans la *chapelle latine* de la mise en croix. Sur la voûte, à travers des rinceaux de vigne, on aperçoit un Christ en gloire, reste de mosaïques médiévales. La chapelle a été restaurée en 1937 : les mosaïques murales sont de cette époque (en particulier la scène du crucifiement derrière l'autel).

— À gauche de l'autel des latins, le petit *autel du Stabat*.
— À gauche encore, sous une cage de verre, le *roc naturel du Golgotha*.
— Au-delà des piliers, la *chapelle grecque* du Sauveur-mort sur la Croix. Derrière l'autel, une iconostase en bois, recouverte par endroits de plaques d'argent, représente la Vierge et Jean de chaque côté de la Croix. Sous l'autel, une cavité dont les rebords sont recouverts de lames d'argent, sauf au point où on peut toucher le roc du Calvaire : selon la tradition, cette cavité marque l'endroit où était fixée la croix du Christ.

LA ROTONDE DE L'ANASTASIS. Après être descendu du Calvaire par un deuxième escalier, sur le côté nord, on longe à nouveau la pierre de l'onction, on dépasse la section arménienne et on pénètre sous la *rotonde de l'Anastasis* (19,30 m de diamètre).
Le visiteur se trouve dans la « tête », située à l'extrémité ouest, du monument constantinien, dont l'architecture circulaire a été conçue avant tout pour abriter un tombeau, et non pour faciliter les célébrations liturgiques (lesquelles avaient lieu dans le martyrium à l'est).
Il nous faut certes faire un grand effort d'imagination pour évoquer le plan rocheux où s'ouvrait la porte du tombeau, puis les aménagements successifs à partir de Constantin qui isola le tombeau de la masse rocheuse et l'enferma dans une splendide rotonde à ciel ouvert.
Au fond de la rotonde, on ne manquera pas de visiter, dans la chapelle des syriens, un hypogée juif d'époque hérodienne (on attribue l'une de ces tombes à Joseph d'Arimathie). La présence de ces sépultures tend à prouver que le tombeau de Jésus se trouvait inclus dans une zone funéraire, donc en dehors de la ville, puisqu'il n'était permis d'inhumer qu'à l'écart des murs d'habitation.

L'ÉDICULE. Au milieu de la Rotonde s'élève un édicule dont la construction a été achevée en 1810 et qui marque l'emplacement du tombeau, détruit par Hakim. Totalement isolé de l'église, il mesure 8,25 m de long et 5,50 m de haut. Sa façade (à l'est) est un assemblage composite où tableaux, bas-reliefs, inscriptions, appartenant aux trois grandes

communautés propriétaires, constituent un surprenant défi à toute esthétique. L'édicule reproduit la disposition traditionnelle des tombeaux juifs :
— Un *vestibule* (la *chapelle dite de l'Ange*), où l'on vénère un fragment qui proviendrait de la pierre obstruant l'entrée du Tombeau du Christ et sur laquelle l'ange se serait assis.
— Une *chambre sépulcrale* de 2,07 m × 1,90 m, à laquelle on accède par une porte basse et qui imite l'aménagement des tombes de type « arcosolium ». La banquette funéraire est marquée par une épaisse plaque de marbre.
L'un des endroits les plus émouvants du Saint-Sépulcre est la minuscule chapelle copte accolée au chevet même de l'édicule. C'est le symbole de l'attachement passionné des chrétiens au tombeau de leur Sauveur. Par une fente sous l'autel, on peut toucher le roc original du tombeau.
On remarquera, en sortant, les ouvertures pratiquées dans les parois de la chapelle de l'Ange. Elles servent le Samedi saint aux orthodoxes pour communiquer aux fidèles le « feu sacré » venu du ciel, cérémonie déjà attestée au IXe s.

LE CATHOLICON. En sortant de l'édicule, on traverse l'espace qui sert de chœur aux latins dans la direction de l'est : on remarque deux piliers massifs qui font la jointure entre l'Anastasis et le catholicon, ou chœur des grecs. On appelle ainsi la nef centrale et l'abside de l'église romane des croisés. Toute cette partie a été restaurée avec infiniment de goût et de science. Une fois les travaux de restauration achevés, on a vu surgir une belle église romane, robuste mais sans lourdeur.
Le chœur, qui appartient aux grecs, a malheureusement été de nouveau entouré de hauts murs qui brisent l'espace et empêchent la lecture de l'ensemble. La coupole qui surmonte cette partie comprend un tambour à arcatures, éclairé de huit fenêtres et un dôme de pierre.
Pour les croisés, cet endroit, nouveau cœur de l'édifice, était le centre du monde. Ils reprenaient à leur compte une idée familière à bien des religions du monde. Cyrille de Jérusalem ne s'est-il pas écrié : « Le Christ a étendu ses mains sur la Croix pour embrasser le monde entier, car le Golgotha était au centre du monde » (*PL* 9, 1075). D'où la présence de

l'*omphalos* (ombilic), vase en marbre blanc marqué d'une croix.

LES CHAPELLES LATÉRALES. Après avoir quitté l'entrée du chœur des grecs, on se dirige vers le transept nord qui appartient aux latins. C'est le pendant de la section arménienne, au sud. Toute cette partie vient d'être restaurée avec beaucoup de sobriété en laissant apparaître, dans toute la mesure du possible, la belle pierre d'origine.
C'est dans la chapelle de l'Apparition que les groupes latins célèbrent l'eucharistie, après avoir visité le calvaire et l'emplacement du tombeau.

ARCEAUX DE LA VIERGE. En sortant de la chapelle, après avoir longé la sacristie latine (où l'on peut se faire montrer l'épée et les armes de Godefroy de Bouillon !), on parvient sous les sept *« arceaux de la Vierge »*.
Il s'agit d'une colonnade constituée de piliers carrés et de colonnes, reliées par des arceaux. Colonnes et piliers romans et byzantins se reconnaissent aisément à leurs chapiteaux.

CHAPELLES DE L'ABSIDE. La galerie des arceaux de la Vierge est prolongée par la *chapelle grecque de la prison* où, selon la tradition, le Christ aurait été enfermé pendant qu'on apprêtait la Croix sur le Calvaire.
Suivent, le long du déambulatoire sud, les chapelles de *Saint-Longin* (le soldat qui perça de sa lance le côté du crucifié) ; de la *Division des vêtements* ; des *Impropères*, où l'on montre un fût de colonne où le Christ se serait tenu assis tandis qu'on le couvrait d'injures (impropères).

CHAPELLE SAINTE-HÉLÈNE. En suivant toujours le déambulatoire sud, on rencontre un escalier de 29 marches qui s'enfonce vers la crypte de Sainte-Hélène. Cette chapelle est assurément l'un des endroits les plus « mystérieux » et fascinants du Saint-Sépulcre, avec son clair-obscur et l'odeur d'encens qui y flotte en permanence.
Dans la basilique de Constantin, elle se trouvait au-dessous du Martyrium, mais ce n'est que sous les croisés qu'elle reçut sa forme actuelle. La chapelle elle-même est à plan carré ; quatre colonnes partagent la voûte en neuf compartiments, dont celui du

centre est occupé par une coupole (c'est celle que l'on aperçoit sur la terrasse occupée par les moines abyssins). En 1950, les arméniens auxquels appartient la chapelle ont fait réapparaître les belles mosaïques du pavement, qui représentent des églises d'Arménie, avec leur clocher caractéristique.

CHAPELLE DE L'INVENTION DE LA CROIX. On descend ensuite par une volée de treize marches jusqu'à la chapelle de l'Invention de la Sainte Croix, cavité de 7 m de longueur, où le roc original apparaît désormais à nu, et dont la destination reste imprécise. Ce serait sans doute une citerne antérieure à la mort de Jésus. L'autel latin, à gauche, est un don de l'archiduc Maximilien d'Autriche.
D'après la tradition, c'est à cet endroit qu'Hélène, mère de l'empereur Constantin effectivement venue en Palestine en 326, aurait découvert la vraie Croix. C'est seulement en 395 qu'Ambroise de Milan lui attribue la découverte de la Sainte Croix en se fondant sur des sources grecques. On voit ici à l'œuvre la volonté d'établir un lien entre la découverte et la mère vénérée de l'empereur qui avait assuré le triomphe du christianisme.
Quoi qu'il en soit, cette « invention » de la Croix fut à l'origine d'une dévotion qui ne tarda pas à se répandre dans l'ensemble du monde chrétien. « Le saint bois de la Croix, visible parmi nous jusqu'à ce jour, constitue un témoignage, et le monde entier est rempli de fragments qui ont été extraits avec foi » (saint Cyrille de Jérusalem).

LA SECTION ARMÉNIENNE. Nous poursuivons notre visite en suivant, du côté gauche, le déambulatoire. Nous passons de nouveau devant le Calvaire, la Pierre de l'onction, et aboutissons à la section appartenant aux arméniens.
Lorsqu'on arrive dans la partie appartenant en propre à la communauté arménienne, le regard se porte aussitôt sur la mosaïque de la Crucifixion qui couvre le mur, œuvre moderne qui s'inspire d'une enluminure d'un manuscrit arménien.
Au pied d'un escalier, une structure de métal prétend fixer l'endroit où se tenaient les trois Maries pendant la Crucifixion.
Avec autorisation, on peut visiter le divan, salon d'honneur où le clergé arménien se réunit avant les célébrations.

LE MONT DU TEMPLE

Lectures bibliques

Ancien Testament : David achète l'aire d'Ornan : 2 S 24, 15-25 ; Construction et dédicace du Temple : 1 R 5, 15 à 8, 21 ; Athalie et Joas : 2 R 11, 1 à 12, 17 ; Vision d'Isaïe : Is 6 ; Découverte du Livre de la Loi et réforme de Josias : 2 R 22-23 ; Les tribulations de Jérémie : Jr 19, 14 à 20, 6 ; 26 ; 36 ; 37 ; 11 à 38, 28 ; L'idolâtrie au Temple : Ez 8 à 10 ; Destruction de 586 : 2 R 25, 9 ; Reconstruction : Esd 5, 5.6 ; Profanation d'Antiochus : 1 M 1, 52-60 ; Purification par Judas Maccabée : 1 M 4, 36-59
Nouveau Testament : Annonce de la naissance de J.B. : Lc 1, 8-22 ; Présentation de Jésus : Lc 2, 22-38 ; Jésus avec les Docteurs : Lc 2, 41-50 ; Jésus enseigne au Temple : Lc 20-21 ; Jn 7, 8, 10, 22-39 ; Les vendeurs du Temple : Mt 21, 12-17, 23-46 ; Jn 2, 13-22 ; Les apôtres au Temple, Pierre et Jean : Ac 3, 1 à 4, 3 ; Paul : Ac 21, 26 à 22, 24

L'espace que l'on appelle aujourd'hui « mont du Temple », ou, en arabe, Haram es-Shérif (noble sanctuaire), est une esplanade de 500 m × 300 m, comprise entre la croupe du Bézatha au nord, l'Ophel au sud, le Tyropéon à l'ouest et le ravin du Cédron à l'est. Il renferme deux chefs-d'œuvre de l'art musulman : le *Dôme de la Roche*, improprement appelé « mosquée d'Omar » ; et la *mosquée el Aqsa*, c'est-à-dire la « lointaine » (par rapport à La Mecque). Cet espace, qui recouvre à peu près exactement l'enceinte du temple d'Hérode, est sacré pour les trois religions monothéistes :
— pour les juifs : c'est l'emplacement du Temple de Jérusalem, celui de Salomon puis d'Hérode, cœur de la vie religieuse juive pendant un millénaire ;
— pour les chrétiens : c'est le cadre de nombreux épisodes de la vie de Jésus (Présentation, enseignement, expulsion des marchands, etc.) ;
— pour les musulmans, c'est le point de départ de l'ascension nocturne qui conduisit Mohammed

Temple de Jérusalem

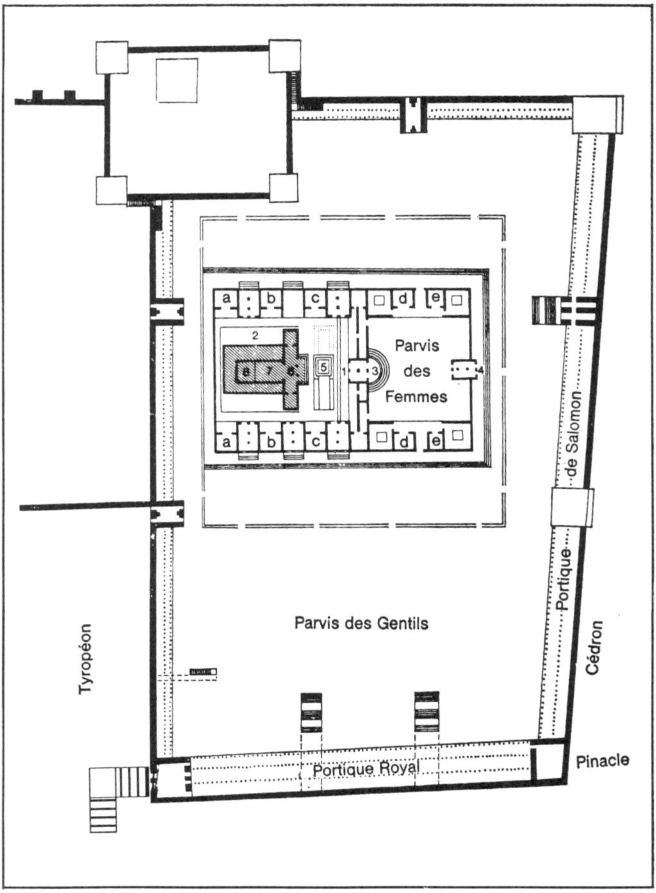

1. Parvis d'Israël
2. Parvis des Prêtres
3. Porte de Nicanor
4. La Belle Porte
5. Autel des Holocaustes
6. Vestibule
7. Saint
8. Saint des Saints

a b c d e : chambres destinées aux divers services du Temple (l'une d'elles servait aux réunions du Sanhédrin ; une autre abritait le Trésor).

jusqu'au ciel. Une légère dépression au-dessus du rocher est considérée comme l'empreinte du pied de Mohammed (ou de sa jument).
On accède en général au Haram es-Shérif par la porte des Maghrébins, après avoir monté une rampe, au sud du mur occidental.

Évolution historique et archéologique

LE TEMPLE DE SALOMON. David avait acquis à prix d'argent l'aire d'Ornan et il y avait bâti un autel. À Salomon revint l'honneur d'édifier le Temple, futur sanctuaire national d'Israël. Il conçut un ensemble architectural comprenant un palais royal fastueux et, plus au nord, un « Temple pour le Nom de Yahvé ».
Celui-ci était un bâtiment rectangulaire orienté d'est en ouest, comportant 3 pièces : le vestibule (Ulam), le Saint (Hékal), dans lequel on plaça autel des parfums, table d'offrandes et autres accessoires, et enfin le Saint des Saints (Debir), réceptacle obscur de l'Arche. L'autel des Holocaustes fut érigé devant le sanctuaire, sans doute sur la Roche sacrée. Sur le parvis était disposé le reste du mobilier cultuel, la mer d'Airain, vasque de bronze destinée à l'eau lustrale, et 10 bassins mobiles montés sur roues. Commencé vers 960, l'édifice était solennellement consacré 7 ans plus tard. Autour de cette « Demeure de Yahvé » s'organisa la vie liturgique d'Israël jusqu'en 587 où le Temple fut incendié.

TEMPLE DE ZOROBABEL. Un nouveau sanctuaire, plus modeste, fut construit entre 515 et 510, à l'instigation surtout de Zorobabel. Il se maintiendra près de 5 siècles, jusqu'à Hérode le Grand.

TEMPLE D'HÉRODE. Dans le but de se concilier les juifs, Hérode l'Iduméen entreprit une spectaculaire reconstruction du Temple, conçue de telle sorte qu'on n'eût pas à interrompre le culte. L'esplanade fut élargie sensiblement aux dimensions actuelles, ce qui obligea à édifier des murs de soutènement à l'est et au sud. Le terre-plein central fut aménagé pour recevoir le sanctuaire rénové et les parvis intérieurs, cour des femmes, cour des Israélites et cour des prêtres autour de l'autel. Le parvis des Gentils s'étendait autour du terre-plein, séparé des précédents par un cancel de pierre. Les travaux commencés l'an 20 av. J.C. ne furent achevés qu'en 64 ap. J.C. Six ans plus tard, le Temple était incendié par les Romains et ne fut plus jamais relevé.

ÉPOQUE MUSULMANE. Hadrien intégra l'esplanade à Aelia Capitolina. Elle connut ensuite des siècles d'abandon au point de devenir un dépotoir d'immondices. En 638, le calife Omar fit déblayer autour de la Roche et il y pria : l'esplanade était désormais terre d'islam. Conquérant aux goûts modestes, Omar se contenta d'élever une mosquée de fortune au sud de Haram. C'est Abd-el-Malik qui fit construire le Dôme de la Roche, de 687 à 691, aidé par des architectes et des décorateurs chrétiens. La mosquée el Aqsa date du calife al Walid (705-715). Achevée en 780, elle fut souvent remaniée par la suite.

LE DÔME DE LA ROCHE

La mosquée dite d'Omar, orgueil de l'islam, se dresse au centre de l'esplanade, sur un terre-plein surélevé de 3 m. On ne peut qu'admirer l'harmonie qui se dégage de la belle coupole et du revêtement de faïence qui décore la façade. La richesse de l'intérieur est mise en valeur grâce à la lumière tamisée par trente-six merveilleux vitraux polychromes, dont certains remontent à Soliman le Magnifique (1529). Malgré de nombreuses restaurations (la dernière date de 1964), l'édifice est resté substantiellement le même que lors de sa construction.

La mosquée, de proportions rigoureusement mathématiques, est un octogone qui s'inscrit dans un cercle de 27 m de rayon. Dès son entrée, le visiteur est frappé par la présence massive, au centre de l'édifice, d'un banc de rocher entouré d'une balustrade, qui a donné son nom à l'édifice en arabe : Qoubbet es-Sakhrah, c'est-à-dire « Coupole du Rocher ». Selon une hypothèse, cette roche aurait correspondu à l'autel des sacrifices, situé devant l'entrée du Temple proprement dit, à l'époque du temple d'Hérode : le trou qui perce la roche encore aujourd'hui aurait été destiné à assurer l'écoulement du sang.

Dans la tradition musulmane (il n'est pas mentionné dans le Coran), le Rocher (Sakhrah) vient tout de suite après la Ka'aba de la Mecque dans l'ordre de sainteté. Autour de lui s'est développé un foisonnement de symboles.

C'est un des rochers du paradis ; sous le Rocher, tous les prophètes ont prié dans la grotte où se trouve le *puits des Esprits* ; au fond de ce puits, les âmes des morts s'assemblent deux fois par semaine. Dans la tradition juive, le rocher correspondait au mont Moriah, au sommet duquel Abraham avait sacrifié Isaac.

Aucune tradition musulmane ne fait allusion au sacrifice d'Abraham sur le Rocher ; le principal « mérite » de celui-ci, et la raison essentielle de sa vénération, c'est son lien avec le Jugement dernier. Aux derniers temps, une voix sortira du Rocher, celle de Jésus, fils de Marie, venu délivrer les croyants de l'Antéchrist. L'ange Israfel, dressé sur le rocher, soufflera dans la trompette pour annoncer la Résurrection.

La polémique anti-chrétienne s'inscrit dans le « Dôme de la Roche » :

— Les pendentifs et les diadèmes figurant sur les mosaïques de la coupole, et qui étaient les ornements typiques des souverains de Byzance, apparaissent désormais comme les dépouilles d'un empire déchu.

— L'inscription de fondation, qui court sur les côtés de l'octogone intérieur, comporte des versets du Coran récusant le mystère de la Trinité et la divinité du Christ. « Vous, les gens du Livre, reconnaissez les limites de votre religion et ne dites que la vérité sur Dieu ; le Messie Jésus, fils de Marie, n'est qu'un envoyé de Dieu, création de sa Parole qu'il transmit à Marie, un Esprit né de lui. Croyez donc en Dieu et en ces envoyés, mais ne dites nullement Trois. Cela serait mieux ainsi. Dieu est le seul Dieu. Loin de lui dans sa gloire d'avoir engendré un fils. »

L'Esplanade

La Coupole de la Chaîne. On appelle ainsi un petit dôme, reposant sur 17 colonnes, qui paraît la réplique du Dôme de la Roche. On ignore la destination exacte de ce gracieux édifice. On a d'abord pensé qu'il s'agissait de la « maquette » du Dôme de la Roche, destinée à servir de modèle à ce dernier. Il est plus vraisemblable de penser qu'il s'agit du trésor du Haram. Quant au nom de l'édifice, il est emprunté à une légende musulmane selon laquelle Salomon aurait suspendu une chaîne au toit : les parjures qui tiendraient le bout de la chaîne tomberaient foudroyés.

LES BALANCES. Les gracieuses arcades qui décorent chacun des huit escaliers accédant à l'esplanade du Dôme de la Roche s'appellent « balances » (*mawazin* en arabe) : au jugement dernier, des balances y seront suspendues pour la pesée des âmes. Elles ont été élevées à des époques très différentes (du Xe au XVe s.).

LA FONTAINE DU SULTAN QAITBEY. C'est une fontaine publique offerte à la ville par le sultan Qaitbey, en 1482.

LA CHAIRE DU JUGE est un élégant minbar (chaire) érigé là au XIVe s.

LA PORTE DORÉE. En longeant le mur est de l'esplanade, on atteint la porte Dorée, aujourd'hui murée. L'histoire de cette porte est assez énigmatique. Le temple d'Hérode avait une porte orientale donnant sur le mont des Oliviers, et on en a effectivement trouvé des vestiges remontant à cette époque.
La structure actuelle remonte à la période byzantine. Peut-être la porte a-t-elle été construite pour accueillir solennellement l'empereur Héraclius lorsqu'il rapporta, en 631, la Croix dont s'étaient emparés les Perses en 614. Selon une légende, les pierres de la porte se resserrèrent pour former un mur lorsque l'empereur, vêtu d'habits magnifiques, voulut la franchir. Elle s'ouvrit de nouveau lorsqu'il revint plus tard portant d'humbles vêtements. En 634, les musulmans condamnèrent la porte. Elle fut de nouveau ouverte par les croisés : deux fois par an, le jour des Rameaux et à la fête de l'Exaltation de la Croix, elle était franchie par une procession. De nouveau, elle fut condamnée et l'est restée jusqu'à nos jours. Selon une tradition musulmane, elle ne s'ouvrira de nouveau que lorsque Jésus, fils de Marie, reviendra pour le Jugement dernier.
Le nom de porte Dorée (en latin *aurea*) provient d'une confusion avec la Belle Porte (en grec *oraia*), qui séparait le parvis des païens de celui des juifs (et où Pierre et Jean guérirent un boiteux ; Ac 3, 1-10).

LES ÉCURIES DE SALOMON. À l'angle sud-est de l'esplanade, s'ouvre une porte conduisant au lieu-dit les Écuries de Salomon (visite interdite actuellement).
Les murs extérieurs datent en fait d'Hérode, ainsi que les douze rangs de colonnes soutenant l'esplanade au-dessus. Les architectes d'Hérode avaient été obligés de compenser l'inégalité du terrain et de soutenir les terrassements effectués lors de l'agrandissement de l'enceinte. Des remaniements ont sans doute été effectués soit sous les Ommeyades, au VIIIe s., soit sous les croisés, au XIIe s. Les templiers utilisèrent cet endroit comme écurie.

LA MOSQUÉE EL AQSA

Après être descendu du terre-plein du Dôme de la Roche et passé devant le bassin aux ablutions, on aboutit à la mosquée el-Aqsa, la « Lointaine » (par rapport à La Mecque). En réalité, à l'origine ce mot désignait pour les musulmans la ville entière de Jérusalem, considérée comme le « sanctuaire lointain » où, à partir de la Mecque, Mohammed fut transporté lors de son voyage nocturne.
Coiffée d'un dôme argenté, c'est aujourd'hui un rectangle de 90 m × 60 m, divisé en sept nefs par des piliers de marbre blanc.
Construite par le calife al Walid, de 705 à 715, elle ne conserve guère d'éléments originels. À la suite d'un tremblement de terre en 1033, les quinze nefs furent ramenées aux sept actuelles ! Les colonnes n'en donnent pas moins une impression de forêt (elles sont un don de Mussolini !). L'élément le plus ancien de la mosquée est la mosaïque du tambour du dôme (1035 ap. J.C.).
Après la prise de Jérusalem, la mosquée devint la résidence des rois de Jérusalem. En 1118, elle fut cédée à un ordre de chevalerie qui prit ensuite le nom de chevaliers du Temple (il reste leur réfectoire, le long du mur sud du Haram)
En 1187, Saladin lui fit don d'un magnifique minbar (chaire en bois sculpté), malheureusement détruit en 1969 par un Australien, pour lequel le Messie ne reviendrait pas avant que le Temple ne soit purifié de tout élément païen.

Devant l'entrée principale de la façade, un escalier (accès interdit) conduit à l'un des endroits les plus impressionnants du mont du Temple. Un long couloir voûté conduit jusqu'à la porte Double qui s'ouvrait sur la face sud de l'esplanade : c'est par une rampe semblable que les pèlerins montaient au Temple.

LE MUR OCCIDENTAL

Le « mur occidental », plus communément appelé le « Mur » (Hakkotel), constitue pour les juifs le lieu saint par excellence, car il conserve encore quelques-unes des assises de l'immense enceinte qu'Hérode construisit pour agrandir l'esplanade du Temple. La partie qui remonte à Hérode est facilement repérable : ce sont les 7 rangées de blocs énormes à larges refends. Plusieurs de ces pierres ont été rongées par le vent et la pluie au cours des siècles. Les rangées supérieures ont été placées à différentes époques, les plus hautes à la fin du XIXe s. Des sondages ont montré que le mur d'Hérode descend encore plus bas jusqu'au rocher à une profondeur correspondant à une vingtaine de rangées.

Le Temple ayant été incendié lors de la destruction de la Ville sainte, par Titus, en 70, cette partie de la muraille occidentale resta le seul vestige visible de ce qui constitua le cœur de la religion juive. Une tradition explique que cette partie du mur ne fut pas détruite parce qu'elle avait été bâtie avec les aumônes des pauvres ; aussi la Shekinah (la présence divine) est-elle supposée n'avoir pas quitté ce lieu après la destruction du Temple. Cela explique que le Mur soit devenu si cher à la piété d'Israël.

À part la période de 1948 à 1967, les croyants se sont toujours pressés au pied de la vénérable muraille, unique trait d'union entre les dispersés de la nation juive et leur glorieux passé. Chaque fidèle tient à exprimer l'immense douleur qui étreint son cœur au souvenir de la catastrophe qui amena la destruction du Temple, en même temps que son espérance indéracinable d'une restauration définitive.

Depuis 1967, une vaste esplanade a été aménagée devant le Mur. Comme dans les synagogues, une séparation est établie entre hommes et femmes, la partie droite du Mur étant réservée à ces dernières.

Au début du sabbat, c'est-à-dire le vendredi soir au coucher du soleil, les fidèles se pressent devant le mur. On distingue des groupes imposants de juifs orthodoxes qui descendent d'un pas pressé de leur quartier Méa-Shéarim situé dans la nouvelle ville juive. Ils ont conservé les mœurs et les vêtements des ghettos d'Europe centrale, longue barbe, boucles frisées tombant des tempes, chapeaux de fourrure, manteaux noirs. Avant de venir ils ont revêtu sous leur manteau le talit, vêtement rituel pour la prière. Ils s'attachent au bras gauche et au front des phylactères, petites boîtes qui contiennent notamment un passage du livre du Deutéronome : « Écoute, Israël, le Seigneur notre Dieu est le seul Seigneur. Tu aimeras le Seigneur ton Dieu de tout ton cœur, de toute ton âme et de tout ton pouvoir. » Le texte biblique continue, en effet, en demandant : « Que ces paroles restent gravées dans ton cœur... tu les attacheras à ta main comme un signe, sur ton front comme un bandeau » (6, 4-9). Ils s'approchent alors du Mur qu'ils baisent et récitent en s'inclinant rapidement les prières du sabbat. Ce mouvement du corps est une technique de prière qui permet une plus grande concentration de l'esprit.
L'endroit réservé à la prière se prolonge au nord par une salle voûtée où l'on peut voir une arche dite arche de Wilson, du nom de l'officier anglais qui explora ce quartier au siècle dernier. Cette arche faisait partie du pont bâti par Hérode, qui reliait le Temple et la ville haute à l'ouest. Sous l'arche, un puits permet de voir 14 assises du mur d'Hérode jusqu'au rocher. De cette salle partent des couloirs souterrains appartenant à différentes époques. Des fouilles sont en cours dans tout ce secteur.

Les fouilles au sud du Temple

Les fouilles, exécutées sous la direction du gouvernement israélien depuis 1968, ont permis de connaître quelle était la disposition des lieux après la construction du Temple d'Hérode. À l'angle sud-ouest, une GRANDE ARCHE (dite arche de Robinson), dont on voit encore le départ dans le mur, enjambait une rue pavée et à degrés qui longeait le mur occidental vers le nord en passant par-dessous l'arche de Wilson ; vers le sud, cette rue descendait vers la piscine de

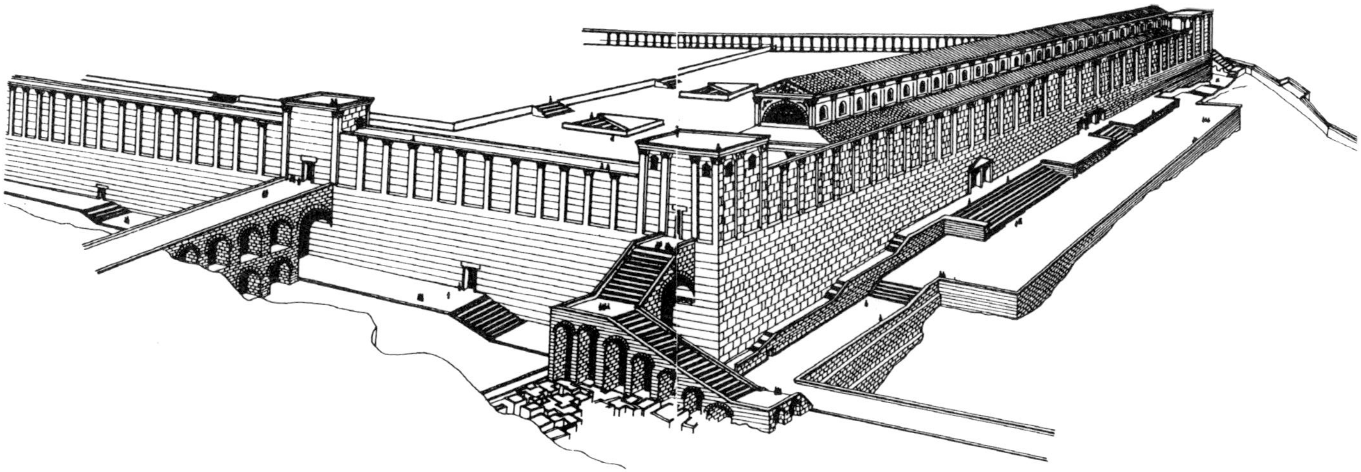

Reconstitution des approches du Temple d'Hérode

Siloé. Parallèlement à cette rue, à peu près à la hauteur de l'angle du Temple, commençait une montée d'escalier qui tournait à angle droit pour franchir la rue au-dessus de l'arc de Robinson et conduisait à la porte du Temple qui s'appelait la porte royale.
Le long du mur sud courait une autre rue à escaliers qui conduisait aux PORTES DE HULDA, la porte double et la porte triple, dont on voit encore les ouvertures dans le mur. On accédait aussi à ces portes par des escaliers monumentaux qui partaient d'une grande place établie en contrebas. C'est sur cette place que les pèlerins se regroupaient avant de pénétrer dans le Temple et qu'ils se purifiaient grâce à l'eau fournie par d'immenses citernes creusées sous la place. Cette façade méridionale de l'enceinte du Temple était la façade principale. Le mur était couronné par les colonnes du portique royal.
Après la destruction du Temple, ce quartier ne fut pas abandonné. Les fouilles ont dégagé des restes de constructions romaines et byzantines, ainsi que d'immenses édifices publics de la période ommeyade.

SAINTE-ANNE ET LA PISCINE PROBATIQUE

Lecture biblique

La guérison du paralytique : Jn 5

Près de la porte des Lions (ou : porte Saint-Étienne), le couvent des Pères blancs renferme l'un des sites les plus émouvants du Nouveau Testament, la piscine de Bézatha (ou Béthesda, ou Probatique). C'est en effet auprès d'elle que Jésus guérit un paralytique (Jn 5).
Pour comprendre l'évolution du site, il faut retracer son histoire assez complexe.

UNE RÉSERVE D'EAU. À proximité du Temple, trois siècles av. J.C., se creusait à cet endroit un vallon orienté nord-sud. Vers 200 av. J.C., le grand prêtre Simon II, fils d'Onias (Si 50, 3), barra le vallon pour

Piscine probatique

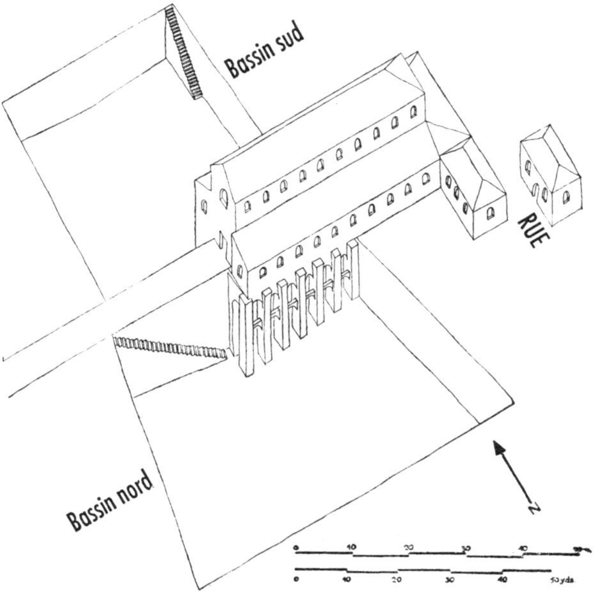

Sainte-Anne à l'époque byzantine (Ve-Xe siècle)

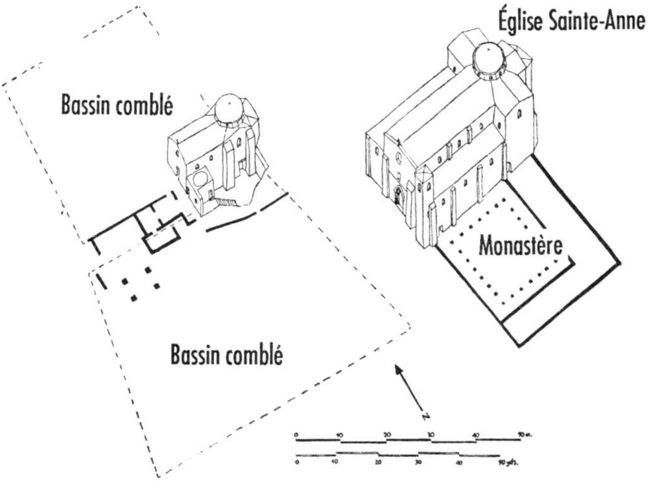

Sainte-Anne à l'époque croisée

obtenir une réserve d'eau. On sait que les sacrifices d'animaux exigeaient énormément d'eau. Il fit donc construire deux grands bassins-réservoirs, l'un au nord, l'autre au sud, séparés par une ligne médiane de 6,50 m de large, formant deux trapèzes irréguliers, profonds de 13 m.

DE « PETITS BAINS » DANS DES GROTTES. À proximité, à partir du Ier s. av. J.C., commencent d'être utilisées quelques grottes de 1 à 6 m de diamètre auxquelles on accède par des escaliers. Au fond des grottes se trouvent de petits bains rectangulaires qui ne sont pas visibles de l'entrée. L'ensemble de ces bains souterrains date du Ier s. av. et du Ier s. ap. J.C.

DES « BAINS SACRÉS ». Au milieu du siècle suivant, une installation de bains se développe à l'est de ces bassins. Il s'agissait sans nul doute de « bains sacrés », à vocation religieuse et médicinale.

UN CULTE GUÉRISSEUR. C'est dans ce quartier, connu pour ses cures miraculeuses, que Jésus se rend. « Or il y a à Jérusalem, près de la porte probatique (c'est-à-dire des brebis), une piscine appelée en hébreu Béthesda [1] qui a cinq portiques » (Jn 5, 2). Il va rendre l'usage de ses membres à un homme « infirme depuis 38 ans ».
Nous devons imaginer qu'à l'époque du Christ, près de cette piscine, il y avait un culte guérisseur. Fréquenté par le petit peuple, ce sanctuaire à l'orthodoxie douteuse était au mieux toléré par le sacerdoce du Temple, qui officiait pourtant tout près ! C'est auprès des bains souterrains que se tenait le paralytique. Vu le petit nombre de ces bains, il fallait être aidé pour être le premier à se précipiter dans l'étroit escalier menant au fond de la grotte.
Le miracle de la guérison du paralytique ne peut être donc mis en relation avec la piscine (comment imaginer des malades plongeant dans des bassins profonds de plus de 13 m ?) mais plutôt avec le sanctuaire du dieu guérisseur. Cela dit, le mystère de la piscine aux cinq portiques n'est toujours pas élucidé.

UN TEMPLE PAÏEN. Lorsque Hadrien transforma Jérusalem en une ville païenne, le sanctuaire devint un

1. Béthesda : ce nom hébreu veut sans doute signifier « maison de grâce ».

temple consacré au dieu guérisseur Sérapis (ou Asklépios). On en a la preuve dans la découverte d'os d'animaux calcinés, restes de sacrifices, et surtout d'ex-voto (en particulier des bateaux votifs, pour remercier la divinité d'avoir protégé son client des dangers marins).

L'ÉGLISE BYZANTINE. Au Ve s., les Byzantins élevèrent sur l'endroit traditionnel du miracle du Christ une vaste basilique de 45 m de long. C'était la cinquième de Jérusalem pour la grandeur, indice sans doute de l'importance du culte païen qu'il s'agissait de supplanter. Les chrétiens byzantins firent ce que l'on fait toujours dans ces cas : ils construisirent leur propre sanctuaire au-dessus du sanctuaire aux dieux guérisseurs, sans doute à l'endroit exact qu'ils estimaient être celui du miracle du Christ.
Une arche monumentale, la seule subsistante des huit primitives, montre encore aujourd'hui le tour de force des architectes byzantins pour asseoir leur église de part et d'autre de la digue qui séparait les bassins primitifs. On la restaura sous le patriarche Modeste (634-638), et c'est à ce moment que l'on constate la vénération, en cet endroit, de deux souvenirs bien différents : le miracle du paralytique et... la nativité de Marie !

L'ÉGLISE SAINTE-ANNE. Que s'était-il passé ? Un apocryphe du IIe s., le Protévangile de Jacques, disait que « Marie était née près du Temple » d'un couple de personnes âgées, Joachim et Anne. A trois ans, Marie fut offerte au Temple où elle demeura jusqu'à l'âge de son mariage avec Joseph, un veuf pieux distingué entre onze autres parce que son bâton avait fleuri quand il avait été apporté au Temple par le Grand Prêtre. Cette légende a amené le souvenir de la nativité de Marie à cet endroit près du Temple et attribué le patronage de Sainte Anne, la mère de Marie, à cette Église.
Les croisés séparèrent les deux souvenirs. Sur la piscine elle-même, ils élevèrent un moustier (monastère d'hommes) ; sur les grottes où on commémorait la nativité de Marie, ils élevèrent l'église romane que l'on peut admirer aujourd'hui. C'est le nom traditionnel de la mère de la Vierge, sainte Anne, qui finit par prévaloir. Le sanctuaire, du plus pur style roman, est un bijou

d'architecture : il passe avec raison pour être la plus belle église de Jérusalem.
Transformé en école coranique par Saladin, il fut donné en 1856 à la France par le sultan turc en remerciement de son aide contre la Russie. Le terrain fut confié en 1878 aux Pères blancs qui y ont mené des fouilles exemplaires.
Dans la nef de droite, un escalier descend jusqu'à une crypte plus ancienne que l'église, où les croisés localisèrent la maison de Joachim et d'Anne, parents de la Vierge Marie.

LE MONT DES OLIVIERS

Le mont se présente comme les propylées de Jérusalem, le lieu où l'on fait halte pour découvrir les splendeurs de la Ville sainte. La colline des Oliviers est vraiment la montagne du Christ, celle où l'on retrouve la trace de ses pas, l'écho de ses derniers enseignements et le souvenir de ses larmes.

Le mont des Oliviers dans l'histoire

Malgré sa proximité de Jérusalem, le mont des Oliviers est rarement cité dans L'ANCIEN TESTAMENT. Il a toutefois été le lieu de deux épisodes dramatiques de la vie de David. Le premier est l'appel à l'aide qu'il lance au prêtre Ahimélek, à Nob (à situer sur le versant oriental du Scopus) : David, pourchassé par Saül, demande au prêtre de lui donner du pain, à lui et à ses hommes (*cf.* Mt 12, 3-5) et Ahimélek leur donne les pains de proposition (1 S 21, 2-10).
Dans le deuxième épisode, David en fuite devant son fils Absalon gravit en pleurant la « montée des Oliviers », la tête voilée et les pieds nus, « et tout le peuple qui l'accompagnait avait la tête voilée et montait en pleurant » (2 S 15, 30-37).
Le mont des Oliviers, désigné indirectement sous le nom de la montagne qui est à l'orient (Ez 11, 23), est de nouveau cité par le prophète Ézéchiel. Ce passage conclut une célèbre vision concernant le châtiment de Jérusalem : la Gloire de Dieu aban-

Mont des Oliviers

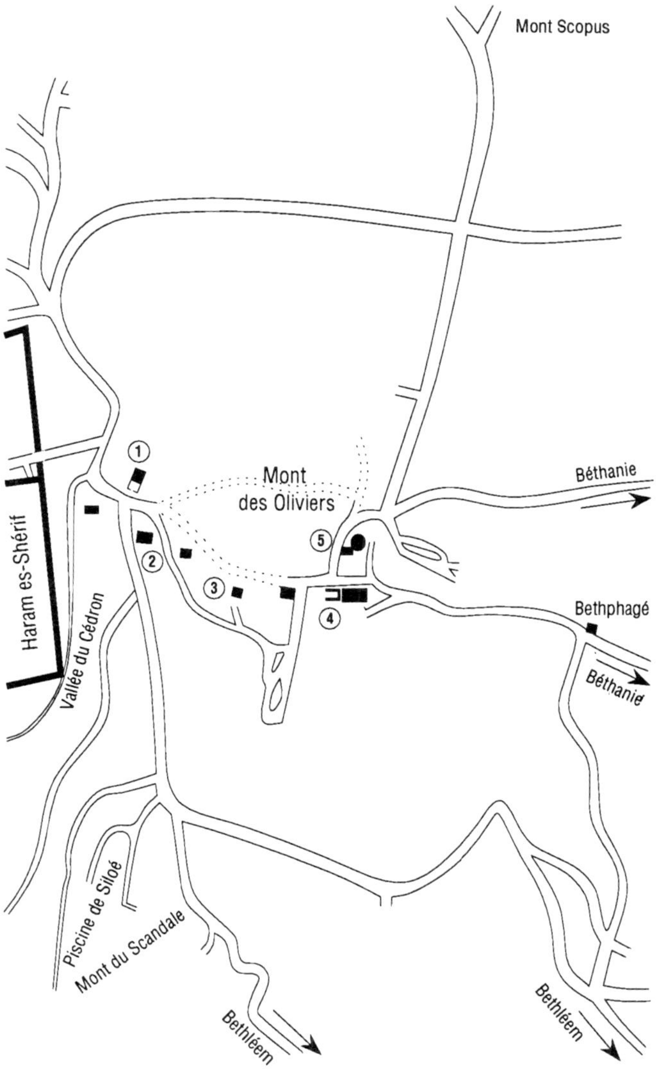

1. Tombeau de la Vierge
2. Basilique de Gethsémani
3. Dominus Flevit
4. Cloître du Pater et Eleona
5. Sanctuaire de l'Ascension

donne le Temple ; elle abandonne d'abord la « maison », le Saint des Saints ; elle va se diriger vers l'entrée de la porte orientale puis « s'éleva du milieu de la ville et se tint sur la montagne qui est à l'orient » (Ez 10,4 ; 11, 23). Au chapitre 43, Ézéchiel décrit son retour « depuis l'orient » dans Jérusalem renouvelée. Ce va-et-vient vers l'orient correspond peut-être au départ et au retour des exilés de Babylone, après la chute de Jérusalem : la Gloire (Dieu lui-même) rejoint les exilés et les accompagne à leur retour.

Nous trouvons une autre mention du « mont des Oliviers qui est en face de Jérusalem à l'orient » chez le prophète Zacharie (14, 14). Le mont prend dans ce texte une valeur eschatologique. « Voici qu'il vient le jour de Yahvé, quand on partagera tes dépouilles au milieu de toi. J'assemblerai toutes les nations vers Jérusalem pour le combat. Alors Yahvé sortira pour combattre les nations, comme lorsqu'il combat au jour de la guerre. En ce jour-là, ses pieds se poseront sur le mont des Oliviers qui fait face à Jérusalem vers l'Orient. Et le mont des Oliviers se fendra par le milieu d'est en ouest en une vaste vallée... » (Za 14, 2-6).

Le Nouveau Testament. Le mont des Oliviers est la seule montagne nommément citée par les évangiles, prenant la relève du mont Sinaï-Horeb et de la montagne de Sion, lesquels ne sont jamais cités.

Jésus le connaissait très bien puisque, lorsqu'il séjournait chez ses amis de Béthanie (Lc 10, 38 ; Mc 11, 11), il était obligé de le traverser ; et le soir, il suivait la même route pour se rendre de nouveau à Béthanie (Lc 21, 37).

Plusieurs épisodes de la vie de Jésus sont directement liés au mont des Oliviers. C'est là qu'il dévoila à ses disciples le sort de Jérusalem et pleura sur la ville (Lc 19, 37, 41-44). Là qu'il aimait faire retraite (Lc 21, 37). Le jour de son entrée solennelle à Jérusalem, Jésus passa par le jardin des Oliviers où il devait être arrêté deux jours plus tard (Mc 14, 26-52). C'est sur le mont des Oliviers qu'eut lieu, selon l'évangile de Luc, sa montée au ciel (Ac 1, 6-12).

En 70 ap. J.C., l'armée romaine commandée par Titus campa à l'extrémité nord de la crête (aujourd'hui celle de l'Université hébraïque) à un endroit appelé Scopus (vigie) parce qu'elle offre la première vue sur la ville et sur le Temple resplendissant de loin [1].

LA PÉRIODE BYZANTINE. Pendant l'époque byzantine, le mont des Oliviers se recouvrit d'églises et monastères. Au VIe s, on y compta jusqu'à 24 églises. On peut se demander pourquoi le mont des Oliviers connut un tel succès auprès des moines. Il semble que des circonstances occasionnelles aient favorisé leur choix : toute proche de la Ville sainte, la montagne avait l'avantage d'être peu urbanisée et de compter de nombreuses grottes. Mais elle était aussi par elle-même un lieu particulièrement saint où les chrétiens pouvaient adorer l'endroit où s'étaient posés les pieds du Christ. Dans l'église de l'Imbomon, en l'honneur de l'Ascension, on montrait dès le début du Ve s. la dernière trace des pieds du Christ. Les nombreux monastères existant sur le mont des Oliviers perpétuent cette tradition.

Très tôt, le mont des Oliviers se spécialisa en quelque sorte sur les derniers temps. La vie publique de Jésus s'achève sur une montagne qui n'est pas nommée, d'où Jésus ressuscité envoie ses disciples baptiser toutes les nations.

Une vieille tradition judéo-chrétienne identifia cette montagne avec le mont des Oliviers. Et parce que Jésus « reviendra de la même manière » qu'il est parti (Ac 1, 11), cette tradition localise le retour de Jésus en gloire sur le mont des Oliviers et non sur le mont du Temple. Ainsi, sur ce même mont des Oliviers qui vit Jésus prosterné à terre dans les affres de l'agonie, éclatera, à la fin des temps, la gloire de Dieu.

De Béthanie au mont des Oliviers

BÉTHANIE

Lectures bibliques

La ville de Marthe et Marie : Lc 10, 38-42
La ville de l'onction : Mt 26, 6-13 ; Mc 14, 3-9 ; Jn 12, 1-8
La résurrection de Lazare : Jn 11, 1-45

1. De 1949 à 1967, le mont Scopus constitua une enclave israélienne en territoire jordanien sous le contrôle des Nations unies.

Le village actuel de Béthanie apparaît aujourd'hui comme un faubourg de Jérusalem. Le nom arabe actuel, el Azariyeh, conserve les sonorités de l'appellation byzantine : Lazarion, d'après le nom de l'ami de Jésus dont l'évangile de Jean raconte la résurrection. L'identification de ce village avec le Béthanie de l'Évangile est certaine. Jean nous dit qu'il « se trouvait près de Jérusalem, distant d'environ 15 stades » (Jn 11, 18), soit un peu moins de 3 km, ce qui correspond bien à la distance du petit village arabe.
En réalité, le village du temps de Jésus devait se situer plus haut, sur le versant est du mont des Oliviers. Il y a là aujourd'hui une olivette. Béthanie est le village de l'amitié, où Jésus aimait rendre visite à Lazare et à ses sœurs (Lc 10, 38-42), où Marie l'oignit de parfum peu avant sa mort (Mt 26, 6-13 ; Mc 14, 3-9 ; Jn 12, 1-8) dans la maison de Simon le lépreux. C'est l'endroit où l'on évoque avec émotion la résurrection de Lazare et les larmes de Jésus (Jn 11, 1-45).
C'est autour du TOMBEAU DE LAZARE, situé en dehors du village évangélique (les lieux de sépulture juifs se trouvaient toujours à l'extérieur des agglomérations), que, depuis les premiers siècles s'est fixée la piété des chrétiens. La résurrection de l'ami de Jésus avait frappé leur imagination. Et ils avaient sans doute le souvenir de son emplacement. Dès le IVe s., ils construisirent, à proximité du tombeau, une magnifique église à trois nefs, précédée d'un atrium qui communiquait avec lui. Il en reste quelques belles mosaïques. Puis, au siècle suivant, cet édifice s'étant écroulé à la suite d'un tremblement de terre, ils décidèrent de construire une autre église, un peu décalée par rapport à la précédente, et où les colonnes furent remplacées par des pilastres (on en aperçoit encore un).
Quand les croisés arrivèrent, au XIe s., cette église en l'honneur de la résurrection de Lazare était en piteux état. Ils la reconstruisirent donc et, en plus, élevèrent une nouvelle église au-dessus du tombeau lui-même qui, jusque-là, avait été laissé à l'écart. En 1138, le roi de Jérusalem, Foulques d'Anjou, donna la propriété aux bénédictines. Son épouse Mélisande y fit construire un riche monastère avec cloître, dortoir et dépendances, qui fut richement doté... de l'oasis de Jéricho.

C'est assez dire son opulence ! On a récemment découvert des vestiges de ce monastère, en particulier une vis de pressoir en bois, très impressionnante. Il en reste aussi les pans d'une tour de garde qui veille mélancoliquement sur le petit village actuel.
En 1187, Saladin s'emparait de Jérusalem, et les bénédictines durent s'enfuir de Béthanie. Tout retomba en ruine. La crypte de l'église fut transformée en mosquée.
Après versement d'une énorme somme d'argent, les franciscains furent autorisés en 1449 à posséder... une clé du tombeau de Lazare. Encore fallait-il avoir une porte pour y engager la clé. Ce n'est qu'au siècle suivant qu'ils obtinrent le droit de pratiquer leur propre entrée. Elle s'ouvre, aujourd'hui encore, au bord du sentier actuel qui grimpe vers le mont des Oliviers.
L'ancienne entrée est murée. De nos jours, il faut quitter le domaine des franciscains et pénétrer dans une propriété musulmane. Par un escalier escarpé (à emprunter avec précaution !), situé auprès d'une mosquée, on arrive dans un vestibule sombre qui mène à une chambre funéraire large d'environ 2 m. L'aspect actuel est dû, en grande partie, aux travaux de l'époque médiévale. Les croisés avaient bâti une église sur le tombeau. Des fouilles ont établi qu'à l'époque évangélique, il y avait bien là une zone sépulcrale.

La grotte aux inscriptions. Après avoir quitté le tombeau de Lazare, on peut grimper à pied le sentier de la pente est du mont des Oliviers. Au-dessus de l'olivette qui abrite les ruines de l'ancien village évangélique, s'ouvre, dans la propriété des filles de la Charité, une grotte énigmatique, aménagée sous les Byzantins en lieu de culte, comme en témoigne la présence de marques de vénérations, graffiti, inscriptions, différents types de croix. Mais ces divers éléments ne permettent pas de préciser quels souvenirs étaient vénérés à cet endroit. Le P. Benoît, qui a étudié cette grotte dès 1950, a précisé dans sa dernière chronique de la *Revue biblique*, en 1987, que « son objet précis reste obscur ».

Bethphagé

Lectures bibliques

Entrée le jour des Rameaux : Mt 21, 1-9 ; Mc 11, 1-10 ; Lc 19, 29-40

Bethphagé est le nom qu'on donne à un couvent franciscain et à une petite église du XIXe s., située sur le versant oriental du mont des Oliviers, à quelque 800 m nord-ouest de l'ancienne Béthanie. L'église a pris la place d'un sanctuaire médiéval : elle fut édifiée autour d'un cube de pierre sur les faces duquel sont représentées des scènes se rapportant au dernier voyage de Jésus à Jérusalem. On y voit notamment la résurrection de Lazare, les disciples détachant l'ânon et l'entrée à Jérusalem. C'est d'ici, en effet, selon la tradition, que Jésus partit pour son entrée triomphale à Jérusalem le jour des Rameaux. Originellement, le site commémorait la rencontre de Jésus avec Marthe et Marie.
C'est à l'époque des croisés que se fixa ici la localisation de Bethphagé, alors que l'ancien village devait se trouver plus haut vers le sommet. La procession traditionnelle des latins de Bethphagé à Jérusalem, le jour des Rameaux, inaugurée par les rois francs et interrompue en 1563, se déroule à nouveau chaque année depuis 1933.
Aux environs de la chapelle, des fouilles ont mis au jour des traces d'occupation allant du IIe s. av. J.C. jusqu'au VIIIe s. de notre ère : pressoir à vin, citernes, grottes funéraires.

Au sommet du mont des Oliviers

En suivant le sentier qui grimpe sur la pente sud-est, nous parvenons au sommet du mont des Oliviers (810 m). Deux tours très élevées permettent de repérer de loin le sommet : la tour massive d'Augusta Victoria, sanatorium allemand ; le clocher très fin, le plus haut de Jérusalem, d'un couvent de religieuses russes.
À signaler qu'au nord-ouest du mont se trouve la propriété du patriarche grec orthodoxe. C'est là qu'eut lieu le 6 janvier 1964 la rencontre du patriarche Athénagoras et de Paul VI. Après la lecture du chapitre 17 de saint Jean, ils récitèrent le Notre Père et donnèrent ensemble leur bénédiction.

MOSQUÉE DE L'ASCENSION

Lectures bibliques

L'ascension de Jésus : Lc 24, 50-53 ; Ac 1, 4-12

Visite des lieux

Une mosquée, à 70 m nord de la grotte du Pater, marque le lieu traditionnel de l'Ascension du Christ. Une chapelle octogonale, surmontée d'une coupole musulmane, se dresse au milieu de la cour. Elle comporte 8 arcades ogivales, maintenant murées, supportées par autant de piliers flanqués chacun de 2 colonnettes en marbre. À l'intérieur, un morceau de rocher sur lequel, avec un peu d'imagination, on peut reconnaître l'empreinte d'un pied, représenterait la pierre d'où le Christ serait monté vers le ciel. À l'ouest de la cour, un belvédère permet de découvrir un splendide panorama, qui non seulement embrasse la Ville sainte et son environnement de collines mais qui s'étend, par-delà la cuvette de la mer Morte, jusqu'aux crêtes des monts de Moab.

Souvenirs évangéliques

Luc est le seul auteur du Nouveau Testament à relater l'Ascension avec quelque détail. Mais le lecteur attentif reste quelque peu perplexe quand il se rend compte que l'évangéliste le rapporte deux fois : à la fin de son évangile et au début des Actes ; il situe l'endroit « en direction de Béthanie », distant de Jérusalem « du parcours autorisé le sabbat », soit environ 1 km. On voit que l'endroit désigné par la tradition cadre fort bien avec ces maigres indications.

« L'Ascension n'est pas une légende naïve issue d'un milieu populaire, mais la double expression lucanienne du mystère de la glorification de Jésus.

Le premier récit présente l'Ascension comme la dernière étape de la vie de Jésus, comme son apothéose, le couronnement de son œuvre salvifique.

Le deuxième récit (situé 40 jours plus tard) est tourné vers l'avenir, vers la Parousie : le don de l'Esprit ne signifie pas la fin des temps achevée, mais il est la conséquence de l'absence physique de Jésus. L'Ascension constitue une mise en garde pour l'Église : ce n'est pas le moment de regarder vers le ciel dans une attente stérile ; l'Église doit utiliser positivement le temps qui lui est accordé : c'est le temps de la mission » (François Brossier, *Le Monde de la Bible*, n° 55).

Évolution du site

Le lieu était inhabité au temps du Christ. Un premier sanctuaire fut élevé vers 378 par la riche matrone Pomoenia. On le désignera bientôt sous le nom d'Imbomon, église « sur la hauteur ». C'était un monument de forme ronde fait d'un double portique couvert avec, au centre, une rotonde à ciel ouvert renfermant le rocher sacré. Le sanctuaire fut rénové par les croisés : de rond qu'il était, il devint octogonal. À l'intérieur, une galerie voûtée soutenue par des colonnes entourait l'octogone central dont le dôme fut gardé ouvert. Pour protéger le monument, les croisés l'enserrèrent dans une forteresse dont on a exhumé de nombreux vestiges. Saladin transforma l'église en mosquée et y plaça un mihrab. L'octogone reçut alors la coupole qui la recouvre encore de nos jours. C'est sans doute à cette époque que l'on ferma aussi presque toutes les arcades, ce qui donne à l'édicule son aspect actuel. La foi musulmane fait une place à l'ascension de Jésus. Le Coran s'exprime de la manière suivante : « Ils ne l'ont certainement pas tué, mais Dieu l'a élevé vers lui » (sourate IV, 157-158 ; voir aussi III, 55).

CARMEL DU PATER (Eleona)

Lectures bibliques

Le Pater : Mt 6, 9-13 ; Lc 11, 2-4

Visite des lieux

À quelque cent mètres de la mosquée de l'Ascension, à l'intérieur du Carmel du Pater, se trouve l'un des endroits les plus vénérables du mont des Oliviers, l'Eleona, basilique consacrée à l'évocation de l'enseignement de Jésus sur les derniers temps.
En 1868, la princesse de La Tour d'Auvergne acheta au sommet du mont des Oliviers un vaste terrain où elle installa en 1877 un monastère de carmélites

françaises. À l'ouest du domaine, au milieu d'anciennes ruines, se dressent les murs inachevés d'une église dédiée au Sacré-Cœur commencée en 1920. Sous l'abside se trouve la grotte des Enseignements du Christ, dite aussi du Pater, petite crypte de 7 m × 4 m avec une absidiole.

Souvenirs évangéliques

Déjà, au début du IVe s., on rattachait à la grotte le souvenir des derniers enseignements de Jésus aux disciples (Mt 24 et 25 ; Mc 13 ; Lc 21, 5-35). L'Évangile précise, en effet, que Jésus « était assis sur le mont des Oliviers, en face du Temple » (Mc 13, 3) : on admettra qu'aucun autre endroit n'était plus approprié pour situer ces souvenirs. À l'époque croisée, le souvenir du Notre Père supplanta les autres : Luc semble, en effet, placer l'enseignement du Pater après l'entrevue de Jésus avec les sœurs de Lazare (Lc 11, 1-4). Le vocable du Pater est resté depuis attaché à la grotte et au monastère.

Évolution du site

BASILIQUE DE L'ELEONA : la grotte vénérée entraîna le choix du site lorsque, en 326, sainte Hélène entreprit de construire, en souvenir à la fois de l'Ascension et des enseignements du Christ, un sanctuaire qui devait être le pendant des basiliques de Bethléem et du Saint-Sépulcre. On le connaît sous le nom d'Eleona, désignation grecque du mont des Oliviers. Sur la grotte, transformée en crypte, on éleva l'abside devant laquelle se développait une basilique à 3 nefs de 30 m x 18 m ; puis venait l'atrium, long de 25 m, bordé de portiques. L'édifice était complété à l'ouest par un péristyle et un perron d'où on découvrait le panorama de la Ville sainte.

Le Jeudi saint, nous rapporte la pèlerine Éthérie dans son *Itinéraire* (381-384), y avait lieu une liturgie solennelle :

« (Le soir du Jeudi saint), aussitôt qu'ils ont mangé, tous vont à l'Eléona, à l'église où se trouve la grotte dans laquelle ce même jour se tint le Seigneur avec ses disciples... Puis, vers la sixième heure de la nuit (minuit), on monte avec des hymnes à l'Imbomon, l'endroit d'où le Seigneur est monté aux cieux. Après

cela, quand les coqs commencent à chanter, on descend de l'Imbomon avec des hymnes et on se rend à l'endroit même où pria le Seigneur, comme il est écrit dans l'Évangile : *''Et il s'avança à la distance d'un jet de pierre et pria'',* et la suite... Puis, de là, avec des hymnes, tous descendent à pied jusqu'à Gethsémani. »
La basilique, détruite en 614, et aussitôt restaurée par Modeste, était de nouveau en ruine au XIe s. Les croisés la remplacèrent d'abord par un modeste oratoire, puis vers 1150 par une église plus importante, dont il ne reste plus trace deux siècles plus tard.

LE CLOÎTRE DU PATER. Sur les murs du cloître du Carmel sont exposées les traductions du Notre Père en diverses langues. Depuis quelques années, une nouvelle rétroversion de la prière est exposée à l'entrée du cloître. La présentation et l'écriture évoquent les rouleaux de la mer Morte dont la connaissance a permis de mieux approcher le texte original à partir de nos évangiles grecs.
Le Notre Père ne nous a été transmis qu'en grec, par deux évangélistes, et dans deux recensions assez différentes (Lc 11, 2-4 ; Mt 6, 9-13). Cinq spécialistes (J. Starcky, P. Grelot, J. Carmignac, E. Puech et M. S. Stève) ont tenté de remonter jusqu'à l'original araméen. Voici la traduction* proposée par ces spécialistes :

Notre *Père* qui (es) aux Cieux
que ton nom soit sanctifié
que ton règne vienne,
que ta volonté soit faite
sur la terre comme au ciel.

Donne-nous aujourd'hui (chaque jour) *notre pain quotidien*
et remets-nous nos dettes (péchés)
comme (car) *nous-mêmes remettons* à nos débiteurs (quiconque nous doit)
et fais que nous ne succombions pas à la tentation
mais délivre-nous du Mal. Amen.

* La partie commune à Mt et Lc est en italiques. Les termes différents chez Luc sont entre parenthèses.

On remarquera le passage : « fais que nous ne succombions pas à la tentation », au lieu de la traduction fautive de la version œcuménique : « ne nous soumets pas à la tentation ».

LA DESCENTE VERS GETHSÉMANI

Après avoir admiré le panorama de Jérusalem, le visiteur peut amorcer la descente vers le bas du mont des Oliviers, en suivant un sentier raide et rocailleux. Ici, passé et présent se mélangent. Des tombeaux de soldats israéliens témoignent des combats qui eurent lieu le 6 juin 1967 lors de la prise de la Vieille Ville par Tsahal.

LE TOMBEAU DES PROPHÈTES. Sur la gauche, une pancarte indique « Tombeaux des prophètes Aggée, Zacharie et Malachie ». Cette désignation est tout à fait invraisemblable, car ce type de sépulture (dit à four) n'a été utilisé qu'à partir du Ier s. avant notre ère, alors que les prophètes en question sont antérieurs de un à deux siècles. Mais la visite ne manque pas d'intérêt. Elle permet en effet de comprendre l'un des systèmes de sépulture en usage à l'époque du Christ. Le cadavre était d'abord déposé dans une niche en forme de fours (kokhim) puis, une fois décomposé, il était placé dans de petits ossuaires comme on en a trouvé en grand nombre un peu plus bas, à « Dominus flevit ».

DOMINUS FLEVIT. En descendant, sur la droite, se trouve la propriété des franciscains, dite « Dominus flevit » (« le Seigneur a pleuré ») en souvenir des larmes versées par Jésus sur la Ville sainte. (Lc 19, 41-44) En 1955, une chapelle, dont la forme veut évoquer les larmes du Christ, y a été bâtie. Les fouilles ont révélé la présence en cet endroit d'une ancienne église du VIIe s., dédiée à sainte Anne, ainsi que les vestiges d'un monastère (cloître, salles diverses, cimetière, mosaïques). Une inscription grecque de cinq lignes précise : « Siméon, l'ami du Christ, a construit et décoré ce saint oratoire et l'a offert au Christ Seigneur pour l'expiation de ses péchés et le repos de ses frères, Georges l'higoumène et Dométios, l'ami du Christ. »
Mais la découverte la plus importante fut celle de nombreuses tombes allant du XVe s. av. J.C. au IIe s.

ap. J.C. Les plus anciennes sont antérieures à l'occupation israélite. Il s'agissait d'une grotte naturelle divisée en deux chambres funéraires, qui n'a pu, malheureusement, être préservée pour les visiteurs, mais où on a trouvé en abondance vases, lampes, scarabées, etc.
Le second ensemble correspond au Ier s. av. J.C. et au Ier s. ap. J.C. Il s'agit de niches en forme de fours et de petits ossuaires où l'on plaçait les ossements. Ces ossuaires dont la préservation est étonnante portent des inscriptions en hébreu, araméen et grec. On y lit des noms bien connus par les écrits du Nouveau Testament : Marie, Marthe, Siméon. Une combinaison des lettres grecques *chi* et *rho* a amené à se demander s'il ne s'agissait pas d'un signe chrétien (le chrisme, obtenu par la succession du chi et du rho, début du nom de Christos). Mais la présence de tels signes à Pompéi, dans un contexte non chrétien, laisse croire que ce signe est une abréviation signifiant « scellé ».
Le troisième ensemble, datant du IIIe et du IVe s., est tout différent et se présente sous la forme de fosses rectangulaires et de niches voûtées (arcosolia). Mais on ne sait s'il s'agit de sépultures chrétiennes ou païennes.

LE MONASTÈRE RUSSE DE SAINTE-MARIE-MADELEINE. Plus bas, toujours sur la droite, on trouve le monastère russe de Sainte-Marie-Madeleine dont le clocher à bulbe, typique de l'architecture moscovite des XVIe et XVIIe s., est l'un des éléments les plus pittoresques du mont des Oliviers.
Il fut construit à l'initiative du tsar Alexandre III, en 1885, en hommage à sa mère qui portait le prénom de Marie-Madeleine. Dans la crypte de l'église, repose le corps de la grande-duchesse Élisabeth Feodorovna, sœur de la tsarine Alexandra.

LE JARDIN DES OLIVIERS. Au pied du mont des Oliviers, au bord de la vallée du Cédron, le jardin des Oliviers rappelle l'endroit appelé par l'Évangile « Gethsémani », ce qui signifie sans doute « pressoir à huile ». On connaît la longévité des oliviers, qui ont la propriété de repousser à partir de leurs surgeons, mais il n'y a aucune chance pour qu'ils soient les héritiers directs de ceux de l'époque de Jésus. Selon Flavius Josèphe, en effet, Titus fit arracher, au cours du siège de la ville en 70 ap. J.C., tous les arbres

dans un rayon de 20 km, pour en faire des machines de siège. L'âge des oliviers actuels est difficile à déterminer car, en raison de sa végétation ininterrompue, cet arbre ne laisse aucun rond concentrique annuel.
Bien que le niveau de l'endroit se soit élevé de quelque 15 m depuis 20 siècles, le Jardin des Oliviers est un lieu des plus appropriés pour évoquer l'agonie du Christ.

LA BASILIQUE DE L'AGONIE. L'église où l'on commémore l'agonie du Christ le Jeudi saint se trouve au sud du jardin : son portail monumental, qui fait face au Cédron, est décoré d'une mosaïque représentant le Christ offrant à son Père les souffrances des hommes. L'intérieur de l'édifice est parcimonieusement éclairé par des vitraux en albâtre. Le sanctuaire a été bâti autour d'un banc de roche qu'on voit émerger devant le maître-autel : c'est le « Rocher de l'Agonie », qu'entoure une grille en forme d'épines. On a conservé dans le pavement quelques-unes des anciennes mosaïques byzantines.

Gethsémani et l'Évangile

Le clair-obscur qui règne dans la basilique s'accorde avec le douloureux mystère qu'on y commémore. Le rocher du chœur est, pour la tradition, celui sur lequel Jésus a prié au soir du Jeudi saint. On évoque naturellement ici les récits de l'agonie de Jésus et de son arrestation (Mt 26, 36-56 ; Mc 14, 32-52 ; Lc 22, 39-53 ; Jn 18, 1-11).

Évolution historique et archéologique

Les indications des évangiles sur le lieu de l'agonie sont discrètes. Matthieu et Marc parlent du « domaine de Gethsémani », que Jean situe « au-delà du torrent du Cédron », et Luc « vers le mont des Oliviers ». Ces sobres indications s'accordent parfaitement avec la localisation actuelle, que la tradition appuie de tout son poids.
Une première église à trois absides fut érigée sous Théodose (379-395). Les croisés édifièrent, vers 1160, une nouvelle église sous le vocable du Sauveur.
Vers 333, voici comment se présentait le site, d'après le témoignage du Pèlerin de Bordeaux :

« Quand on quitte Jérusalem par la porte orientale pour monter sur le mont des Oliviers, on trouve une vallée qu'on appelle de Josaphat. Sur la gauche, là où il y a des vignes, on voit aussi le rocher où Judas Iscariote livra le Christ ; sur la droite, le palmier dont les enfants prirent des rameaux, à la venue du Christ, pour les étendre sur ses pas. (...) »
C'est sans doute l'église de Théodose, qu'elle appelle « Ecclesia elegans », que visita Ethérie, et où les fidèles se réunissaient dans la nuit du Jeudi saint et du Vendredi saint pour écouter le passage de l'Évangile : « Veillez pour ne pas entrer en tentation. »
Cette église fut ensuite détruite, peut-être par les Perses, en 614, à moins que ce ne soit par un tremblement de terre. Les croisés y bâtirent un oratoire, puis une grande église en l'honneur du Sauveur, mais dans un axe très différent de l'édifice byzantin (on aperçoit, à l'extérieur de l'église actuelle, du côté sud, les vestiges d'un mur épais : c'est celui des croisés).
C'est en 1924 que fut construite l'église actuelle, appelée « Basilique de toutes les nations », car de nombreux pays catholiques contribuèrent à son érection.

LA GROTTE DE LA TRAHISON. Les chrétiens byzantins, à l'intérieur de l'espace circonscrit par Gethsémani, avaient voulu dissocier deux endroits précisés par l'Évangile : « Restez ici pendant que j'irai prier là-bas. »
En descendant l'escalier qui conduit au tombeau de la Vierge Marie, on suit à droite un couloir qui débouche dans la « grotte de la trahison ». À cet endroit, la tradition a localisé le lieu du sommeil des apôtres et l'arrestation par les gardes du Temple, sur les indications de Judas.
La grotte-chapelle actuelle témoigne de multiples aménagements : citerne, emplacement d'un pressoir, caveau funéraire. Les fouilles conduites en 1955 par le P. Corbo ne permettent pas de retracer exactement l'histoire du lieu.

LE TOMBEAU DE LA VIERGE MARIE. En sortant de la grotte, on se trouve devant une façade romane, qui introduit à une crypte mystérieuse s'ouvrant en bas d'un long escalier : c'est le tombeau de la Vierge Marie.

Le porche est un beau spécimen d'architecture croisée, avec ses arcades ogivales reposant sur des colonnettes en marbre à chapiteaux. Par un escalier voûté de 48 marches, on descend dans une crypte obscure en forme de croix latine de 30 m×8 m. Le tombeau, à droite de l'escalier, est une simple chambre funéraire avec une banquette en marbre, assez analogue au tombeau du Christ. Il s'ouvrait autrefois sur la vallée, dont le niveau s'est exhaussé depuis de quelque 12 m.

À l'occasion de travaux de restauration effectués en 1972, les grecs et les arméniens qui ont la garde du sanctuaire ont décidé de laisser à nu le rocher — autrefois recouvert d'un enduit — dans lequel fut déposé le corps de Marie.

Évolution historique et archéologique

La dernière fois que le Nouveau Testament parle de Marie, c'est à l'occasion de la descente de l'Esprit saint à la Pentecôte au Cénacle (Ac I, 14). Aucun texte canonique ne dit comment elle quitta la terre. Un auteur inconnu, qui vivait à l'époque patristique, tenta de combler cette lacune et, dans les *Actes de Jean*, donna les précisions suivantes : Marie mourut, fut ensevelie dans un tombeau à Gethsémani et, de là, fut emportée au ciel. Un autre ouvrage célèbre, le *Transitus Mariae*, enjoliva les données primitives. Rédigé pour la commémoraison annuelle au tombeau de Marie, il prouve que ce lieu était vénéré au IIe et au IIIe s. Par ailleurs il contient des idées théologiques particulières aux judéo-chrétiens. On peut donc penser que c'étaient ces derniers qui occupaient le sanctuaire. Or, ils étaient considérés comme schismatiques, ce qui pourrait expliquer le silence des Pères sur le tombeau de la Vierge à Gethsémani.

Quand les chrétiens issus de la gentilité eurent pris possession du tombeau au IVe s., ils transformèrent la grotte sépulcrale de Marie en découpant le rocher tout autour de la masse de la colline, si bien que la tombe se trouva isolée au milieu d'une église en forme de croix. À deux reprises, sous l'empereur byzantin Maurice (582-602) et les croisés, une seconde église fut construite au-dessus de la première. Il n'en est resté que le sanctuaire primitif, hypogée par où on accède, depuis les Croisades, par un escalier.

LES ALENTOURS DE JÉRUSALEM

SAINT-ÉTIENNE

À 300 m nord de la Porte de Damas, le couvent et l'église des Dominicains français occupent le lieu traditionnel de la lapidation et de la sépulture du diacre Étienne, premier martyr chrétien, mis à mort vers l'an 36 (Ac 7). La localisation fut longtemps contestée au Moyen Âge, au bénéfice de la vallée du Cédron, mais aujourd'hui elle s'est imposée indiscutablement.
Les restes du saint diacre, découverts en 415 à Caphargamala, furent d'abord placés dans l'église de la Sainte-Sion, avant d'être transférés, en 439, dans la basilique élevée par l'impératrice Eudoxie sur le lieu de la lapidation. L'église actuelle, consacrée en 1900, s'élève sur les bases du sanctuaire byzantin. Elle conserve plusieurs fragments des mosaïques anciennes. La cour d'entrée occupe la surface de l'ancien atrium.

École biblique

C'est à Saint-Étienne que le R.P. Lagrange, génial précurseur du renouveau biblique, fonda en 1890 l'École biblique, aujourd'hui mondialement connue. En 1920, l'académie des inscriptions et belles-lettres de Paris lui concéda le titre d'École française d'archéologie. L'École a contribué de façon éminente à la mise à jour de l'exégèse catholique par les travaux de ses savants professeurs et par la formation dispensée à de nombreuses générations d'exégètes de tous pays. Les restes du P. Lagrange ont été transférés à Saint-Étienne en 1967.

LE TOMBEAU DES ROIS

Près de la cathédrale anglicane Saint-George se trouve l'importante nécropole appelée Tombeau des Rois. L'hypogée est celui d'une riche princesse de Haute-Mésopotamie, Hélène d'Adiabène qui, s'étant convertie au judaïsme avec son fils Izatès, vint à Jérusalem vers l'an 44. Elle s'employa à atténuer les souffrances d'une famine mémorable. Elle revint mourir dans son pays et elle fut inhumée par son fils Monobaze dans la nécropole qu'elle avait préparée pour elle-même et pour les siens. Aux dires de Josèphe, son fils Izatès fut père de 24 fils et 24 filles, ce qui explique les proportions du monument. Le sarcophage de la princesse, découvert en 1863, se trouve au Louvre.
Un large escalier taillé dans le roc conduit, à gauche, à une porte haute de 5 m, large de 3 m, qui s'ouvre sur une cour aux parois verticales, elles aussi taillées dans le rocher. À l'ouest de la cour, un vestibule, surmonté d'une frise, précède la nécropole. L'entrée de celle-ci est constituée par une porte basse, que fermait une pierre en forme de meule encore en place. Le tombeau du Christ devait avoir une disposition analogue (Mc 16, 3). L'intérieur comprend 4 chambres funéraires assez vastes, avec différents types de tombes, fours ou arcosolia.
Le Tombeau des Rois appartient à la France, qui l'a reçu de la famille israélite des Pereire.

AÏN-KARIM

Lectures bibliques

La visitation de Marie à Élisabeth : Lc 1, 39-80

Aïn-Karim, patrie présumée de Jean Baptiste, à 7 km ouest de Jérusalem, est un village blotti au creux d'un vallon, entre deux collines qui se font face. Chacune commémore un souvenir, l'une celui de la naissance de Jean Baptiste, l'autre celui de la Visitation.

ÉGLISE SAINT-JEAN-BAPTISTE

Elle se trouve sur la pente de la colline nord ; elle est précédée d'un parvis et d'un porche monumental. Un escalier de marbre, dans la nef de gauche, descend à la chapelle de la Nativité, cavité naturelle aux parois recouvertes de bas-reliefs rappelant la vie du Précurseur. Sous le porche, 2 petites chapelles ont été dégagées par les fouilles. Dans celle de gauche, une mosaïque porte, en grec, l'inscription : « Salut, martyrs de Dieu. » On ignore de quels martyrs il s'agit. La chapelle du sud conserve aussi une belle mosaïque à motifs géométriques et floraux, qui daterait du IVe s.

La naissance de Jean Baptiste et l'Évangile

Luc ne précise pas le nom de la bourgade d'origine de Zacharie. La tradition, après quelques hésitations, a placé ici la maison des parents du Précurseur. Le site s'adapte bien aux récits qui relatent la naissance et la circoncision de Jean Baptiste et qui nous font communier à l'espérance du Benedictus.

Évolution historique et archéologique

Il semble qu'il y eut ici, au IIe s., un sanctuaire païen dédié à Vénus, dont le but, peut-être, aurait été de supplanter un souvenir chrétien. Un sanctuaire chrétien avait en tout cas pris sa place dès le IVe s. L'église supérieure est du XIe s., donc antérieure aux croisés. Ceux-ci la restaurèrent et l'enserrèrent à l'intérieur d'un monastère. Les franciscains l'ont relevée de ses ruines en 1675.

LA VISITATION

Sur les pentes de Ras et-Tuta, au sud de la route, le campanile de la Visitation émerge du milieu des ifs et des vergers en terrasses. La mosaïque du fronton représente Marie gagnant le haut pays escortée par les Anges. Du parvis on entre de plain-pied dans une crypte au fond de laquelle une grotte voûtée et terminée par une absidiole contient un puits. Une église moderne se dresse au-dessus de cette crypte, au milieu de ruines de plusieurs époques. Dans les murs, on a conservé, judicieusement, des vestiges de l'ancien sanctuaire, entre autres plusieurs assises de l'abside croisée.

La Visitation et l'Évangile

La tradition de la Visitation, longtemps flottante, s'est fixée ici à une époque tardive. Qu'importe ! Le site, avec son décor si riant, est tout indiqué pour évoquer la rencontre de Marie avec Élisabeth et faire écho à son Magnificat.

Évolution historique et archéologique

Les premiers aménagements de la grotte sont du début du VIe s. On y vénérait le souvenir légendaire, accrédité par le Protévangile de Jacques, du rocher s'entrouvrant pour donner refuge à Élisabeth et à son fils fuyant les sbires d'Hérode. Sur la modeste crypte, les Croisés bâtirent une église intégrée à un monastère fortifié. Le souvenir de la Visitation s'y fixa vers cette époque. L'endroit resta longtemps à l'abandon ; la crypte fut restaurée en 1861 et l'église supérieure réédifiée à partir de 1938.

LES « EMMAÜS »

Lecture biblique

L'apparition d'Emmaüs : Lc 24, 13-35

L'EMMAÜS DES 160 STADES (AMWÂS-NICOPOLIS)

« Or, voici que, ce même jour (le matin de Pâques), deux disciples se rendaient à un village du nom d'Emmaüs, à 160 stades de Jérusalem » (Lc 24, 13).

L'évangéliste Luc est le seul à nous rapporter ce récit. Depuis longtemps on a noté qu'il a une coloration palestinienne évidente. L'épisode a dû être précieusement conservé dans la mémoire d'un groupe de disciples, voire d'une famille : pourquoi pas celle des deux hommes ? Plus précisément encore, il a dû faire partie du trésor de la communauté chrétienne de ce village, Emmaüs.

Mais, où se trouvait donc cette bourgade (le mot employé par Luc indique qu'il s'agit, à cette époque,

d'une agglomération sans importance) ? C'est que la localisation de la bourgade des deux disciples représente un cas tout à fait à part de la topographie du Nouveau Testament. Quatre localités ont, au fil des siècles, revendiqué l'honneur d'être le « bon » Emmaüs : Amwâs, Abou Gosh, Qoubeibeh, Colonieh. Le débat a fait les choux gras de certains historiens au siècle dernier, et même aujourd'hui encore le débat n'est pas totalement tranché !
Pour expliquer ce flottement, il faut évoquer un point très curieux de l'histoire des manuscrits de Luc. La plupart d'entre eux portent la distance de soixante stades, pour situer Emmaüs par rapport à Jérusalem. Ce qui correspond à une douzaine de kilomètres. Mais d'autres manuscrits, et non des moindres — par exemple le fameux Sinaiticus, qui date du IVe s. —, comportent 160 stades. Dès lors, quelle leçon choisir ? Soixante stades aller retour (car les marcheurs d'Emmaüs sont aussitôt retournés à Jérusalem après la fraction du pain), cela ne fait que 24 km, parcours dont la longueur ne pose aucun problème. Mais 160 stades aller retour, cela fait près de 60 km ! N'est-ce pas exagéré, même pour d'excellents marcheurs ? En fait, était-il vraiment impossible de faire 320 stades en une journée ? « Ce voyage aller retour, compte tenu de quelques raccourcis que des piétons ne peuvent manquer de prendre, ne dépasse pas 55 km, et tout Arabe robuste, de nos jours, est parfaitement capable de les parcourir, même par temps très chaud. Si les disciples avaient quitté Jérusalem de bonne heure le matin, ils pouvaient très bien être de retour entre 8 et 10 heures du soir » (Klemens Kopp, *Itinéraires évangéliques*).
En fait, certains scribes ont dû penser autrement. Sur quelques manuscrits, on remarque en effet nettement des traces de grattage : on a effacé le chiffre initial, ce qui nous ramène donc à 60 stades. Mais beaucoup de bons spécialistes continuent de préférer le chiffre de 160, d'après le principe qu'il faut toujours préférer la « leçon difficile ».
Or, 160 stades, cela nous dirige tout droit vers un lieu, dont le nom arabe actuel, Amwâs, rappelle l'Emmaüs évangélique. C'est là que, en 1924, le P. Abel, maître incontesté de l'archéologie palestinienne, a inauguré des fouilles qui devaient aboutir à des résultats très éclairants.

Visite des lieux

Le village arabe d'*Amwâs*, à 30 km ouest de Jérusalem, perpétue le vocable évangélique d'Emmaüs. Les fouilles ont mis au jour, devant l'ancien couvent des Pères de Bétharram, un ensemble de ruines intéressant. À l'entrée ouest de l'enclos se voient les restes d'une église à une seule nef, de 28 m × 11 m, avec un porche et 2 entrées latérales. La nef a gardé, intactes, plusieurs assises de ses murs faits de blocs puissants. Elle se termine par une abside, haute encore de 7 m, qui n'est en fait que l'élément central réutilisé d'un chevet à 3 absides adossé à la masse rocheuse. Celui-ci appartenait à une basilique plus ancienne, de 46 m × 24 m, qui avait été bâtie sur une villa romaine dont on peut voir l'admirable pavement en mosaïque partiellement conservé. Dans la moitié nord de l'enclos, on reconnaît les vestiges d'une autre église, elle aussi à 3 nefs, parallèle à la précédente, mais plus petite (26 m × 14 m). Plusieurs pans des mosaïques du sol sont encore visibles. Derrière l'abside se trouve un baptistère, petite cuve en maçonnerie en forme de croix, reliée à un bassin destinée à l'alimenter.

Emmaüs et la Bible

Emmaüs était devenue célèbre dans l'Ancien Testament par l'éclatante victoire que Judas Maccabée y remporta en 165 av. J.C. sur les Syriens de Nicanor et Gorgias (1 M 3, 38, à 4, 25). En 160, Bacchidès la fortifia (1 M 9, 50 s.). Si l'on retient la leçon des 160 stades, il est possible d'y voir le théâtre d'une des premières apparitions de Jésus ressuscité : Cléophas et son compagnon « le reconnurent à la fraction du pain » (Lc 24, 35).

Évolution historique et archéologique

PÉRIODE ROMAINE. Luc (24, 13) appelle Emmaüs un « village ». En effet, l'ancienne place forte avait perdu de son importance après avoir été saccagée par le légat Varus en 4 ap. J.C.
La première basilique fut probablement l'œuvre de Jules Africain. Cet érudit chrétien, bien en cour auprès de l'empereur Élagabale, avait obtenu en 221 d'ériger Emmaüs en cité romaine sous le nom de

Nicopolis. L'église, bâtie sur l'emplacement présumé de la maison de Cléophas, fut une des nombreuses constructions destinées à embellir la ville.

PÉRIODE BYZANTINE. À partir de 529, Justinien s'employa à relever des ruines accumulées par les Samaritains révoltés : c'est alors sans doute que fut construite la seconde église, plus modeste, située au nord du site. Sous l'occupation arabe, elle fut transformée en mosquée.

PÉRIODE CROISÉE. Les croisés eurent à cœur de relever le sanctuaire d'Emmaüs. Ils bâtirent une église à nef unique, en utilisant l'abside centrale de la première basilique. Les fouilles de 1924 en ont dégagé les restes imposants.

ABOU-GOSH, L'EMMAÜS DES CROISÉS

À 15 kilomètres à l'ouest de Jérusalem, sur une hauteur dominant l'ancienne route qui conduit à la côte, se trouve la localité d'Abou-Gosh, du nom d'un cheikh qui, au siècle dernier, avait coutume, à cet endroit, de rançonner les voyageurs. Ce fut le cas de Chateaubriand ! Les croisés y virent le site du repas d'Emmaüs et y construisirent une vaste église en l'honneur de l'épisode évangélique. C'est, avec Sainte-Anne à Jérusalem, le monument le mieux conservé que nous ait laissé la période croisée. Tout commença par l'existence d'une source aux eaux pures et abondantes, précieux point d'eau sur la route de Jérusalem. Sous le règne de Vespasien, un détachement de la 10e légion romaine (celle qui s'empara de Jérusalem en 70 ap. J.C.) s'installa à proximité et construisit un solide réservoir pour emmagasiner l'eau de la source. Après la conquête arabe, vinrent s'ajouter des canalisations, des vasques et un caravansérail.
À l'époque des croisés, la région fut cédée aux hospitaliers de Saint-Jean de Jérusalem qui y construisirent l'église actuelle entre le moment de l'acquisition des terres par l'ordre en 1141 et la victoire de Saladin, en 1187, date à laquelle l'établissement fut abandonné mais non détruit.

QOUBEIBEH

Au XIIIe s., la perte de Jérusalem et de sa région interdit aux pèlerins la route d'Abou-Gosh. Ils empruntèrent un autre itinéraire plus au nord, et ce fut Qoubeibeh qui prit la succession d'Abou-Gosh, comme lieu du repas d'Emmaüs.

BETHLÉEM ET ENVIRONS

BETHLÉEM

Lectures bibliques

La patrie de David : 1 S 16, 1-13
Prophétie de Michée : 5, 1-5
Naissance de Jésus : Lc 2, 1-21
Adoration des Mages et massacre des Innocents : Mt 2, 1-18

La ville de Bethléem, à 9 km au sud de Jérusalem, s'étire sur une colline longue d'1 km qui va s'inclinant de l'ouest, où elle culmine à 830 m, vers l'est où elle se termine par un plateau moins élevé (775 m), enfoncé comme un éperon dans le désert de Juda. C'est à la lisière orientale de la ville que se trouvent la grotte et la basilique de la Nativité.
Pour un pèlerin chrétien, le cœur de Bethléem est, bien sûr, la basilique de la Nativité et la grotte qui la recouvre. La véridicité du lieu se fonde sur des témoignages très anciens qui remontent au IIe s. Mais Bethléem c'est aussi nombre de lieux vénérés par une tradition séculaire. C'est le cas des deux « champs des Bergers » que nous présentons également.
Bethléem, c'est enfin le tombeau de « Rachel notre Mère », vénérée par les juifs, les chrétiens et les musulmans.

Chronologie

XIVe s. av. J.C. Première mention historique de la ville dans une lettre adressée au pharaon (archives de El Amarna, en Égypte). Le roi de Jérusalem, qui considérait la ville de Bet-Lahmuk comme faisant partie de son domaine (« une ville de la terre de Urushalem »), protestait par lettre auprès du pharaon parce que la ville lui avait échappé.

XIIe s. (?). Un clan éphratéen (Ephrata), de la tribu d'Éphraïm, au nord de Jérusalem, vint s'établir à

Bethléem. La famille de Jessé, père de David, en fait partie (1 S, 16 ; 17, 2).

XIe s. David, d'abord chef de bande bethléémite, reçoit, après la mort de Saül, la royauté, d'abord sur Juda, puis sur « tout Juda et Israël » (2 S 2, 1-4 ; 5, 1-5).

Fin VIIe s. Prophétie de Michée (5, 1-5).

6 avant notre ère. Naissance de Jésus à Bethléem.

215 Origène, installé lui-même en Palestine, visite Bethléem et évoque la grotte de la naissance.

326 Hélène, mère de l'empereur Constantin, active les travaux de la construction de la basilique.

386. Arrivée de saint Jérôme à Bethléem. Il y demeurera jusqu'à sa mort, en 420.

529. Détérioration de la basilique par les Samaritains révoltés.

531. Restauration par Justinien.

614. Les Perses épargnent la Basilique.

1099. Lors de la première croisade, la ville est libérée par un détachement de chevaliers francs.

1100. Sacre du roi Baudoin Ier.

LA BASILIQUE DE LA NATIVITÉ

Le monument est à la fois :
— déroutant : il est enserré dans des couvents (latin, orthodoxe, arménien) qui empêchent d'en avoir d'emblée une idée d'ensemble ;
— vénérable : chose rare en Palestine, où le raid perse de 614 détruisit presque tous les édifices religieux, une bonne partie de la basilique date du IVe s. ;
— évocateur : on n'oubliera pas de sitôt l'atmosphère mystérieuse dégagée par les belles colonnes rouges de la nef.
On s'arrêtera volontiers quelques instants sur la place précédant la porte d'entrée minuscule de la basilique. Quelques socles de colonnes rappellent au visiteur qu'il se trouve dans ce qui fut l'immense atrium de l'édifice constantinien.

Histoire de la basilique

LE TÉMOIGNAGE DE L'ÉVANGILE. « Joseph, quittant la ville de Nazareth, en Galilée, monta en Judée, à la ville de David, appelée Bethléem [...] afin de s'y faire

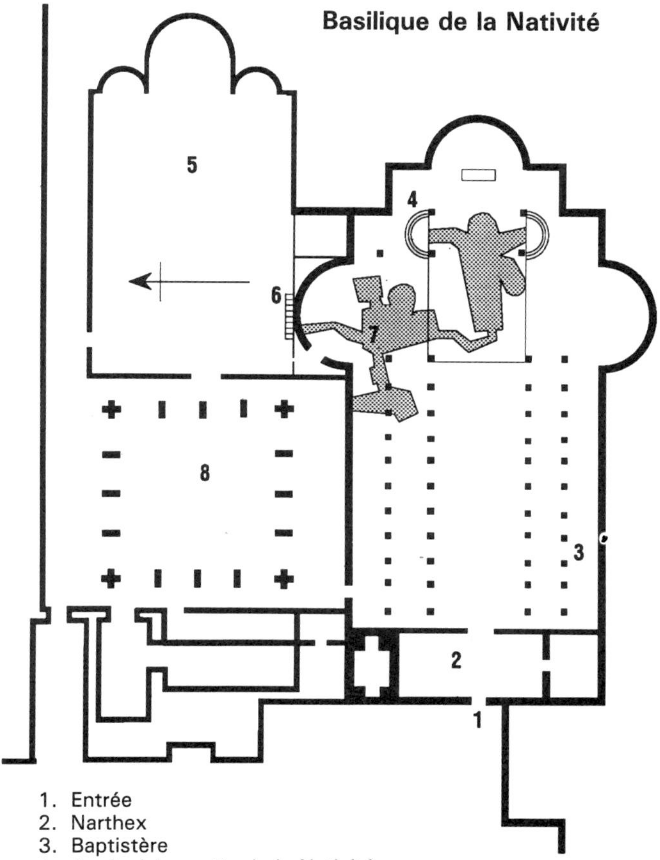

1. Entrée
2. Narthex
3. Baptistère
4. Accès à la grotte de la Nativité
5. Église Sainte-Catherine
6. Accès aux grottes
7. Complexe des grottes
8. Cloître

inscrire avec Marie, sa fiancée, qui était enceinte. Or, pendant qu'ils étaient là, le temps où elle devait enfanter se trouva révolu. Elle mit au monde son fils premier-né, l'enveloppa de langes et le coucha dans une crèche [...] » (Lc 2, 1-8).
« Jésus, étant né à Bethléem de Judée, au temps du roi Hérode [...] » (Mt 2, 1).
À la fois Matthieu et Luc mentionnent donc la naissance de Jésus à Bethléem. L'accord est important, d'autant que ces deux récits, tout particulièrement dans leur narration de l'enfance, sont entièrement différents. L'un et l'autre renvoient sans doute à une tradition antérieure, conservée dans le milieu judéo-chrétien d'avant l'an 70 de notre ère.

La « crèche » qui servit de berceau à l'enfant devait être une anfractuosité de rocher aménagée en mangeoire pour les animaux. On notera que les évangiles ne parlent pas explicitement de grotte (cette tradition nous est fournie en particulier par le protévangile de Jacques, évangile apocryphe de la fin du IIe s.) : Marie, toute jeune (12 ans) enceinte, ne peut continuer la route, elle va accoucher. « Joseph trouva à l'endroit même une grotte et y fit entrer Marie » (18, 1).

LA VISITE DE SAINT JUSTIN. Vers l'an 150, saint Justin, originaire de Naplouse, à 70 km au nord de Bethléem, écrit dans son dialogue avec Triphon : « Comme Joseph n'avait pas où loger dans le village, il s'installa dans une grotte toute voisine de Bethléem, et c'est pendant qu'ils étaient là que Marie enfanta le Christ, et le plaça dans une mangeoire » (II, 19-21).
Au siècle suivant, Origène, qui visita les Lieux saints en 215, ne craint pas d'opposer à Celse l'affirmation catégorique, vérifiée sur place, selon laquelle « on montre à Bethléem la grotte dans laquelle il est né et, dans cette grotte, la crèche où il fut emmailloté. Et ce que l'on montre ainsi est très connu dans ces parages, au point que même les étrangers à notre foi savent que Jésus est né dans une grotte » (*Enchiridion Baldi*, n. 90).

L'IMPÉRATRICE HÉLÈNE. Après l'édit de Milan qui accordait la liberté aux chrétiens, Hélène, mère de l'empereur Constantin, fut parmi les premiers visiteurs de Bethléem. Elle avait reçu mission de superviser les travaux de construction entrepris dans les Lieux saints sur l'ordre de son fils. Plusieurs historiens lui attribuèrent même l'initiative de la basilique de la Nativité de Bethléem. Mais on peut plutôt penser que cette basilique faisait partie d'un plan d'ensemble visant à édifier de somptueuses églises sur les lieux de la Nativité, de la Passion-Résurrection (Anastasis) et de l'enseignement sur les derniers temps (Éléona).

PÈLERINS DU IVe S. Commencée en 326, la basilique de la Nativité fut sans doute achevée en 333. On a pu en reconstituer l'ordonnancement. Au-dessus du Lieu saint — la grotte —, l'architecte éleva un martyrium octogonal avec, en son centre, un édicule

circulaire. Le visiteur pouvait plonger le regard à l'intérieur de la grotte dont on avait, au préalable, percé la voûte. Ce martyrium continuait par une basilique à cinq nefs, presque identique à l'actuelle, quoique un peu moins longue. Devant la basilique s'étendait un immense atrium que couvrent en partie l'actuel narthex et le parvis. Ce qui subsiste de ce monument, soit les colonnes et le chatoyant tapis de mosaïque du pavement, dit assez ce que fut la splendeur de l'édifice.
Le Pèlerin de Bordeaux, en 333, est le premier à signaler à Bethléem la basilique de la Nativité.

UNE CRÈCHE D'ARGENT. À la fin du IVe s., la fameuse pèlerine Éthérie se rendit à Bethléem à plusieurs reprises pendant son séjour en Orient. Malheureusement un feuillet de son manuscrit a disparu, qui relatait les cérémonies de l'Épiphanie à l'église du Champ-des-Bergers et à celle de la Nativité.
Saint Jérôme, à peine quelques années plus tard, va s'installer à Bethléem avec Paula et Eustochium, ses chères dirigées, et il y restera jusqu'à sa mort en 420. Il évoque souvent dans ses écrits la grotte de la Nativité. Il nous parle longuement de la crèche, déplorant que celle des origines, une crèche d'argile, ait été remplacée — ou recouverte — par une crèche d'argent. « Combien plus précieuse pour moi celle qu'on a enlevée ! L'argent et l'or sont bons pour les gentils : cette crèche d'argile valait mieux pour la foi chrétienne ! »

LA BASILIQUE DE JUSTINIEN. Comment et quand s'écroula un tel monument ? Nous n'avons pour nous renseigner qu'un récit plus ou moins romancé, transmis par Eutychius Ibn al Batriq, patriarche d'Alexandrie vers 875. En l'an 21 du règne de Justinien (527-565), les Samaritains de Palestine se révoltèrent. Ils démolirent et incendièrent de nombreuses églises. Alerté, l'empereur envoya un corps expéditionnaire qui fit un carnage de ces rebelles. Puis il délégua un haut personnage qu'il pourvut d'importantes sommes d'argent « en lui donnant l'ordre de démolir l'église de Bethléem qui était petite et d'en construire une autre, splendide, grande et belle, au point qu'à Jérusalem même on n'en trouverait pas de semblable ».
Les fouilles de Bethléem ont prouvé que ce récit

contenait un fond de vérité : la démolition de la basilique de Constantin et sa reconstruction sous Justinien sur un nouveau plan entre 531 et 565. Cette nouvelle basilique, c'est celle que nous admirons encore de nos jours, l'un des chefs-d'œuvre de l'art byzantin.

Les nefs constantiniennes furent conservées et les colonnes réutilisées, mais elles reposèrent désormais sur un muretin servant de stylobate, ce qui obligea à exhausser le pavement au niveau actuel. Le vaisseau fut allongé vers l'ouest et on ajouta un narthex, ce qui réduisit d'autant plus les dimensions de l'atrium. Le martyrium, quant à lui, subit une transformation radicale : l'octogone fut démoli pour faire place au transept et aux trois absides.

Le majestueux édifice de Justinien traversa sans dommage les tourmentes des siècles. Il échappa même au raid dévastateur des Perses en 614. Voici ce que nous raconte une lettre synodale d'un concile tenu à Jérusalem en 836, au cours de la lutte contre les images : « Arrivés à Bethléem, ils virent avec stupeur les images des mages persans [sans doute une mosaïque, sur le tympan d'entrée] observateurs des astres, leurs compatriotes. Par respect et par affection pour leurs ancêtres, ils les vénérèrent comme s'ils étaient vivants et ils épargnèrent l'église » (*Enchiridion* Baldi, n° 130.)

À leur tour, les cavaliers d'Allah, en 638, ne touchèrent pas au sanctuaire. D'après le patriarche Eutychius d'Alexandrie, le calife Omar pria dans l'abside du sud et autorisa les musulmans à venir y prier, mais un à un. Même les fanatiques du calife fou Hakim, en 1009, passèrent sans rien détériorer.

Puis vinrent les croisés. Les chroniqueurs nous ont transmis des récits pleins de charme et d'émotion sur la « libération » de Bethléem. Godefroy de Bouillon, arrivé à Emmaüs le 6 juin 1009, reçut le lendemain une délégation de Bethléémites qui l'invitèrent à presser sa marche, car les Fatimides les menaçaient de représailles. Le chef des Francs dépêcha immédiatement vers Bethléem une avant-garde de cavalerie sous les ordres de son cousin Baudouin du Bourg et de Tancrède.

Ayant galopé toute la nuit, les cavaliers entrèrent dans Bethléem à l'aube. Ce fut du délire dans la population chrétienne. Tous, tant de rite grec que de rite syriaque, sortirent en procession avec leurs croix et leurs évangéliaires, pleurant de joie. Guillaume de Tyr écrit : « En procession, ils les menèrent en l'église située au lieu où la glorieuse mère de Jésus enfanta le Sauveur du monde, et virent la crèche où fut mis reposer le doux enfant qui fit le ciel et la terre [...] » (Grousset, *Histoire des Croisades*, I p. 151-152). Ce même jour commençait le siège de Jérusalem.

EN SOUVENIR DU ROI DAVID. Pendant le royaume latin, Bethléem devint la cité des sacres. En souvenir de David, les rois francs vinrent y recevoir la couronne que Godefroy de Bouillon n'avait jamais voulu porter.

UN ASPECT DE FORTERESSE. Les croisés enserrèrent au nord et au sud la basilique byzantine dans un ensemble de constructions massives. D'où cet aspect de forteresse qu'elle a gardé jusqu'à nos jours.
Sur le flanc nord de la basilique se dresse le monastère fortifié des chanoines réguliers de Saint-Augustin, devenu à partir de 1347 le couvent des franciscains. Sur le flanc sud, la construction médiévale la plus importante fut une tour de défense, devenue le couvent des grecs. Au sud-ouest, longeant l'ancien atrium, se dressait l'évêché latin aujourd'hui occupé par les arméniens.

DES MOSAÏQUES ŒCUMÉNIQUES. Au XIe s., le besoin se fit sentir de rajeunir l'intérieur de la basilique qui avait bien souffert depuis l'époque de Justinien. Manuel Commène, empereur grec de Constantinople et Baudoin III, roi latin de Jérusalem, s'entendirent pour fournir les fonds et la main-d'œuvre. Et c'est ainsi que, de 1160 à 1169, artistes grecs et latins vont travailler ensemble pour embellir l'intérieur de la basilique. Sur les murs de la nef, ils représentèrent en mosaïque les conciles œcuméniques (sud) et les conciles provinciaux (nord). Quant aux trois absides, elles illustrèrent l'Évangile. De même les colonnes furent ornées de peintures de saints.
En 1187, ce fut, avec le désastre de Hattin, la fin du royaume franc de Jérusalem. L'histoire de la basilique de la Nativité devint alors celle de rivalités parfois sanglantes entre latins, grecs et arméniens. La basilique se détériora de plus en plus. Le mur extérieur du narthex menaçant de s'écrouler, on le

renforça par une monstrueuse barbacane qui cache la porte byzantine du nord, tandis que la porte centrale, déjà diminuée par les croisés, fut réduite aux proportions de l'actuel portillon qui oblige tout visiteur à se courber profondément.
À la suite d'un grave accident qui survint en 1873 entre grecs et latins, le maréchal Mac-Mahon offrit un revêtement en amiante qui tapisse les parois de la grotte et obtint la présence, jour et nuit, d'un soldat turc.

La visite

LES VESTIGES DE L'ATRIUM. La basilique de Constantin, puis celle de Justinien, était précédée d'un vaste atrium, dont quelques socles et colonnes indiquent l'emplacement. Sur le flanc sud de la place, un monastère orthodoxe s'élève à l'emplacement de la tour de défense médiévale.
Au sud-ouest, plusieurs bâtiments sont occupés par les arméniens, à l'emplacement de l'évêché à l'époque du royaume latin. Au nord, le couvent franciscain et l'église Sainte-Catherine.

LA PORTE D'ENTRÉE. On aperçoit les trois portes de la basilique : en haut, la *porte byzantine*, avec son linteau ; au milieu la *porte médiévale* dont on voit l'ogive ; en bas, la *porte actuelle*, du temps de l'occupation turque ; ses dimensions avaient sans doute pour but d'empêcher les cavaliers d'entrer avec leur monture dans la basilique.

LA NEF. Après avoir traversé le narthex, on entre dans la nef. L'intérieur se présente comme un vaste hall à cinq nefs, celle du milieu atteignant la largeur de 10,40 m. Les cinq nefs sont formées par quatre rangées de 11 colonnes monolithes. L'architecte de Justinien réemploya sans aucun doute les colonnes de la basilique de Constantin. Elles émeuvent aujourd'hui encore, non seulement par leur évidente ancienneté, mais aussi par la couleur des fûts. Ceux-ci, hauts de 4,50 m, sont formés d'un seul bloc de calcaire rouge, veiné de blanc, qui ressemble à du marbre.
Au XIIe s., artistes grecs et latins, dans un œcuménisme avant la lettre, décorèrent les fûts des colonnes. Les peintures — malheureusement très abîmées — représentent en effet des saints orientaux et

occidentaux, avec des légendes bilingues : Macaire, Antoine, Euthyme, Onuphre, Sabas, Théodose, Léonard de Gaule, Catald d'Irlande, Canut de Danemark, Olaf de Norvège, Vincent d'Espagne. Chacun est debout, avec la tête nimbée qui se détache sur un fond bleu et le corps sur un fond rouge foncé. Sur l'une des colonnes, on lit une date : 15 mai 1130.
L'expérience ayant prouvé que les bases des colonnes n'étaient pas suffisamment solides, l'architecte de Jérusalem décida de les faire reposer sur des murs qui serviraient de stylobates. Mais ces murs n'allaient-ils pas gêner la circulation entre les nefs ? Il y a une solution à tout. On exhaussa le sol constantinien au niveau du plan des bases proprement dites des colonnes. Et voici comment le merveilleux tapis de mosaïques disparut sous 75 cm de décombres nivelés. Le nouveau pavement fut en dalles de marbre : on peut en admirer une partie dans les absides latérales.

VESTIGES DU PAVEMENT DE MOSAÏQUE CONSTANTINIEN. Dans la nef, un dispositif permet d'admirer l'ancien sol constantinien qui subsiste dans des proportions non négligeables. Il est constitué par un pavement de mosaïques de grande qualité. Si une géométrie toute linéaire paraît avoir régné sur les bas-côtés, la grande nef offre des compositions fort élaborées d'une géométrie beaucoup plus savante, avec parfois des éléments naturalistes, végétaux et floraux.

LA CUVE BAPTISMALE. Dans l'un des bas-côtés du sud, a été reléguée aujourd'hui une très belle cuve baptismale. Taillée dans un seul bloc de pierre rougeâtre, semblable à la pierre des colonnes, elle est évidée de manière quadrilobée, le trèfle ainsi obtenu rappelant la croix. À l'intérieur figure une inscription grecque ainsi libellée : « Pour la mémoire, le repos et la rémission des péchés dont le Seigneur sait les noms. » Cette cuve, que l'on date du VIe s., a pu se trouver jadis dans la grotte de la Nativité elle-même.
La nef centrale est fermée du côté ouest par une iconostase (le chœur appartient à la communauté orthodoxe) qui empêche de jouir pleinement du beau volume et du décor mosaïque de l'abside.

LES MOSAÏQUES DES MURS NORD ET SUD. Entre 1160 et 1169 furent représentés les conciles œcuméniques sur le mur sud (il ne subsiste en entier que le 1er concile de Constantinople (381) et les conciles provinciaux ; sur le mur nord ne restent qu'Antioche et Sardes).

LE CHŒUR ET LE TRANSEPT. L'un et l'autre ont été ornés de mosaïques également au Moyen Âge et représentaient des scènes du Nouveau Testament. Il n'en subsiste (à droite) qu'un fragment de la Transfiguration et de l'entrée à Jérusalem ; à gauche, apparition de Jésus à Thomas. Le décor a dû être renouvelé lui aussi de fond en comble en 1109, une inscription précisant la date et l'auteur : Ephrem, peintre et mosaïste, ayant travaillé sous l'empereur Manuel Porphyrogénète et Amaury, roi de Jérusalem. En face, sur la paroi ouest de la basilique, à l'intérieur, un arbre immense déployait ses branches, où s'inséraient les portraits des rois davidiques, des prophètes, des sages du paganisme comme Balaam et la Sibylle de Cumes, pour aboutir à la Vierge et à l'Enfant royal.

LA GROTTE DE LA NATIVITÉ. On accède à la grotte par l'escalier du côté sud. À sa droite, le visiteur aperçoit dans le pavement une étoile d'argent datée de 1717 avec l'inscription latine : *« Hic de Maria virgine Jesus Christus natus est. »* Cette étoile indique l'endroit traditionnel de la naissance.
L'autel érigé au-dessus est exclusivement desservi par les grecs orthodoxes, mais les quinze lampes qui l'entourent offrent une belle image d'œcuménisme : 6 appartiennent aux grecs, 5 aux arméniens et 4 aux latins.
À gauche, le visiteur aperçoit un renfoncement où l'on atteint le niveau primitif. Trois marches y descendent. Cet espace, domaine des latins, comporte deux autels : l'un est sous le vocable de la crèche et l'autre commémore l'adoration des rois mages.
Telle qu'elle se présente aujourd'hui, la grotte, dans son ensemble, mesure 12 m de longueur sur 3,50 à 4 m de largeur.

LES GROTTES AVOISINANTES. Juste au nord de la grotte de la Nativité se trouve une autre grotte, reliée par un passage taillé dans le roc qui perpétue jusqu'à nos jours le souvenir des saints Innocents, de saint Jérôme, des deux patriciennes romaines sainte Paula

et sainte Eustochium, ainsi que d'Eusèbe de Crémone. La recherche archéologique a montré que ces grottes ont été en usage pendant les Vᵉ et VIᵉ s. av. J.C., peut-être comme sépultures, mais plus probablement comme habitations.
Pour y accéder, il faut passer par l'église franciscaine de Sainte-Catherine ; un escalier conduit dans une première crypte dédiée aux saints Innocents ; sous l'autel s'ouvre une entrée de tombeau identifiée avec la sépulture de sainte Paula. En 404, cette dame romaine qui avait moralement et financièrement aidé Jérôme depuis leur arrivée à Bethléem en 386 mourut après une longue maladie et Jérôme l'ensevelit « sous l'église près de la grotte du Seigneur ». Par une galerie étroite, on passe devant l'autel de saint Eusèbe de Crémone, disciple de Jérôme, et on aboutit à la « cellule » où on aperçoit les cénotaphes de Jérôme, de Paula et d'Eustochium. D'après la tradition, c'est là que Jérôme travailla (jusqu'à sa mort en 420) à la traduction de la Vulgate.
En sortant on ne manquera pas d'admirer le cloître des franciscains, qui fut au Moyen Âge celui du couvent des chanoines réguliers de Saint-Augustin et devint en 1347 le premier couvent des franciscains.

LES CHAMPS DES BERGERS

Aucune mention du champ des Bergers n'est faite par les premiers visiteurs chrétiens de Jérusalem. La première mention est celle de la pèlerine Éthérie. Après avoir signalé que, dans une allée de Jérusalem, étaient les tombes des rois de Juda (David et Salomon), elle ajoute : « Non loin de là est l'église appelée ''Aux Bergers''. Il y a maintenant un grand jardin protégé par un mur élégant tout autour, et aussi une splendide grotte, avec un autel. C'est l'endroit où les anges apparurent aux bergers qui montaient la garde et où ils leur annoncèrent la naissance du Christ. »
Vers 680, Arculfe visita cette église qu'il localisait à la distance d'un mille à l'est de Bethléem.
Il y a aujourd'hui deux sites à l'est de Bethléem qui revendiquent l'honneur d'être le champ des Bergers. L'un et l'autre ont été fouillés.

Le site grec orthodoxe

Kenisset er-Rawat, propriété des grecs orthodoxes, a été fouillé entre 1972 et 1975. La partie la plus ancienne est une grotte, sans doute celle que mentionne Éthérie. Les deux croix dans la mosaïque du sol indiquent qu'elle fut posée avant 427, date où de telles décorations furent interdites car les fouler aux pieds était considéré comme une insulte à la Croix. Mais on ne saura jamais qui, le premier, attira l'attention sur cette grotte comme étant celle occupée par les bergers de Luc 2, 8-20, ni les raisons de son choix. Sous Justinien, une magnifique basilique (60 m × 40 m) y fut édifiée. Reconstruite après une destruction (sans doute les Perses, en 614), elle devint le centre d'une communauté monastique.

Le site catholique latin

On y accède par une allée de pins ; après avoir longé une chapelle moderne, don de catholiques canadiens, on aperçoit sur la gauche les ruines d'un ancien monastère érigé au début du Ve s. De l'autre côté s'ouvre la grotte des Bergers, sur le sol de laquelle on aperçoit des restes de mosaïques anciennes.

« Les ruines de la Bergerie » (c'est la traduction du nom arabe désignant le site) ne s'harmonisent pas aussi bien avec les données littéraires. Les fouilles conduites par le P. Virgilio Corbo en 1951 ont révélé trois niveaux d'occupation. Le plus ancien a conservé des traces du passage de bergers nomades durant le Ier s. Quoi qu'il en soit, un monastère y fut construit au Ve s., qui fut reconstruit sur une plus grande échelle au VIe s. Le complexe fut abandonné au VIIIe s., quand la pression de l'islam devint intolérable.

Le tombeau de Rachel

À l'entrée de l'agglomération de Bethléem, à droite de la route quand on vient de Jérusalem, l'attention est attirée par un petit monument surmonté d'une coupole. Depuis la présence israélienne en 1967, l'entrée porte une inscription en hébreu : *Qever Rahel Iménou* (tombeau de Rachel, notre Mère). Le sanctuaire abrite le cénotaphe de la femme préférée de Jacob, mère de Joseph et de Benjamin. C'est un lieu saint juif, mais Rachel est également vénérée par les chrétiens et les musulmans.

La première mention que nous ayons de la présence du tombeau de Rachel à cet endroit est faite par le Pèlerin de Bordeaux (333), mais le monument doit être bien antérieur et éventuellement remonter à la période juive. Il a subi de multiples transformations au cours des siècles (au Moyen Âge, la coupole était supportée par quatre piliers au milieu desquels se trouvait, visible de tous côtés, le tombeau de Rachel).

La localisation du tombeau de la femme de Jacob à cet endroit constitue une énigme. Reprenons la Bible :

1. Après avoir donné naissance à Benjamin, Rachel meurt et elle « fut enterrée sur la route d'Ephrata » (Gn 35, 19 ; 48, 7), « non loin de Rama » (Jr 31, 15), « à la frontière des tribus de Benjamin et d'Ephraïm » (1 S 10, 2) donc au nord de Jérusalem.

2. Très tôt, dès l'époque de l'Ancien Testament, le tombeau fut situé à Bethléem ; une glose fut ajoutée au texte : « elle fut enterrée sur la route d'Ephrata — c'est Bethléem » (Gn 35, 19). Et le texte précise : « Jacob dressa une stèle sur son tombeau ; c'est la stèle du tombeau de Rachel, qui existe encore aujourd'hui » (Gn 35, 20).

3. On a donc toutes les raisons de placer la tombe de Rachel au nord de Jérusalem ; alors pourquoi avoir identifié à une époque tardive Ephrata avec Bethléem ? La réponse tient en peu de mots : Bethléem est la ville de David et David est un Éphratéen, fils d'un Éphratéen, Jessé, qui habite Bethléem de Juda (1 S 17, 12).

À une époque où le village d'Ephrata a disparu et où l'espérance se concentre sur Bethléem, la ville de David, on a assimilé Ephrata à Bethléem, parce que David était un Éphratéen : l'identification est réalisée dans le célèbre oracle de Michée 5, 1 : « Et toi, Bethléem Ephrata, trop petite pour compter parmi les clans de Juda, de toi sortira pour moi Celui qui doit gouverner Israël. » Cet oracle est repris par Mt 2, 6 afin d'annoncer la venue du Messie à Bethléem de Judée.

LES CHRÉTIENS À BETHLÉEM

Avant 1948, Bethléem comptait 15 000 habitants, dont 11 000 chrétiens.
En 1982, par suite notamment de l'afflux de réfugiés musulmans, la population atteint 24 000 habitants. Sur les 34 000 habitants que compte actuellement Bethléem, il y avait seulement 9 800 chrétiens.
Depuis, le décalage entre les deux communautés n'a cessé de s'aggraver, par suite de l'émigration de nombreuses familles chrétiennes surtout en Amérique du Sud et aux États-Unis.
Presque toutes les communautés chrétiennes sont présentes dans la ville : catholiques latins (environ la moitié des chrétiens), orthodoxes, arméniens, syriens, coptes, protestants.
Depuis 1973, Bethléem possède une université catholique, fondée par le Saint-Siège, pour éviter la « fuite des cerveaux ».
Depuis le début de l'Intifada (soulèvement de la jeunesse palestinienne), cette université, qui comportait des facultés de lettres et de sciences, des écoles de langues, de commerce et d'hôtellerie, a été fréquemment fermée sur l'ordre des autorités israéliennes.

L'HERODIUM

Histoire du lieu

À une dizaine de kilomètres au sud-est de Bethléem se dresse une colline artificielle dont le sommet évidé fait penser à un cratère de volcan : c'est le djebel Fureidis, appelé aussi Herodium. L'Iduméen Hérode y avait construit un des nombreux palais-forteresses qu'il avait disséminés à travers le pays. Des fouilles récentes ont permis de retrouver les fortifications et les fastueuses installations domestiques réalisées par le tyran. C'est là qu'Hérode fut inhumé en 4 av. J.C., soit quelques mois à peine après la naissance de Jésus et le massacre des Innocents.
L'historien Flavius Josèphe nous a rapporté les circonstances dramatiques qui poussèrent Hérode à faire choix de cette colline du désert de Juda. À cette époque, il n'était encore que gouverneur de Galilée et se trouvait aux prises avec la peuplade belliqueuse des Parthes. Son frère Phasaël, gouverneur de Judée sous le patronage des Romains, avait été attiré dans un piège par les Parthes, qui l'avaient

persuadé de quitter sa citadelle, sous prétexte de négociations. Il devait trouver la mort dans le guet-apens. Hérode, quant à lui, n'avait pas mordu à l'hameçon et avait réussi à s'enfuir avec quelques longueurs d'avance sur ses poursuivants. Ce devait être le jour le plus tragique de sa vie.
Voici en effet que le char qui porte sa mère se renverse à quelques kilomètres de Jérusalem. Hérode et ses hommes s'efforcent de dégager l'accidentée, cependant que le détachement parthe accourt à bride abattue. Mais les blessures de sa mère sont mortelles. Accablé de chagrin, Hérode tire son épée et s'apprête à se suicider. Sa famille et ses compagnons réussissent à l'en dissuader. Plein d'un nouveau courage, il s'élance alors sur ses assaillants et, à l'issue d'un sanglant corps à corps, les met en déroute. Il s'enfuit alors pour tout de bon et se réfugie dans sa forteresse de Massada, au bord de la mer Morte. Puis, laissant sa famille, il se rend à Alexandrie d'où il s'embarque pour Rome, et là le Sénat, à l'instigation de Marc-Antoine, le proclame roi de Judée. Avec l'aide des Romains, il s'empare de Jérusalem après trois ans de lutte.
C'était le début d'un règne de 33 ans. À une date que nous ignorons, pour commémorer la fatale échauffourée où il perdit sa mère mais gagna un royaume, il ordonna d'élever au sommet de la colline près de laquelle avait eu lieu la bataille avec les Parthes un palais-forteresse qui devait recevoir plus tard le nom d'Herodium.

Visite

Le sommet est ceinturé d'une double enceinte bâtie suivant un plan circulaire et renforcée aux quatre coins cardinaux par des défenses complémentaires. Au nord, à l'ouest et au sud s'élèvent trois demi-tours ; à l'est, une tour complète faisait partiellement saillie hors du rempart.
Les fouilles effectuées en 1962-1963 par un archéologue franciscain, le P. Corbo, ont permis de dégager à l'intérieur du « cratère » des thermes hérodiens construits sur le type classique avec apodytherium (salle où le baigneur se dévêtait), caldarium (eau chaude), tepidarium (eau tiède). Sur les parois, on remarque encore des traces de stucs polychromes ornés de motifs décoratifs. Au bas de la cour

circulaire s'étendait un promenoir à colonnes. Les archéologues ont de plus découvert les vestiges d'une petite synagogue qui dut servir aux zélotes (résistants) de la première révolte juive de 66 ap. J.C. La forteresse fut prise par le légat romain Lucius Bassus quand, après la conquête de Jérusalem (70 ap. J.C.), il réduisit les autres forteresses de Judée. L'Herodium servit de nouveau de centre de résistance lors de la deuxième révolte juive organisée par Bar Kokhéba (132-135 ap. J.C.). À l'époque byzantine, des moines chrétiens s'installèrent dans les ruines (on a découvert des vestiges de leurs cellules).

L'Herodium avait donc été conçu tout d'abord pour servir de palais-forteresse. Mais c'est là qu'Hérode avait décidé de se faire enterrer. Suivons encore ici Flavius Josèphe. En l'an 4 avant notre ère, le roi meurt au milieu d'atroces souffrances dans son palais d'hiver de Jéricho. Voici la description hallucinante du cortège funèbre que nous a laissée l'écrivain :

« Il y avait une civière en or massif, ornée de pierres précieuses et drapée de la pourpre la plus riche. C'est là que reposait le corps du roi, enveloppé d'une étoffe de couleur cramoisie : sur la tête était un diadème surmonté d'une couronne d'or et, dans la main droite, un sceptre. La civière était portée par les fils d'Hérode ainsi que toute sa parenté, et suivie de sa garde personnelle. Le reste de l'armée ouvrait la marche, en tenue de combat et dans un ordre parfait, précédé des généraux et de tous les officiers, et suivi de 500 esclaves et affranchis portant des aromates. Le cadavre fut porté sur une distance de 40 km jusqu'à l'Herodium, où le défunt roi avait signifié qu'il voulait être enseveli. »

Mais où se trouve ce tombeau ? Certainement pas dans le cône lui-même, qui a été passé au peigne fin. Aujourd'hui, un archéologue israélien, Ehud Netzer, pense qu'il se trouve quelque part au bas de la colline, sous les débris qui jonchent le sol. Josèphe nous apprend qu'à l'époque d'Hérode une petite ville s'y était implantée. C'est à cet endroit que Netzer espère retrouver le tombeau d'Hérode. Il a déjà fait une découverte étonnante, celle d'une vaste construction où il voit un autre palais d'Hérode, son « palais de travail » en quelque sorte, où le roi tenait sa cour et recevait les délégations de ses sujets. L'ensemble représente, toujours suivant l'archéologue, la plus vaste demeure princière du monde romain à cette époque. Le palais du sommet ne serait qu'une modeste bâtisse, où Hérode montait pour se détendre et échapper à ses charges officielles.

LA PLAINE CÔTIÈRE

Après le promontoire du Carmel, la montagne s'éloigne rapidement de la mer pour ouvrir, vers le sud, une plaine côtière dont la largeur atteint 5 km à Césarée, 20 à Jaffa et 25 à Ascalon. Derrière le littoral, découpé en anses minuscules et en îlots, s'étire le ruban d'or des dunes, puis se déploie en éventail la plaine de Saron, la belle et riche plaine dont le sous-sol, à une faible profondeur, est une succession d'inépuisables nappes d'eau. Aussi, depuis la préhistoire, fut-elle toujours peuplée et prospère.

Les armées d'Égypte et de Mésopotamie l'utilisèrent comme couloir d'invasion et champ de bataille. Vers 1200 av. J.C., tandis que les Israélites, sous la conduite de Josué, attaquaient par l'est le massif montagneux de Canaan, ce littoral accueillait les Philistins : c'étaient des Indo-Européens qui avaient débarqué dans le delta du Nil et que Ramsès III expulsait de son territoire. Évolués et tenaces, les Philistins fondèrent une puissante Pentapole (Gaza, Ashdod, Ascalon, Gat, Eqron), et exploitèrent avec succès « la plaine des Philistins ». Ils seront jusqu'à David les ennemis acharnés d'Israël : on se souvient des exploits de Samson et des batailles de Saül. Ils marqueront tellement le pays qu'il héritera de leur nom : la Palestine.

Retranchés sur les collines, les Israélites n'occuperont que plus tard la plaine côtière. Mais ils ne cesseront de célébrer « la splendeur du Carmel et de Saron » (Es 35, 2). Sur les récifs, les ports de Dor, Césarée, Jaffa et Ascalon auront une certaine importance, surtout à la période romaine. L'Évangile y sera prêché par les apôtres et, de là, il voguera vers l'Occident.

En 1878, arrivaient les sionistes qui devaient redonner à la plaine de Saron sa splendeur biblique et en faire la région la plus peuplée et la plus riche de l'État d'Israël, grâce surtout aux kibboutzim et à une exploitation variée et scientifique de la terre. De nombreuses cités industrielles ont surgi de partout, des rochers et des sables. La principale est *Tel-Aviv* (colline des épis verts).

CÉSARÉE

Lectures bibliques

La conversion de Corneille : Ac 10-11
Transfert de Paul à Césarée avant le départ pour Rome : Ac 23, 23 à 26, 32

Visite des lieux

De nombreuses campagnes de fouilles ont dégagé la ville du roi Hérode, la cité byzantine, centre de rayonnement de l'Église dans tout le Proche-Orient, enfin la forteresse croisée de Saint Louis.
La visite commence par LE THÉÂTRE au sud de la ville, restauré après les fouilles italiennes de 1959-1963. Il date de l'époque hérodienne, mais il a été restauré plusieurs fois. Avec ses 90 m de diamètre, il était de dimension modeste pour le Proche-Orient.
Près du théâtre a été découverte une pierre de calcaire comportant une INSCRIPTION de 4 lignes (une copie de cette pierre est visible à l'entrée du site) que l'on peut déchiffrer ainsi : [...]S TIBERIEUM [? PO]NTIUS PILATUS [PRAEF]ECTUS IUDA[EA]E [FECIT]. On ignore la nature de ce « Tiberieum » que fit Pilate, mais l'intérêt de cette inscription est qu'elle contient un témoignage épigraphique du séjour de Pilate en Judée. Elle lui donne aussi le titre de préfet, fonction qui lui conférait une juridiction civile et criminelle sur une province, et comportait autorité pour les exécutions capitales.

LA CITADELLE CROISÉE. Les remparts mesurent 650 m du nord au sud, et 275 m d'est en ouest. Les dispositions de la porte obligeaient les chevaux à tourner à angle droit deux fois, ce qui rendait le passage difficile pour l'assaillant. Il faut noter aussi le logement des herses, et les croisées d'ogive de la voûte. La porte débouche sur une rue pavée de grosses dalles striées. Dans cet ensemble, il faut distinguer la *cathédrale croisée*, de 27 m sur 24 m, à trois nefs et abside trilobée : elle ne fut probablement jamais terminée. Elle est bâtie sur un podium bâti par Hérode pour supporter le temple d'Auguste : les voûtes servaient d'entrepôts pour le port voisin. Le port d'Hérode, entièrement artificiel, était immense,

Césarée

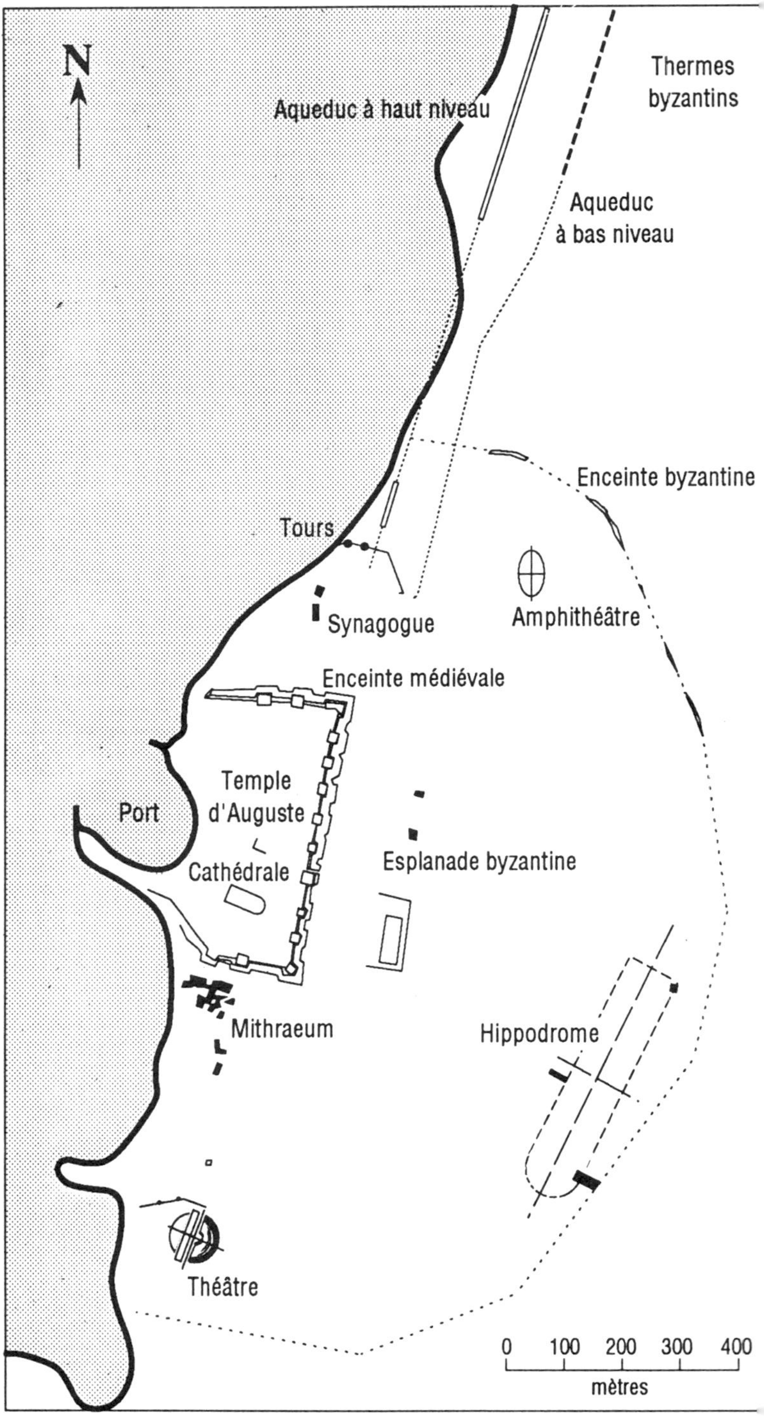

N
Aqueduc à haut niveau
Thermes byzantins
Aqueduc à bas niveau
Enceinte byzantine
Tours
Synagogue
Amphithéâtre
Enceinte médiévale
Temple d'Auguste
Port
Cathédrale
Esplanade byzantine
Mithraeum
Hippodrome
Théâtre
0 100 200 300 400
mètres

plus grand que celui du Pirée, écrit Flavius Josèphe. Le port croisé n'en occupa qu'une faible partie et fut bâti avec des colonnes de la cité hérodienne.

L'HIPPODROME ET L'AQUEDUC. Sur le côté droit de la route qui conduit à l'aqueduc, on entrevoit l'emplacement de l'hippodrome avec trois colonnes en granit rose d'Assouan. L'aqueduc à haut niveau sur le front de mer faisait partie d'un ouvrage de 14 km qui amenait l'eau depuis les pentes du mont Carmel. Il remonte à Hérode pour sa partie la plus ancienne ; il a été souvent remanié par la suite. À l'extrémité de la section on distingue les deux conduites différentes qui amenaient l'eau.

Césarée et le Nouveau Testament

L'Évangile fut annoncé à Césarée par le diacre Philippe (Ac 8, 40). Mais la première communauté chrétienne prit naissance autour du centurion Corneille, païen « craignant-Dieu », et de sa famille. Luc raconte longuement cette conversion dans les Actes (10-11) : les visions parallèles de Pierre et de Corneille, la venue de Pierre à Césarée, sa prédication, l'irruption inattendue de l'Esprit sur ces païens, le baptême de Corneille, et de sa famille. Pour Luc, cette conversion marque l'ouverture de l'Évangile vers le monde païen : il est significatif que cette entrée des païens dans l'Église est l'œuvre de Pierre, le chef de l'Église, qui justifiera son initiative devant la communauté de Jérusalem réticente au baptême des païens. La deuxième mention de Césarée dans les Actes concerne Paul (23, 23-27, l) : arrêté dans le Temple, Paul est transféré à Césarée d'où il fait appel à César pour être jugé à Rome ; Césarée apparaît ainsi comme le trait d'union qui, dans l'histoire de l'Église naissante, relie Jérusalem, symbole du judaïsme, à Rome, cœur de la religion païenne et capitale de l'empire.

Histoire de Césarée

La première occupation du site remonte au IVe s. av J.C. : un roi de Sidon y installa un havre côtier connu sous le nom de Tour de Straton. Hérode reçut ce territoire de l'empereur Auguste et y fit construire un port et une ville. Il dédia la ville à l'empereur en lui donnant le nom de Kaisareia. De 22 à 9 av. J.C.

il y bâtit le port, un temple à la gloire d'Auguste qui dominait le port, un amphithéâtre, un hippodrome, sans doute encore d'autres bâtiments. Quand la Judée passa sous l'autorité de préfets romains, Césarée devint la capitale de la province romaine et continua à prospérer.
À la fin du IIe s., Césarée devint le siège d'un évêché. Elle se rendit aussi très célèbre par son école théologique fondée en 231 par Origène, et par sa bibliothèque commencée par Origène et enrichie par ses successeurs, notamment Eusèbe, évêque de Césarée (263-339 env.), auteur d'une *Histoire ecclésiastique*, ouvrage fondamental pour l'histoire du début du christianisme. En même temps, une communauté juive se développa à Césarée. Mais la ville fut détruite par les Perses en 614, prise par les Arabes en 640, et elle cessa pratiquement d'exister jusqu'à l'arrivée des croisés en 1101. Durant l'occupation croisée, elle connut des hauts et des bas. Saint Louis restaura la ville en 1251 mais dans des limites plus étroites, seulement 16 ha de superficie. En 1265, le sultan mamelouk Baïbars prit la ville et la détruisit systématiquement.

JAFFA

Lectures bibliques

Le prophète Jonas : Jon 1, 3
La vision de Pierre : Ac 9, 36-43

Visite des lieux

Jaffa se dresse en amphithéâtre sur un promontoire rocheux et domine Tel-Aviv. Si le port, jadis appelé « port de Jérusalem », n'est guère utilisé actuellement que par les bateaux de pêche et de plaisance, les orangeraies de Jaffa font toujours la célébrité mondiale de la ville. Le musée archéologique permet de parcourir les 5 000 ans de l'histoire de la cité. Sur la colline, se dresse l'église Saint-Pierre d'où l'on descend par des ruelles pittoresques vers le port phénicien. De là on remonte vers une élégante mosquée qui s'élèverait sur la maison de Simon le corroyeur.

Jaffa et la Bible

Le livre de Jonas situe à Jaffa l'embarquement du prophète Jonas pour Tharsis (1, 3). Pendant la révolte des Maccabées, Jaffa eut à souffrir jusqu'à ce qu'elle soit prise par Simon Maccabée en 142 (1 M 10, 75 ; 11, 6 ; 12, 33 ; 14, 5 ; 2 M 12, 1-9). Saint Pierre fut l'apôtre de Jaffa ; il y ressuscita une veuve, Tabitha. C'est là qu'il eut la célèbre vision, sur la terrasse du corroyeur Simon, d'une immense nappe contenant des animaux purs et impurs, symbole de l'entrée de tous les hommes dans l'Église.

Évolution du site

Les géographes anciens font remonter Jaffa au déluge et lui donnent pour fondateur Japhet, fils de Noé. Elle entre dans l'histoire avec le pharaon Thoutmès III qui s'en empara au XVe s. av. J.C. et grava son nom sur les parois du temple de Karnak : Yapu. Le nom primitif, d'origine phénicienne, signifiant « la belle », sera repris par les Israélites (Yapho) et les Arabes (Yafa). Les Grecs la nommeront Joppé. Prise par Alexandre le Grand (332), Jaffa connut deux siècles de prospérité. Après bien des vicissitudes au temps des Maccabées, la ville revint à Hérode. Jaffa sera, dès le IVe s., un évêché (Bonaparte l'assiégea en 1789 et après l'avoir prise difficilement y massacra 4 000 de ses habitants avant d'aller mettre le siège devant Saint-Jean-d'Acre. La peste qui tomba sur son armée et la résistance acharnée de cette ville l'obligèrent à repartir vers l'Égypte puis la France).

LYDDA

Célèbre aujourd'hui par son aéroport international, Lydda (Lod) est la Diospolis gréco-romaine et la Saint-Georges des croisés. Saint Pierre y guérit le paralytique Énée (Ac 9, 32-25). Au Ier s., elle fut un centre important d'études rabbiniques. Dès le IVe s., elle devint un évêché. Lydda fut surtout visitée pour son sanctuaire à saint Georges, martyr cappadocien, dont la légende se mêla à celle d'une victoire sur le Dragon. Il reste des vestiges de l'église du VIe s., et, à côté, l'église romane du XIIe s. a été aménagée par les grecs sur la crypte du saint en 1870.

DE LA JUDÉE AU SINAÏ

La route qui descend de Jérusalem, par Bethléem, Hébron et Beershéva, vers le sud, le Sinaï et l'Égypte, traverse le *Néguev* (le sec). C'est un vaste plateau craquelé et labouré de wadis tourmentés, qui comprend trois parties.

1. La plus méridionale, faite de granit et de sables, ne s'est pas montrée réfractaire aux essais de culture.
2. Le secteur central, fissuré de vallées calcaires, est une zone de pâturages.
3. Le nord enfin, doté d'une épaisse couche de loess et de quelques sources, a une vocation agricole. Il fut jadis peuplé et exploité par les Iduméens, les Nabatéens, les Romains et surtout les Byzantins comme en témoignent des barrages, des terrasses, des citernes ainsi que les nombreuses cités byzantines (Beershéva, Shivta, Halutza, Avdat...) dont on a récemment découvert les basiliques, les thermes, les réservoirs d'eau, les auberges pour les voyageurs. Les Arabes et les Turcs, l'érosion et les chèvres stérilisèrent la région qui a repris vie avec les kibboutzim israéliens. Le désert fleurit à nouveau. Les bédouins eux-mêmes, qui forment 77 tribus et 348 familles dont quelques-unes prétendent descendre des croisés, voire de Jéthro, le beau-père de Moïse, n'ont cessé, depuis l'exploitation méthodique du Néguev, de voir augmenter leur niveau de vie. Leur genre de vie nous permet par certains aspects de rejoindre l'époque des Patriarches et de l'Exode, de tous ces nomades de Dieu qui ont vécu et conduit leurs troupeaux dans les mêmes vallées et aux mêmes puits.

VASQUES DE SALOMON

Vite après Bethléem, la route du sud entre dans un

vallon tapissé de vignobles. La légende y situe les jardins du roi Salomon. Sur la gauche, on aperçoit trois réservoirs en partie taillés dans le roc. Ils sont gardés par un château turc. Trois canalisations, dont la plus ancienne pourrait remonter à Salomon et dont la plus importante fut construite par Ponce Pilate, drainent les eaux des sources et des collines vers ces bassins qui servent surtout à approvisionner en eau Jérusalem.

FONTAINE DE PHILIPPE

Une dizaine de kilomètres après les vasques, on atteint *Beit-Zakaria*, théâtre de la bataille livrée à Judas-Maccabée par les Syriens montés sur des éléphants (I M 6, 32-47). Puis on arrive à *Aïn Dirweh* où une très ancienne tradition localise le baptême de l'ennuque de la reine Candace d'Éthiopie par le diacre Philippe (Ac 8, 26-40). Sur la colline, à l'ouest de la route, se dresse le pan d'une forteresse médiévale bâtie sur le site biblique de *Bethsour* où Judas-Maccabée défit l'armée du Syrien Lysias en 165 av. J.C. (I M 4, 28-38 ; 2 M 11, 1-12).

MAMBRÉ

Sur une colline au milieu des vignes et des figuiers, un immense quadrilatère en appareil cyclopéen entourant un puits et des ruines : c'est Mambré (alt. 1 020 m). La troisième étape et le troisième haut lieu d'Abraham en Canaan. C'est au chêne de Mambré qu'il dressa ses tentes, offrit des sacrifices à Dieu, reçut les trois personnages mystérieux venus lui annoncer la naissance d'Isaac et la destruction des cités maudites du sud de la mer Morte. Ici Dieu fit avec Abraham une alliance solennelle dont le signe dans la chair sera la circoncision (Gn 15-18). Aussi un tel lieu fut-il toujours vénéré par les descendants du Père des croyants. Dès l'époque royale, les fouilles révèlent une voie sacrée conduisant à l'arbre, à l'autel et au puits d'Abraham. Hérode le Grand construisit un temenos (enceinte avec sanctuaire). Détruit par Titus en 70, il fut remplacé, sous l'empereur Hadrien, par le formidable quadrilatère dont nous admirons aujourd'hui les assises. Un culte syncrétiste s'organisa ensuite en cet endroit devenu le plus grand marché de la région. Sous Constantin, une petite basilique s'éleva entre le mur oriental et l'autel d'Abraham. Pour les croyants, Mambré demeure le haut lieu de la foi : « Espérant contre toute espérance, Abraham crut et devint par là le père d'une multitude de nations » (Rm 4, 18. Voir aussi Jn 8, 30-59 ; Rm 4 ; He 11, 8-19).

HÉBRON

Lectures bibliques

Le tombeau de Sara : Gn 23
David roi à Hébron : 2 S 2, 1-5 ; 5, 1-5

Hébron est un haut lieu pour les juifs, les chrétiens et les musulmans car les uns et les autres y vénèrent la grotte de Macpéla où furent ensevelis d'abord Sarah, épouse d'Abraham, puis celui-ci, et enfin Isaac, Jacob, Léa et Rébecca.
C'est aujourd'hui une ville de 50 000 habitants, musulmans en très grande majorité. Mais, depuis 1967, des groupes de juifs orthodoxes sont venus s'installer dans les anciens quartiers qu'ils occupaient avant d'en être chassés en 1948, cependant qu'une ville nouvelle juive, qui a repris l'antique désignation de Kiriat Arbà, s'est créée sur une colline à 1 km environ à l'est d'Hébron.
La cohabitation entre les deux communautés est très difficile et donne parfois lieu à des affrontements sanglants. Quant aux pèlerins chrétiens, depuis le début de l'Intifada (1987), il est rare qu'ils puissent désormais s'y rendre.

Hébron et la Bible

À l'époque des Patriarches, Hébron, l'une des plus anciennes villes du monde, était située sur la colline qui surplombe la route à l'ouest. C'est aux portes de cette cité que se rendit Abraham quand, venant de perdre sa femme Sara, il chercha un lopin de terre pour l'ensevelir. Sur le flanc oriental de la vallée, il acheta un terrain avec quelques arbres et une grotte. C'est la caverne de Macpéla où il enterra Sara (Gn 23). Lui-même un jour viendra la rejoindre ainsi que son fils Isaac et Rebecca, Jacob et Lia. Prise par Josué lors de la conquête et donnée à Caleb, Hébron devint ville sacerdotale et ville de refuge. David, avant de s'emparer de Jérusalem, y reçut l'onction royale et y demeura 7 ans.

Le Haram el Khalil

Cette appellation arabe, qui date des Mameluks, signifie le sanctuaire de l'Ami (de Dieu), c'est-à-dire d'Abraham. Il est probable que la sépulture des Patriarches soit restée modeste pendant des siècles. La Bible n'en souffle mot. Mais Hébron prend peu à peu de l'importance. Ville sainte (à cause du tombeau des Patriarches ?), lors de la conquête de Josué, elle deviendra la première capitale de David.
C'est Hérode qui devait magnifier l'antique grotte de Macpéla. Ces grandioses travaux — de même que la construction du Temple à Jérusalem — obéissaient à un plan pré-établi : d'origine iduméenne, Hérode essayait ainsi de vaincre l'hostilité de ses sujets juifs.
Au VIe s., les Byzantins y construisirent une église dont il reste la façade, et qui fut transformée en mosquée lors de l'invasion arabe. Cette mosquée fut à son tour transformée en une église de style gothique par les croisés (1115) ; le sanctuaire était alors desservi par un monastère de chanoines de Saint-Augustin ; ce furent ces religieux qui furent les premiers à explorer la grotte de Macpéla, en 1119. La chronique ancienne raconte qu'un religieux du nom d'Arnoul (ou Arnulfe) faisait un jour la sieste dans l'église ; or il constate tout soudain qu'un souffle frais lui provient d'une fissure entre deux dalles. Il y jette des pierres, mesure avec une corde : 11 coudées. Le soir, il raconte sa découverte à la communauté, et, « au nom de la Sainte Trinité », on se met en devoir de scier les dalles pour savoir à quoi correspond cette cavité. Le moine descend alors avec une corde, et au fond d'un couloir

découvre une « maisonnette en forme de basilique ». Il y entre en chantant à tue-tête le Kyrie Eleison pour se donner courage. En fouillant dans le sol, il découvre une double grotte et, successivement, les saints ossements de Jacob, d'Abraham et d'Isaac.
Plus précisément, Arnoul avait suivi un corridor en pierre de taille qui débouchait sur une salle circulaire. Franchissant une porte, il était arrivé dans une grotte qui communiquait avec une salle carrée contenant des ossements. Au XIIe s., les Mameluks obstruèrent définitivement l'accès de la crypte.
Depuis lors, le tombeau n'a guère été visité. On peut citer toutefois un colonel écossais, l'un des principaux officiers du général Allenby qui, en novembre 1917, réussit à chasser les Turcs d'Hébron. Profitant de la fuite des gardiens musulmans, l'officier souleva une grille aperçue dans le pavement, et s'engagea dans un escalier. À la lueur des allumettes, il aperçut des choses étonnantes : « Je découvris une tombe de pierre ornée à chaque angle de colonnes à spirales, également en pierre. Je m'assis sur la tombe, allumai ma pipe, mais l'atmosphère suffocante m'empêchait de respirer. » L'homme remonte alors à la surface. Quelques jours plus tard, l'accès du souterrain fut de nouveau rigoureusement interdit. La dernière visite connue remonte à l'arrivée de l'armée israélienne en 1967. Le général Moshé Dayan raconte dans ses mémoires qu'il fit descendre une petite fille par l'étroit orifice. La gamine atterrit sur un matelas de billets de banque, offrandes des fidèles. On ne retrouva aucune des structures mentionnées par les chanoines, sans doute en raison de modifications effectuées par les Mameluks.

ARAD

À 45 km à l'est de Beershéva et à 8 km environ de la ville nouvelle d'Arad, on aperçoit, après avoir pris un embranchement vers le nord, le site de la ville ancienne d'Arad, dominé par une citadelle carrée. C'est l'une des révélations archéologiques les plus spectaculaires de ces dernières années.

Arad - Plan de la ville

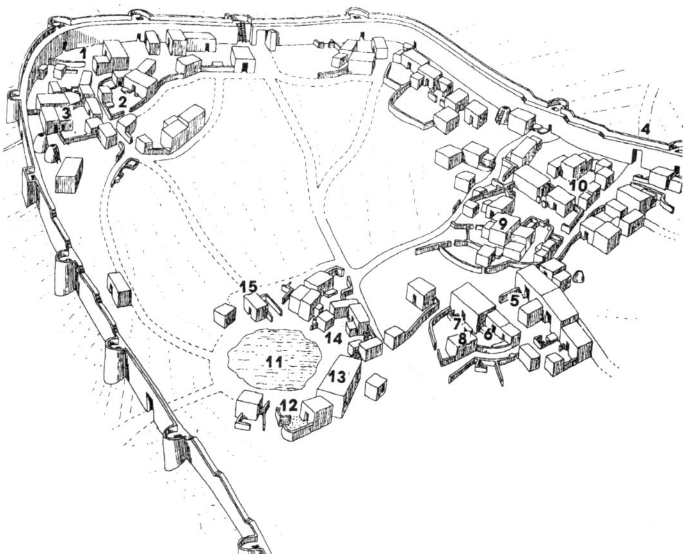

L'histoire

Des fouilles archéologiques pratiquées depuis 1962 ont permis de ressusciter cette ville cananéenne caractéristique du Bronze ancien, ainsi qu'une forteresse israélite, construite au Xe s. av. J.C., sous Salomon. La colline où était juchée la ville surplombe de 40 m la partie nord de la vallée de Beershéva.
Le site archéologique d'Arad est précieux pour deux raisons :
— il nous offre un parfait exemple de la naissance d'une ville au IVe-IIIe millénaire : c'est à cette époque que la plupart des villes citées dans la Bible connaissent leur première occupation ;
— avec la découverte d'un sanctuaire consacré à Yahvé, il pose toute la question des lieux de culte hors de Jérusalem.
Le peuplement d'Arad remonte au IVe millénaire mais c'est au Bronze ancien (2950-2650) qu'une véritable ville apparaît sur la colline.

La visite

En suivant le sentier recouvert de gravier qui monte au quartier d'habitation, on visite sucessivement :
— une maison qui reflète le modèle de base de la maison d'Arad (une grande pièce et une pièce secondaire (1) ;
— une vaste maison reconstituée (2) ;
— 2 grandes maisons mitoyennes (3) identiques ;
— la Porte occidentale (4) ;
— la zone sacrée : deux grands sanctuaires jumelés, avec salle et cour (5) :
— deux petits sanctuaires jumelés, bâtis sur le même modèle mais avec cour commune (6) ;
— un grand bâtiment appelé « salle des cérémonies » à cause de ses dimensions (7) ;
— un bâtiment dit des services en lien avec les sanctuaires (8) ;
— le « Palais du Gouverneur ». On pense que cet ensemble abritait le Gouvernement central de la ville, dont on ignore tout par ailleurs (9) ;
— un « marché » (les murs légers de ces bâtiments ne devaient pas supporter de toit) (10) ;
— le bassin collecteur d'eau. Après l'abandon de la ville cananéenne, il s'est peu à peu rempli d'allu-

vions, mais fut réutilisé pendant la période israélite (11) ;
— un petit bloc triangulaire, au nord-est (le bloc, ainsi que ceux qui sont numérotés à la suite) composent une sorte de citadelle pour protéger le réservoir, dont la fonction était vitale pour les habitants (12) ;
— un grand bâtiment rectangulaire aux murs très épais (peut-être lieu de résidence du « commissaire aux eaux » (13) ;
— le bloc de l'ouest (14) ;
— le bloc du sud (15).

BEERSHÉVA

Lectures bibliques

Le puits du serment : Gn 21, 22-34
Refuge d'Agar : Gn 21, 8-21 et d'Élie : 1 R 19, 1-8

Avec ses 140 000 habitants, Beershéva est aujourd'hui la capitale administrative et économique du Néguev. Ville-champignon, qui ne comptait que quelques centaines d'habitants en 1900, elle pousse ses faubourgs toujours plus loin vers le désert. C'est la venue en masse des juifs d'Afrique du Nord, surtout du Maroc, qui a fait monter en flèche la population. Elle est aussi le lieu de rassemblement des quelque 40 000 Bédouins de la région (le marché, qui se tient tous les jeudis matin, est des plus pittoresques).

Histoire de la ville

La région a été occupée dès le IVe millénaire. À l'ouest de la ville, l'archéologue français Jean Perrot a mis au jour des habitations troglodytes creusées dans les alluvions argileuses d'un wadi.
La ville ancienne (Tell Shéva) s'élevait à l'est de la Beershéva moderne (bifurcation sur la route principale Jérusalem-Beershéva). Les fouilles ont surtout révélé une occupation de l'âge du fer (porte unique de la ville ; puits datant du XIIe s. av. J.C., à l'extérieur de l'enceinte fortifiée ; entrepôts analo-

gues à ceux de Hastor et de Megiddo). La découverte la plus intéressante a été celle d'un autel à cornes (actuellement au musée d'Israël à Jérusalem), daté du IXe-VIIIe s. av. J.C.).

Beershéva et la Bible

Grâce à ses puits et à ses wadis, Beershéva fut de tout temps un centre caravanier. Abraham y conduisit ses troupeaux, la Bible raconte l'alliance qu'il fit avec Abimélek, propriétaire d'un puits, auquel il offrit un tribut de 7 brebis. De ce serment viendrait le nom de l'endroit : Beershéva, « puits du serment » ou « puits des sept ». Lieu sacré avec bois de tamaris dédié à el-Olam (Dieu d'éternité), c'est surtout Isaac qui y vivra. Les opprimés y trouveront toujours un refuge : Agar, Élie. Elle sera la limite méridionale de la Terre sainte : on dira « de Dan à Beershéva ». Les caravaniers nabatéens, un peu avant le Christ, en feront un entrepôt sur les pistes de la mer Rouge à la Palestine. À la période byzantine, elle sera le siège d'une garnison.

L'histoire récente

Puis on perdit de vue la localisation de la ville. Les croisés situaient Beershéva à Beit Guvrin ! En 1900, ce n'était plus qu'un point d'eau pour les nomades. Un puits traditionnellement appelé « puits d'Abraham », à proximité du marché bédouin (aujourd'hui à l'intérieur d'un restaurant), rappelle encore aujourd'hui la geste des Patriarches. C'est la prise de la ville par l'armée israélienne en octobre 1948 qui allait donner une nouvelle ville au « puits du serment ».

AVDAT

À 65 km au sud de Beershéva, à 18 km du kibboutz de Sdé Boqer où David Ben Gourion finit ses jours, on aperçoit les vestiges de la ville nabatéenne d'Avdat, dominant le désert du haut d'un promontoire de 610 m.

L'histoire

Avdat fut fondée au IVe s. avant notre ère par les Nabatéens pour servir de relais à leurs caravanes transportant des marchandises d'Edom (Pétra, leur capitale), au port de Gaza, sur la côte méditerranéenne. Ces marchandises consistaient notamment en bitume de la mer Morte, dont les Égyptiens se servaient pour embaumer les morts.

Avdat tire son nom du roi déifié Obodas II (30 — 9 av. J.C.) qui y fut sans doute inhumé.

Elle devint le cœur de la pentapole nabatéenne composée des villes de Mamshit, Elusa, Shivta et Nissana, en raison de sa position centrale. Mais l'activité commerciale ne suffisant plus, par suite de l'ouverture de nouvelles routes caravanières, les Nabatéens d'Avdat durent se transformer en agriculteurs, faisant preuve d'une grande ingéniosité en exploitant jusqu'à la dernière goutte les pluies hivernales et printanières du désert.

TIMNA (LES PILIERS DE SALOMON)

À 25 km au nord d'Elat, une route conduit au wadi Timna où, depuis la plus haute Antiquité, on procédait à l'extraction du minerai de cuivre. Les Égyptiens avaient déjà exploité le site dès 1500 av. J.C., mais c'est surtout avec le roi Salomon (vers 1000) qu'il connut sa plus grande activité, avant d'être remis en service par les Romains et les Nabatéens.

L'érosion a taillé d'immenses colonnes dans les falaises de grès rose. D'où le nom de « piliers de Salomon » (150 m de haut). Le métal, fondu sur place, était acheminé jusqu'au port d'Eçyon Geber, sur la mer Rouge, pour être transporté par bateau vers l'Orient. « Le roi Salomon arma une flotte à Eçyon Geber, qui est près d'Elat, sur le bord de la mer Rouge, au pays d'Edom » (I R 9, 26-28).

Cette industrie fut sans doute à l'origine de la légendaire richesse de Salomon qui échangeait le cuivre contre de l'or, de l'ivoire et des bois précieux.

TABLE DES MATIÈRES

INTRODUCTION GÉNÉRALE

LA GALILÉE

LA SAMARIE

LE FOSSÉ JORDANIEN

JÉRUSALEM

LES ALENTOURS DE JÉRUSALEM

BETHLÉEM ET ENVIRONS

LA PLAINE COTIÈRE

DE LA JUDÉE AU SINAÏ

INDEX ALPHABÉTIQUE

Liste des numéros disponibles

N° 61 (nov.-déc. 1989)	LES CROISADES	56 F
N° 62 (janv.-fév. 1990)	JÉRASH	56 F
N° 63 (mars-avr. 1990)	L'ÉGYPTE	56 F
N° 64 (mai-juin 1990)	ÉPHÈSE	56 F
N° 65 (juil.-août 1990)	LE JOURDAIN	56 F
N° 66 (sept.-oct. 1990)	BETH-SHAN	56 F
N° 67 (nov.-déc. 1990)	LE LOUVRE ET LA BIBLE	56 F
N° 68 (janv.-fév. 1991)	LE DÉSERT DE JUDA	56 F
N° 69 (mars-avril 1991)	JÉRICHO	56 F
N° 70 (mai-juin 1991)	LA CAPPADOCE	56 F
N° 71 (juil.-août 1991)	BABYLONE	56 F
N° 72 (sept.-oct. 1991)	GALILÉE	56 F
N° 73 (nov.-déc. 1991)	ROME	56 F
N° 74 (janv.-fév. 1992)	PALMYRE	56 F
N° 75 (mars-avril 1992)	L'ARCHÉOLOGIE DE L'AN 2000	56 F
N° 76 (mai-juin 1992)	ORACLES ET GUÉRISONS	56 F
N° 77 (juil.-août 1992)	PERGAME	56 F
N° 78 (sept.-oct. 1992)	LE LOUVRE ET LA BIBLE-L'ÉGYPTE	56 F
N° 79 (nov.-déc. 1992)	MASSADA	56 F
N° 80 (janv.-fév. 1993)	SAMARIE	59 F
N° 81 (mars-avril 1993)	LES VOYAGES DE SAINT PAUL	59 F
N° 82 (mai-juin 1993)	SINAÏ	59 F
N° 83 (juil.-août 1993)	LA MER MORTE	59 F
N° 84 (sept.-oct. 1993)	L'ASSYRIE	59 F
N° 85 (nov.-déc. 1993)	LES ROIS MAGES	59 F
N° 86 (janv.-fév.-mars 94)	QUMRÂN	63 F
N° 87 (avril-mai-juin 94)	LA PASSION DE JÉSUS	63 F
N° 88 (juil.-août-sept. 94)	PÉTRA	63 F
N° 89 (oct.-nov.-déc. 1994)	JEAN BAPTISTE	63 F

N° 90 (janv.-fév. 1995)	NAZARETH	63 F
N° 91 (mars-avril 1995)	JÉRUSALEM	59 F
N° 92 (mai-juin 1995)	BYZANCE	59 F
N° 93 (juil.-août 1995)	LIBAN	59 F
N° 94 (sept.-oct. 1995)	PATMOS	59 F
N° 95 (nov.-déc. 1995)	LE YÉMEN	59 F
N° 96 (janv.-fév. 1996)	LA CRÉATION	59 F
N° 97 (mars-avril 1996)	NAISSANCE DE LA CROIX	59 F
N° 98 (mai-juin 1996)	DAMAS	59 F

33. Césarée Maritime
34. Megiddo
36. Les Croisades
37. Jérash, Pompéi de l'Orient
38. Éphèse
39. Le Jourdain
40. Le Louvre et la Bible
41. Jéricho
42. La Cappadoce
43. Rome : les catacombes
44. Pergame
45. Le Louvre et la Bible
46. Jérusalem, haut lieu de la Passion

BON DE COMMANDE

à retourner à :
BAYARD PRESSE – LE MONDE DE LA BIBLE
BP 583 – 21016 DIJON CEDEX
accompagné de votre règlement par chèque bancaire ou postal à l'ordre de Bayard Presse.

❑ Oui, je commande les numéros suivants au prix indiqué dans l'annonce. **Pour 4 numéros commandés, le 5e est gratuit.**

N° ....   N° ....
N° ....   N° ....
N° ....   N° ....
N° ....   N° ....

+ N° .... offert   N° .... offert

Montant total de ma commande de N° : .... F

❑ Oui, je commande les séries de diapositives suivantes au prix unitaire de 75 F (étranger : 85 F). **Pour 5 séries de diapositives commandées, la 6e est gratuite.**

N° ....   N° ....
N° ....   N° ....
N° ....   N° ....
N° ....   N° ....
N° ....   N° ....

+ N° .... offert   N° .... offert

Montant total de ma commande
de diapositives : .... F

Montant total de ma commande : .... F

Nom : .... Prénom : ....
Adresse : ....
....
Code postal : .... Ville : ....

Achevé d'imprimer sur les presses de
I.M.E. - 25110 Baume-les-Dames
Dépôt légal : Février 1996
N° Éditeur : 2353
N° Imprimeur : 10524
Imprimé en France